中国法院2024年度案例

国家法官学院　最高人民法院司法案例研究院／编

物权纠纷

中国法制出版社
CHINA LEGAL PUBLISHING HOUSE

《中国法院2024年度案例》通讯编辑名单

刘晓虹　北京市高级人民法院
王　凯　北京市高级人民法院
张　荷　天津市高级人民法院
徐翠翠　河北省高级人民法院
崔铮亮　山西省高级人民法院
杨智勇　内蒙古自治区高级人民法院
周文政　辽宁省高级人民法院
苏　浩　吉林省高级人民法院
王　妍　黑龙江省高级人民法院
牛晨光　上海市高级人民法院
缪　芳　江苏省高级人民法院
左一凡　江苏省高级人民法院
谷昔伟　江苏省南通市中级人民法院
宋婉龄　江苏省无锡市中级人民法院
杨　治　浙江省高级人民法院
蒋　莹　浙江省高级人民法院
刘伟玲　安徽省高级人民法院
林冬颖　福建省高级人民法院
李智芹　江西省高级人民法院
李　宁　山东省高级人民法院
张　琦　河南省高级人民法院
宋淼军　湖北省高级人民法院
黄　娅　湖北省宜昌市中级人民法院
唐　竞　湖南省高级人民法院
李　雪　广东省高级人民法院
邹尚忠　广西壮族自治区高级人民法院
韦丹萍　广西壮族自治区高级人民法院
黄文楠　海南省高级人民法院
吴　小　重庆市高级人民法院
任　梦　四川省高级人民法院
杨俊杰　云南省高级人民法院
赵鸿章　云南省昆明市中级人民法院
颜　源　贵州省高级人民法院
戚　雷　贵州省贵阳市中级人民法院
王丽萍　西藏自治区高级人民法院
郑亚非　陕西省高级人民法院
张旦旦　甘肃省高级人民法院
王　晶　青海省高级人民法院
康　莹　宁夏回族自治区高级人民法院
石孝能　新疆维吾尔自治区高级人民法院
洪超胜　新疆维吾尔自治区高级人民法院生产建设兵团分院

序

党的二十大擘画了全面建成社会主义现代化强国、以中国式现代化全面推进中华民族伟大复兴的宏伟蓝图，强调全面依法治国是国家治理的一场深刻革命，必须更好发挥法治固根本、稳预期、利长远的保障作用，在法治轨道上全面建设社会主义现代化国家。为落实习近平总书记“一个案例胜过一打文件”的重要指示精神，人民法院始终把完善中国特色案例制度，加强司法案例研究作为推进全面依法治国、支撑和服务中国式现代化的重要途径，通过发布具有普遍指导意义的典型案例，统一法律适用、提高审判质效，提升司法公信力，努力让人民群众在每一个司法案件中感受到公平正义。为更好满足社会各界和人民群众多元化司法需求，把习近平法治思想落实到人民法院审判工作全过程各方面，人民法院案例库于2024年2月27日正式上线并向社会开放，这是进一步完善中国特色案例制度的重要举措，是最高人民法院推出的新的“公共法律服务产品”。

“中国法院年度案例系列”丛书以及时记录人民法院司法审判工作新发展、新成就为己任，通过总结提炼典型案例的裁判规则、裁判方法和裁判理念，发挥案例鲜活生动、针对性强的优势，以案释法，以点带面，有针对性地阐释法律条文和立法精神，促进社会公众通过案例更加方便地学习法律，领悟法治精神，发挥司法规范、指导、评价、引领的重要作用，大力弘扬社会主义核心价值观，积极服务人民法院案例库建设，加强案例库案例研究，促进统一法律适用、提升审判质效，丰富实践法学研究，增强全民法治意识和法治素养，展现新时代我国法治建设新成就。

“中国法院年度案例系列”丛书自2012年编辑出版以来，已连续出版13年，受到读者广泛好评。为更加全面地反映我国司法审判执行工作的发展进程，顺应审判执行实践需要，响应读者需求，丛书于2014年度新增金融纠纷、行政纠纷、刑事案例3个分册，2015年度将刑事案例调整为刑法总则案例、刑法分则案例2个分册，2016年度新增知识产权纠纷分册，2017年度新增执行案例分册，2018年度将刑事案例扩充为4个分册，2022年度将土地纠纷（含林地纠纷）分册改为土地纠纷（含环境资源纠纷）分册。自2020年起，丛书由国家法官学院与最高人民法院司法案例研究院共同编辑，每年年初定期出版。在全国各级人民法院的大力支持下，丛书编委会现编辑出版《中国法院2024年度案例系列》丛书，共23册。

"中国法院年度案例系列"丛书以开放务实的态度、简洁明快的风格，在编辑过程中坚持以下方法，努力让案例书籍"好读有用"：一是高度提炼案例内容，控制案例篇幅，每个案例字数基本在3000字左右；二是突出争议焦点，尽可能在有限的篇幅内为读者提供更多有效、有益的信息；三是注重释法说理，大多数案例由法官撰写"法官后语"，高度提炼、总结案例的指导价值，力求引发读者思考，为司法审判提供借鉴，为法学研究提供启迪。

"中国法院年度案例系列"丛书编辑工作坚持以下原则：一是以研究案例库案例为首要任务。自今年起，"中国法院年度案例系列"丛书优先选用人民法院案例库案例作为研究对象，力求对案例库案例裁判要旨的基本内涵、价值导向、法理基础、适用要点等进行深入分析，增强丛书的权威性、参考性。二是广泛选编案例。国家法官学院和最高人民法院司法案例研究院每年通过各高级人民法院从全国各地法院汇集上一年度审结的典型案例近万件，使该丛书有广泛的精选基础，通过优中选优，可提供给读者新近发生的全国各地多种类型的典型性、疑难性案例。三是方便读者检索。丛书坚持以读者为本，做到分卷细化，每卷案例主要根据案由（罪名）分类编排，每个案例用一句话概括裁判规则、裁判思路、裁判理念、裁判方法或焦点问题作为主标题，让读者一目了然，迅速找到目标案例。

中国法制出版社始终全力支持"中国法院年度案例系列"丛书的出版，给了编者们巨大的鼓励。2024年，丛书将继续提供数据库增值服务。购买本书，扫描前勒口二维码，即可在本年度免费查阅往年同类案例数据库。我们在此谨表谢忱，并希望通过共同努力，逐步完善，做得更好，探索出一条充分挖掘好、宣传好人民法院案例库案例和其他典型案例价值的新路，为广大法律工作者和社会公众提供权威、鲜活、精准的办案参考、研究素材，更好地服务司法审判实践、服务法学教育研究、服务法治中国建设。

“中国法院年度案例系列”丛书既是法官、检察官、律师等法律工作者的办案参考和司法人员培训辅助教材，也是社会大众学法用法的经典案例读本，同时也为教学科研机构开展案例研究提供了良好的系列素材。当然，编者们在编写过程中也难以一步到位实现最初的编写愿望，客观上会存在各种不足甚至错误，欢迎读者批评指正。我们诚心听取各方建议，立足提质增效，不断拓宽司法案例研究领域，创新司法案例研究方法，助推实现中国特色司法案例研究事业的高质量发展。

国家法官学院　最高人民法院司法案例研究院

2024年5月

目　录

Contents

一、物权保护纠纷

（一）物权确认纠纷

三、用益物权纠纷

（一）土地承包经营权纠纷

（二）宅基地使用权纠纷

（三）居住权纠纷

四、担保物权纠纷

五、其　他

一、物权保护纠纷

（一）物权确认纠纷

1

账号在 MCN 机构与主播“网红”之间的归属认定

——青岛某某科技公司诉杨某某物权确认案

【案件基本信息】

1. 裁判书字号

山东省青岛市市北区人民法院（2022）鲁 0203 民初 11815 号民事判决书

2. 案由：物权确认纠纷

3. 当事人

原告：青岛某某科技公司（以下简称青岛某某公司）

被告：杨某某

【基本案情】

青岛某某公司系主营短视频创作及推广的网络科技公司，杨某某曾系该公司短视频演员。杨某某就职期间，拍摄视频中所需编剧、道具及账号均由青岛某某公司提供。杨某某入职青岛某某公司前，青岛某某公司通过公司员工手机号码注册抖音账号“HAO×××REN”，杨某某入职后该账号用于发布杨某某参演的相关短视频等其他商业用途。该抖音号于杨某某担任短视频演员期间绑定杨某某个人身份信息。经过运营，涉案抖音号已经拥有粉丝数量51万余人。后杨某某于2019年10月28日自青岛某某公司离职，于2021年11月更改了涉案抖音号的账号（更名后账号名为“t×××9”）及密码，删除了该抖音号的全部短视频作品，使用该账号继续发布其个人制作的短视频内容。

青岛某某公司认为，该账号系由其注册，亦由其运营，该账号应系青岛某某公司所有，杨某某的行为侵害了青岛某某公司的合法权益，请求法院确认案涉账号的相关权益归青岛某某公司所有，并判令杨某某配合返还该抖音号。

杨某某认为，其在青岛某某公司工作期间，该公司使用其身份证信息登记了涉案“t×××9”抖音号，但并未与其签署任何使用其身份信息登记抖音号的合同，也未明确使用期限，其与青岛某某公司当时并非正式的劳动关系。杨某某离职后，因需要用自己身份信息申请新的抖音号，故联系抖音客服，抖音告知需将之前绑定其身份信息的抖音号解除绑定，后其联系青岛某某公司要求解绑涉案抖音号，但青岛某某公司告知该账号已丢失不能解除绑定，故其联系抖音官方，因该账号身份信息系其本人，抖音将该账号判定给杨某某，故其认为该账号系杨某某本人所有。

【案件焦点】

因平台管理需要MCN机构[①]将案涉抖音账号与主播身份信息绑定，主播离职后账号的权属如何认定。

【法院裁判要旨】[②]

山东省青岛市市北区人民法院经审理认为：民事主体的网络虚拟财产受法律保护。

---

① 全称为Multi-Channel Network，是一种专门为网络视频创作者提供服务的机构。

② 本书【法院裁判要旨】适用的法律法规等条文均为案件裁判当时有效，下文不再对此进行提示。

本案中，根据双方在庭审中的陈述可以看出，青岛某某公司有别于一般MCN公司，其未与杨某某签订合作协议，杨某某仅作为短视频演员于青岛某某公司工作，涉案账号所发布的短视频的选题、编排、制作均由青岛某某公司完成，杨某某在该账户的运营中自由度、贡献度较低。庭审中杨某某亦认可涉案账号在其入职时就由青岛某某公司员工注册，由青岛某某公司将该账号在杨某某入职后交由其发布视频，后因平台管理的要求将杨某某的身份信息与该账号进行绑定，杨某某离职后亦想将其个人信息从该账号中解绑，但因技术问题未能完成，可以看出其对该账号的归属也有一定认知。故青岛某某公司主张认定案涉账户相关权益归属于该公司，法院予以支持。

山东省青岛市市北区人民法院依照《中华人民共和国民法典》第一百二十七条、第二百三十四条规定，判决如下：

确认“抖音”账号“t×××9”的相关权益归属于青岛某某公司。

宣判后，双方当事人均未上诉，一审判决已经生效。

【法官后语】[①]

随着网络经济的不断发展，各大网络平台陆续推出网络直播、网络带货等服务，使得一些粉丝数量巨大的平台账号，本身即具有一定经济价值。本案中涉及的抖音平台账号正是如此，因运营以来取得大量粉丝关注，其账号本身即存在可观的经济价值。而在账号运营过程中，主要来自两方的共同努力——MCN机构及博主（主播、自媒体人等）。故，在讨论账号的归属前，首先应明确双方的基本概念、工作内容及合作分成方式。MCN机构，即Multi-Channel Network的简称，指的是短视频机构，该概念最早源自国外的互联网平台领域，广义上是指有能力服务和管理一定规模账号的内容创作的机构，内容形式不限于视频，也包括直播、图文等多种形式。国内引入MCN机构这一概念后，成立了一批以孵化“网红”博主、自媒体为主业的网络科技公司。此类机构与博主

① 本书【法官后语】对此类法律问题涉及的法律法规等内容进行了时效性更新，下文不再对此进行提示。

之间根据合作方式的不同，基本可分成以下三种，双方就账号归属发生争议时，应当基于不同模式下双方对于账号运营的不同贡献度，适用相应的认定账号归属的裁判规则。

一、MCN机构为主，机构与博主之间成立劳动关系

在此类合作模式中，MCN机构提供账号运营的绝大多数硬件设施，并主导账号的主要发展方向。例如，确定账号基本调性、受众用户群体，提供视频拍摄剧本及图文博文的具体文案，租用拍摄场地、提供演出道具，以及与广告合作商洽谈，确定视频或图文内容中的硬广、软广等内容。博主本人与该公司或签订劳动合同，或不签，本质上系该公司员工，其在账号运营中仅作为演员或账号运营辅助人员，不参与账号运营的整体设计。如本案中杨某某与青岛某某公司，双方在运营账号过程中即倾向于此种模式，杨某某作为公司聘请的短视频演员，仅听从公司指示进行运营，自身对账号运营的贡献度较低。二者不存在分成问题，机构对博主采取计薪模式发放报酬。

此时，MCN机构与博主之间倾向于成立劳动关系，在该模式下运营的平台账号，MCN机构的贡献度明显大于博主，故在该种模式下，认定相关平台账号的财产权益属于MCN机构较为适宜。

二、博主运营为主，与MCN机构之间类似挂靠关系

在此类合作模式中，博主个人占据主导地位，其在账号的运营方向、发布的内容质量及广告商务的洽谈方面均有极大自主性，与MCN机构合作的前提是一些平台对营利账号要求有具体公司，否则不得通过账号从平台中获取收益，故博主为获得营利资格进入MCN公司。二者亦在分成上无明显争议。

此时二者的关系类似于挂靠关系，属于博主借助机构获得某些资质，但博主本人对账号具有绝对控制权。此时博主在运营账号的贡献度上明显大于MCN机构，账号系因博主的个人运营取得一系列成果，故认定相关平台账号的财产权益属于博主个人较为适宜。

三、MCN机构与博主共同运营

在此类运营模式中，博主本人虽对账号有一定控制权，但MCN机构对账号

的运营方向、广告来源仍有一定话语权，其负责对外承接、洽谈广告，将确定的广告商发布给旗下的博主，由博主发布相关内容取得收益。

此时双方对账号运营的贡献程度需在具体案件中详细查明，可针对不同案件具体进行分析，例如，从账号运营时间、MCN机构介入时间、粉丝增长速度、广告来源及其他与账号运营相关的内容进一步分析。以此来确定MCN机构及博主个人在运营账号中的具体贡献度大小，综合认定相关平台账号的财产权益应归谁所有。

除上述三种模式外，在实践中可能存在部分当事人以账号注册登记的个人身份信息来主张权属。就此，笔者认为，根据各平台《用户服务协议》约定，平台用户仅对账号享有使用权。利用个人身份信息注册仅为平台管理及国家政策需要，且账号作为虚拟网络代码，其所有权应属平台所有，当事人所主张的权属更多的是指向该账号所带来的财产利益，对于该财产利益，则应按照贡献程度予以确定更为妥当。

综上，在处理MCN机构与博主之间平台账号权属之争时不应一概而论，而应从双方贡献度大小的角度出发，具体案件具体分析。该财产利益应在查清二者合作方式的前提下，综合分析账号运营方向、收益来源、粉丝增长时间节点等关键性账号属性，确认机构与博主双方在账号运营过程中的贡献程度，并可结合考虑各方对于账号归属的认知，从而确定该网络虚拟财产的具体权属。如此处理更加符合现代网络发展的需要，能在充分保障MCN机构运营安全的同时，依法维护博主本人的创作自由，从法律层面维护网络经济的和谐发展。

编写人：山东省青岛市市北区人民法院　王守京　蔡璐

2

所有权确认纠纷案件中打印遗嘱效力的认定

——钟某甲诉钟某等所有权确认案

【案件基本信息】

1. 裁判书字号

湖南省平江县人民法院（2021）湘0626民初4487号民事判决书

2. 案由：所有权确认纠纷

3. 当事人

原告：钟某甲

被告：钟某乙、钟某丙、钟某

【基本案情】

凌某某、钟某某系夫妻关系，婚后生育三女一子，即钟某甲、钟某乙、钟某丙和钟某丁。钟某系钟某丁之子。此外，钟某某在婚前收养一子钟某戊。钟某某于1984年8月去世。1984年，钟家以钟某甲、钟某乙为主出资对老屋进行改建，以钟某丁的名义申请在某村某组一处集体土地上建造一栋三层砖混结构楼房。建成后该房屋由凌某某及钟家子女共同合伙经营旅社和饭馆。1986年11月29日，钟某丁因欠银行贷款无力偿还，将该房屋一半产权转让给钟某甲，并在村委会领导、其他证人及全体家庭成员到场情况下，签订出卖房契。1990年，该地的建设使用权登记在钟某丁名下。2001年4月2日，该房屋进行产权登记，登记所有权人为钟某丁。后该房屋经扩建，于2003年6月再次进行产权登记，登记所有权人为钟某丁。2006年3月，钟某甲向法院提起房屋权属纠纷诉讼，5月19日，经法院主持调解，双方达成协议：钟某甲对坐落在某村某组

A 号，建筑面积为 363.84 平方米的一栋砖混结构三层楼房享有一半房产所有权。后因钟某丁涉及民间借贷纠纷，申请执行人申请执行登记于其名下的本案涉案房屋。钟某甲、钟某丙、凌某某向法院提起案外人执行异议之诉，后经法院审理裁定如下：异议人钟某甲、钟某丙、凌某某对坐落于某村某组 A 号建筑面积为 363.84 平方米一栋砖混结构三层楼房拥有部分产权的异议成立。

凌某某在去世前立有遗嘱，遗嘱主要内容为：“（1）我和丈夫钟某某生前有房屋一栋，位于某村 A 号。经女儿钟某乙、钟某甲全额出资将房屋改建，经人民法院调解，将房屋的一半分给钟某甲，钟某甲有上述房屋一半的产权。（2）……（3）上述房产的另一半，实际应属我和钟某丁、钟某丙共有，详见人民法院裁定书。（4）鉴于上述房产的复杂性，我在有生之年，立遗嘱将我个人部分所有的房产交由钟某乙、钟某甲、钟某丙、钟某丁继承。养子钟某戊因在其养父去世后曾主张权利，判有房产份额给他，我个人部分的房产就不作份额给他。”该遗嘱有立遗嘱人凌某甲的签章及手印，及到场人凌某甲、凌某乙签字，子女钟某乙、钟某甲、钟某丁、钟某丙均在遗嘱上签名。2010 年 12 月，凌某某去世。2017 年 12 月，钟某丁去世。

【案件焦点】

1. 凌某某的遗嘱是否合法有效；2. 本案诉争房产中钟某甲所拥有的份额是多少。

【法院裁判要旨】

湖南省平江县人民法院经审理认为：

关于焦点一，凌某某生前所立的遗嘱，是打印遗嘱。凌某某作为立遗嘱人具有遗嘱能力，在遗嘱中对涉案房产个人所有部分进行了分配，并在遗嘱后进行了签章和捺印。钟某甲、钟某丁、钟某丙、钟某乙全部子女均在遗嘱上进行签字，并且有两位亲属进行了见证签名。可见子女们当时对凌某某所拥有的涉案房屋的产权是无异议的。钟某抗辩称遗嘱是为了规避 2006 年法院执行而订立的。经依法查阅执行卷宗，申请人申请执行登记在钟某丁名下的本案涉案房屋时，钟某甲、钟某丙、凌某某提出了执行异议，在听证时提交了相应证据并申请了证人出庭作证，但遗嘱并不包含在提交的证据之内。另依据遗嘱第三条的内容“上述房产的另一半，实际应属我和钟某丁、钟某丙共有，详见人民法院裁定书”，可以推断遗嘱最终形成时间应该在裁定书生效之后。故钟某称遗嘱是为了规避执行的抗辩理由不成立，不能推翻该份遗嘱的真实性。因此，根据现有证据来看，该遗嘱真实、合法、有效，予以确认。

关于焦点二，根据《中华人民共和国民法典》第三百零八条的规定，共有人对共有的不动产或者动产没有约定为按份共有或者共同共有，或者约定不明确的，除共有人具有家庭关系等外，视为按份共有。本案讼争房屋所有权虽然登记在钟某丁名下，但根据家庭成员共同签字确认的遗嘱的内容及法院出具的执行异议裁定内容来看，本案涉案房产属于家庭的共有财产。其中房产东边的一半依据法院调解以及遗嘱的内容可以确认为钟某甲所有，钟某对此也未提出异议，而该房产的另一半产权属凌某某、钟某丁、钟某丙共有。西边的一半，共有人对内部的份额并未进行约定，应视为等额享有。因此，共有人凌某某享有的涉案房产的份额为另一半（西边）的三分之一。凌某某去世后，因其留有遗嘱，该房屋属于凌某某的部分发生遗嘱继承，该部分应由钟某乙、钟某甲、钟某丙、钟某丁共同继承。以此计算，钟某甲因遗嘱继承所得的份额为西边一半房产的三分之一的四分之一，即西边一半房产的十二分之一。

湖南省平江县人民法院根据《中华人民共和国民法典》第二百零九条、第二百三十条、第三百零八条、第一千一百二十三条、第一千一百三十三条、第一千一百三十六条，《中华人民共和国民事诉讼法》第一百四十七条规定，判决如下：

确认位于某村某组 A 号一栋砖混结构三层楼房西边一半的十二分之一的房产属钟某甲所有。

宣判后，双方当事人均未上诉，一审判决已经生效。

【法官后语】

本案是所有权确认纠纷，钟某甲以案涉房产登记权利人并非真实权利人、真实权利人立有遗嘱将涉案房产的一部分归其继承为由，请求确认其对案涉房产所有权的份额。在查明涉案房产真实权利人的基础上，认定钟某甲对于涉案房屋所有权的份额，关键在于涉案遗嘱的效力认定。

一、打印遗嘱的含义和基本特征

《中华人民共和国民法典》第一千一百三十六条规定："打印遗嘱应当有两个以上见证人在场见证。遗嘱人和见证人应当在遗嘱每一页签名，注明年、月、日。"打印遗嘱是《中华人民共和国民法典》新增的遗嘱类型，本条规定了打印遗嘱的生效要件，但未明确打印遗嘱的定义。从文义解释出发，打印遗嘱是指由行为人操作计算机记载遗嘱内容并储存，由打印机输出而形成的打印件，由遗嘱人、见证人在该打印件上签名并注明日期的一种新型遗嘱。打印遗嘱的制作方式可以分为以下两种：第一种是遗嘱人利用电脑、手机等电子设备，自行制作打印遗嘱的电子版本，亲自操作打印机打印或委托他人操作打印机完成的打印遗嘱。第二种是遗嘱人将自己的意愿通过口头或书面的方式表达给第三人，由第三人操作计算机、打印机等设备制作遗嘱的电子版本并完成打印，遗嘱人并没有亲自操作电子设备制作遗嘱，但遗嘱人对遗嘱最终的电子版本及打印版本均表示认可。打印遗嘱在表达遗嘱人意思表示的过程中，要有电子设备的参与，其制作方式的特殊性使得打印遗嘱具有不同于传统自书遗嘱和代书遗嘱的特征，主要是：

第一，打印遗嘱中涉及"人工书写"的要素较少。打印遗嘱是通过自然人操作文字录入键盘和打印机的方式制作完成的，与自然人亲笔书写的遗嘱不同，打印遗嘱并不具有较多自然人笔迹等要素。

第二，打印遗嘱的制作、修改具有便捷性。制作打印遗嘱的过程较为方便，具有便利性的特点。打印遗嘱的初步形成是在电子设备上通过输入法输入完成，遗嘱人可以根据自己的需要随时随地编辑遗嘱内容并对相关条款进行修改。在打印机印刷前，遗嘱人可以自由修改打印遗嘱电子文本的内容，并且不会在之后打印出的文本上留下曾经修改过的痕迹。

第三，打印遗嘱以电子设备为制作工具。打印遗嘱的制作工具、制作方式与传统自书遗嘱、代书遗嘱不同，自书遗嘱及代书遗嘱中涉及财产分配的主体部分，由遗嘱人或代书人亲笔书写，打印遗嘱由遗嘱人或其他人操作计算机及其他电子设备，将打印遗嘱以电子文档的形式呈现于电子设备之上，经过遗嘱人检查、修改并认可其内容后，再通过打印设备将电子版本的遗嘱转换为纸质版本的遗嘱文本。

因此，打印遗嘱是以电子设备为制作工具，遗嘱人操作电子设备制作或遗嘱人委托的第三人操作电子设备制作，遗嘱人对遗嘱内容表示认可的一种新型遗嘱。遗嘱人使用办公软件书写遗嘱，因此，打印遗嘱的外观相对于传统遗嘱而言，文字较为清晰，字迹规范工整，不容易发生因内容书写不规范而文字辨认不清的问题，打印遗嘱的格式也可以更加美观规范。针对财产种类较多、内容复杂的遗嘱人还可以通过图表等方式清晰地列出不同类别的财产并给出具体分配结果，通过此种制作方式遗嘱人可以清楚详尽地书写分配遗产方案，有利于继承人顺利执行遗嘱内容，可以有效避免继承过程中因分配内容记载不清而发生争议。

二、案涉遗嘱的形式及其法律适用

案涉遗嘱通过打印字体输出文字，形式上表现为一张A4打印件，上面由遗嘱人、见证人签字，注明了年、月、日等，内容上由打印字体清晰记载了遗产的分配情况，完整地表达了遗嘱人的真实意思表示，没有手工书写修改遗嘱内容的痕迹，遗嘱展现的内容清晰、明了。故从形式要件上看，案涉遗嘱属于打印遗嘱。

虽然本案打印遗嘱系遗嘱人于《中华人民共和国民法典》施行前所立，当时实施的法律并未将打印遗嘱列为遗嘱的法定形式，但根据《最高人民法院关于适用〈中华人民共和国民法典〉时间效力的若干规定》第十五条“民法典施行前，遗嘱人以打印方式立的遗嘱，当事人对该遗嘱效力发生争议的，适用民法典第一千一百三十六条的规定，但是遗产已经在民法典施行前处理完毕的除外”的规定，本案案涉遗产在《中华人民共和国民法典》施行前并未处理完毕，故本案应适用《中华人民共和国民法典》关于打印遗嘱的规定认定其效力。

《中华人民共和国民法典》第一千一百三十六条规定："打印遗嘱应当有两个以上见证人在场见证。遗嘱人和见证人应当在遗嘱每一页签名，注明年、月、日。"该条文明确规定了打印遗嘱有效的形式要件。本案并未涉及打印遗嘱形式要件的争议，但在司法实践中，大量的打印遗嘱是在《中华人民共和国民法典》生效之前订立，是否严格适用《中华人民共和国民法典》第一千一百三十六条的规定来处理当事人对遗嘱形式要件的效力争议，在打印遗嘱存在形式瑕疵的情况下，打印遗嘱是否当然无效，在司法实践中仍存在标准模糊的问题。从倾向性意见看，一般认为，应当从尊重遗嘱人意思自治出发，探究其真实意思表示，根据瑕疵程度结合相关证据，综合认定打印遗嘱的效力。如结合见证人的庭审陈述及相关证据可印证遗嘱是遗嘱人真实意思表示的，应认定该打印遗嘱有效为宜。

三、案涉遗嘱的效力认定

打印遗嘱作为一种新型遗嘱，主要表现在其制作方式的特殊性以及法律关于打印遗嘱形式要件的特殊要求。从实质要件而言，打印遗嘱同样要符合遗嘱的有效要件，包括遗嘱人有遗嘱能力，遗嘱是遗嘱人的真实意思表示，遗嘱的内容合法、没有违反法律法规的禁止性规定，遗嘱人对其处分的财产有处分权等。本案遗嘱内容是遗嘱人处分其名下的房产，没有违反法律法规的禁止性规定，且有两名以上无利害关系见证人见证，在遗嘱中有遗嘱人和两名见证人的签名，遗嘱中注明了年、月、日。本案遗嘱人所立遗嘱是合法有效遗嘱。钟某辩称遗嘱是为了规避法院执行而订立的，不是遗嘱人的真实意思表示。其实质是否定案涉遗嘱的真实性和合法性。遗嘱是否真实，应当由持有遗嘱并主张遗嘱真实的一方承担初步的举证责任，本案中，钟某甲对遗嘱的真实性承担了其相应的举证责任，且经法院审查，从遗嘱内容及形式上均符合打印遗嘱的有效要件，现钟某对该遗嘱的真实性不予认可，应提供证据足以推翻打印遗嘱的内容，否则将承担举证不能的后果。为了查清事实，法院依法查阅了执行卷宗，案外人王某申请执行登记在钟某丁名下的本案涉案房屋时，钟某甲、钟某丙、凌某某提出了执行异议，并在听证时提交了相应证据并申请了证人出庭作证，但遗嘱并不包含在提交的证据之内。另依据遗嘱第三条的内容“上述房产的另一半，实际应属我和钟某丁、钟某丙共有，详见人民法院裁定书”，可以推断遗嘱最终形成时间应该在相关执行裁定生效之后。故该份打印遗嘱是遗嘱人的最终真实意思表示，不存在规避法院执行措施的非法目的，钟某的抗辩理由不能推翻该份遗嘱的真实性、合法性。因此，该遗嘱真实、合法、有效。

本案对打印遗嘱的效力认定，采取了遗嘱形式要件审查、探究遗嘱人真实意思、遗嘱内容合法性审查的思路，即以《中华人民共和国民法典》规定的打印遗嘱的形式要件为基本依据，以探究遗嘱人的真实意思表示为核心，有效运用举证责任分配规则，结合遗嘱的内容及其他证明材料综合认定该打印遗嘱的真实、合法、有效性。随着电脑的普及，形成打印写作替代传统书写的趋势，以及在全国人口老龄化的社会背景下，实践中打印遗嘱的使用越来越频繁。针对涉及打印遗嘱以及其他形式的遗嘱效力认定，还有待于司法实践形成更细化的规则指引，以切实维护公民财产继承的合法权益。

编写人：湖南省平江县人民法院　李春兰　彭心

3

监护人处分未成年被监护人财产的效力认定

——邓某甲诉邓某庚等所有权确认案

【案件基本信息】

1. 裁判书字号

四川省成都市中级人民法院（2021）川01民终23931号民事判决书

2. 案由：所有权确认纠纷

3. 当事人

原告（被上诉人）：邓某甲

被告（上诉人）：邓某庚

被告：邓某丙、某市土地储备中心（以下简称土储中心）、某市某区人民政府某某街道办事处（以下简称某街道办）

第三人：陈某某、邓某丁、邓某乙、罗某某、邓某戊

【基本案情】

邓某某与陈某某是夫妻关系，生育长子邓某甲、次子邓某乙、三子邓某丙、四子邓某丁。邓某甲与罗某某系夫妻关系，生育一女邓某戊。邓某丁与张某某系夫妻关系，生育一女邓某庚。2002 年，邓某丁有一套房屋拆迁，与拆迁单位签订了货币安置协议，领取了邓某丁夫妇、父亲邓某某、母亲陈某某、女儿邓某庚共 5 人的拆迁货币安置金 458613. 80 元。2003 年，邓某丁夫妇因刑事犯罪服刑，上述现金（包括补偿金）被没收。邓某某、陈某某、邓某庚面临拆迁后无处居住的困难，后拆迁办根据相关政策对该三人重新进行安置，按人均 51 平方米并入邓某甲户一并办理。邓某庚由邓某某、陈某某、邓某甲抚养。

2006 年 7 月 5 日，邓某某、陈某某、邓某庚向邓某甲出具两份证明，第一份载明：原货币安置费由邓某甲个人退回，以后邓某某、陈某某分得的房子是邓某甲私人财产，不是父母遗产，应由邓某甲一人所得。第二份载明：同意把收到的安置费退回，邓某庚分得一套 60 平方米的房子，有 9 万元现金，以后产权办在邓某甲名下。同月，邓某丁另一套房屋拆迁并进行货币安置，因其夫妇尚在服刑，由邓某甲代为办理。2006 年 7 月 26 日，邓某甲与邓某丁签订协议，约定：邓某甲与拆迁单位达成协议，分 60 平方米房子给邓某丁和现金 9 万元。因邓某丁有困难需要用钱，60 平方米房屋卖给邓某甲，价格按前一次安置 51 平方米计，为 7 万元整，两项折合价为 16 万元，由邓某甲支付给邓某丁，事后邓某丁夫妇不得向邓某甲要房子。邓某甲于 2006 年 8 月依约向邓某丁支付了 16 万元。2006 年 11 月 24 日，邓某甲以户主名义与拆迁办、土储中心签订了《拆迁现房安置协议书》，约定：拆迁安置 6 人即邓某甲、罗某某、邓某戊、邓某某、陈某某、邓某庚，人均按政策安置 35 平方米，人均优惠安置 16 平方米，

选择以案涉四套房屋安置。2007年12月28日，邓某某去世。2014年6月27日，某街道拆迁维稳办公室向邓某甲发出通知，通知其提交分户产权办理资料、完善手续。邓某丙及邓某庚拒不配合办理产权登记，遂成讼。

【案件焦点】

1. 邓某丁与邓某甲签订的协议书中的意思表示能否产生邓某庚将其获得安置房屋的权利让渡给邓某甲的效果；2. 作为实际对邓某庚进行抚养监护的亲属对邓某庚的财产权益的处分是否损害了邓某庚的利益。

【法院裁判要旨】

四川省成都市成华区人民法院经审理认为：邓某丁家庭存在两次拆迁，邓某丁夫妻均选择了货币安置，邓某庚在第一次拆迁中退回了货币安置款，并入邓某甲户进行了房屋安置，并取得了相应面积的安置房。本案主要争议点为邓某庚所取得的上述安置房屋是否已经出售给邓某甲。邓某庚父母在服刑期间，其跟随祖父母生活，其祖父母为其监护人。2006年7月5日，邓某庚与其祖父母共同出具证明同意将房屋出售给邓某甲时，邓某庚虽为限制民事行为能力人，但其从事的该民事活动应当认定已征得了法定代理人同意。事后，其父邓某丁与邓某甲又签订协议，对出售房屋事实认可。且邓某甲分得案涉房屋的时间是在2014年左右，当时的邓某庚已经成年，案涉房屋由邓某甲占有使用至今，邓某庚在此期间内并没有提出任何异议，故邓某庚将房屋出售给邓某甲的事实成立，双方之间的买卖协议具有法律效力。邓某某、邓某戊均同意将其享有的份额登记在邓某甲、罗某某名下。邓某某去世前，同意将其分得的房屋份额给予邓某甲，故其法定继承人陈某某、邓某乙、邓某丁、邓某丙应当协助履行过户义务。因物权取得以登记为准，邓某庚出售、邓某某给予相应房屋份额给邓某甲的事实成立，但未进行登记前，不宜确认归其所有，其办理房屋登记即取得相应物权。

四川省成都市成华区人民法院依照《中华人民共和国民法通则》第十二条、第五十五条、第七十二条，《中华人民共和国合同法》第六十条、第一百零四条，《最高人民法院关于适用〈中华人民共和国民法典〉时间效力的若干规定》第一条，《中华人民共和国民事诉讼法》（2017修正）第一百四十四条规定，判决如下：

一、邓某庚、陈某某、邓某乙、邓某丙、邓某丁、邓某戊、土储中心、某街道办于本判决生效之日起三十日内协助邓某甲、罗某某将案涉四套房屋过户登记在邓某甲、罗某某名下；

二、驳回邓某甲、罗某某其他诉讼请求。

邓某庚不服一审判决，提起上诉。

四川省成都市中级人民法院经审理认为：本案案涉房屋系拆迁活动中的安置房，现案涉房屋的登记所有人及拆迁单位均表示愿意按照法院的裁判配合办理案涉房屋的过户登记手续，故案涉房屋最终能否登记在邓某甲、罗某某名下应当考虑在拆迁安置协议签订后，拆迁安置协议中被安置人邓某甲、罗某某、邓某戊、邓某某、陈某某、邓某庚对其各自合同权利如何处理。邓某某、陈某某同意将其基于拆迁所获得的权利让渡给邓某甲，邓某戊也认可将基于拆迁所获得的案涉房屋均登记在邓某甲、罗某某名下，故本案的争议焦点是邓某庚基于拆迁获得的权利是否让渡给邓某甲。

在邓某某、陈某某、邓某庚并入邓某甲一户接受拆迁安置的过程中，由邓某甲直接与拆迁单位就安置内容进行商议符合日常生活习惯，而在商议过程中，邓某甲等人原被安置的房屋包含邓某庚享有的60平方米房屋安置权利。继而应当审查邓某某、陈某某及邓某庚签字确认的证明中的意思表示，以及邓某某与邓某甲签订的协议书中的意思表示能否产生邓某庚将其获得安置房屋的权利让渡给邓某甲的效果。

一方面，邓某庚在邓某丁夫妇入狱后由邓某某、陈某某、邓某甲抚养，邓某某、陈某某、邓某甲作为实际对邓某庚进行抚养监护的亲属与彼时12周岁左右的邓某庚共同处理涉及邓某庚权益的房产符合日常生活习惯。另一方面，虽然邓某某、陈某某及邓某庚签字确认的证明中仅说明了邓某庚分得一套60平方米房子产权证办在邓某甲名下，但在邓某甲与邓某丁的协议书中该权利系邓某丁以 7 万元的价格进行了出让，且之后邓某甲也按照协议的约定支付了相应款项。因此，邓某庚放弃该权利获得了合理对价，故邓某某、陈某某、邓某甲的行为并未侵犯邓某庚的合法权益。综上，邓某庚就案涉拆迁协议享有的分配安置房屋的权利已经向邓某甲完成让渡，邓某庚的上诉请求不能成立，应予驳回。

四川省成都市中级人民法院依照《中华人民共和国民事诉讼法》第一百七十条第一款第一项规定，判决如下：

驳回上诉，维持原判。

【法官后语】

未成年人受限于其年龄、智力和精神健康状况，在进行民事法律活动时，须由监护人代为处理涉及其人身权利和财产权利的事宜。监护人在处置未成年被监护人的事务时，应切实满足被监护人的利益而非监护人的利益，同时还要根据未成年人的智力情况、心理成熟程度使其逐渐参与决定，尊重其真实意愿。监护人的财产处分行为是否损害了被监护人的利益，处分行为是否有效，应当综合考量未成年人的利益进行认定。

一是监护人应按照最有利于被监护人的原则履行监护职责。从处分财产的目的考量，法律明确规定，监护人除了为维护被监护人的利益外，不得处分被监护人的财产。财产处分需是为了如被监护人的生活、教育或医疗等的利益支出而实施。若财产处分剥夺或牺牲被监护人利益的，如为他人债务提供担保等，则监护人的处分行为不符合有利于被监护人利益原则。

二是共同监护人对财产处分应达共识。若未成年人的监护人为两人或多人，原则上对被监护人的财产处分须经全体监护人同意，才可以代理被监护人处分财产。为切实维护未成年人的利益，若监护人之间意见不一时，可以寻求法院的司法介入，以衡量被监护人的最佳利益选择。

三是监护人财产管理权及对财产行使处分权的限制。监护人应尽善良管理人之注意义务，执行财产处分事务。所涉财产处分交易类型和范围与被监护人年龄、智力和精神健康状况不相适应的，如本案中，处分拆迁利益，特别是涉及房产，明显超越了未成年人的处分能力，需要有监护人代为处理。

法律法规对此虽未予以明确规定，但可基于日常经验法则与普通民众的感知（与监护人、被监护人处于同等情境的理性标准）来判断。对于被监护人有能力独立处理的事务，监护人不得干涉，即应当尊重被监护人对自己事务处理的意愿，体现了立法和司法从传统的“替代决定”向“协助决定”的逐渐转变。

四是监护人与交易相对人是否存在恶意串通损害被监护人利益的情形。即监护人与交易相对人之间的交易是否存在恶意串通低价处分以损害被监护人利益的情况，如可考量监护人处分财产的对价是否合理等因素。

五是关于相关财产处分行为的效力认定。法律关于“监护人除为维护被监护人利益外，不得处分被监护人的财产”的规定不属于“效力性强制规定”，其立法目的在于明确监护人职责，并不能因此直接否定监护人财产处分行为的效力。从鼓励交易、维护交易安全的角度出发，还需着重考量交易行为是否违反了效力性强制规定、第三人是否为善意等。从配套救济途径上讲，法律同时也规定“监护人不履行监护职责或者侵害被监护人合法权益的，应当承担法律责任”。因此，在被监护人法益受到侵害时，可以直接向监护人主张赔偿责任获得救济。

本案中，邓某庚在其父母入狱时属于限制行为能力人，由邓某某、陈某某、邓某甲三人共同抚养，三人与彼时12周岁左右的邓某庚共同处理涉及邓某庚的权益符合日常生活习惯。邓某庚放弃房屋权利但获得了7万元的合理对价，可认定邓某某、陈某某、邓某甲的行为并未侵犯邓某庚的合法权益，故涉案房屋应当归邓某甲所有。

编写人：四川省成都市中级人民法院　刘康宁
四川省成都市金牛区人民法院　李雪

4

老旧小区物业管理用房的所有权确认

——某某业委会诉某某公司所有权确认案

【案件基本信息】

1. 裁判书字号

上海市宝山区人民法院（2022）沪0113民初10955号民事判决书

2. 案由：所有权确认纠纷

3. 当事人

原告：某某业委会

被告：某某公司

【基本案情】

2000年，某某公司开发上海市宝山区“某某园”小区商品房。根据建设规划和设计图纸标注，小区22号楼1—3层（以下简称涉案房屋）中有1086平方米系居委、老年活动、物业管理、公共设施等用房。小区竣工后，宝山区甲村街道办事处（甲方，后与乙村街道合并为丙街道办事处）与某某公司（乙方）签订《协议书》，载明涉案房屋中的2层（180平方米）老年活动室产权归甲方所有。

2001年，某某公司就涉案房屋办理了产权证，载明涉案房屋所有权人为某某公司，涉案房屋性质为“公共设施”用房。后某某公司占有、使用涉案房屋，其间就涉案房屋进行了抵押、租赁等行为。

2022年7月14日，丙街道办事处出具《关于“某某园22号楼2楼”产权情况说明》，表示不予认可《协议书》内容，《协议书》仅对涉案房屋中的2层部分作出约定，并未约定其余房屋的权利归属。涉案房屋产权应整体归属某某园全体业主所有。

某某业委会诉请判令涉案房屋中在建设规划图纸中标注老年活动室的846.12平方米房屋所有权归某某园小区全体业主共有。某某公司辩称，根据相关标准，按照某某园目前的情况，物业用房及业委会、居委实际用房均已超出标准；就涉案房屋开发商从未同业主约定过归业主所有；除门牌号大门内楼道外，所有公共建筑均未分摊过公用面积，根据谁开发谁得益的原则，系争房应归开发商所有。

【案件焦点】

在建成当时尚无法律规定作出特别规定的情况下，老旧小区物业管理用房的所有权归属如何判定。

【法院裁判要旨】

上海市宝山区人民法院经审理认为：涉案房屋在规划、建造核准时，尚无法律对其所有权作出具体规定。之后随着《中华人民共和国物权法》《物业管理条例》《上海市住宅物业管理规定》《中华人民共和国民法典》等法律法规的出台，才明确了建筑区划内的其他公共场所、公用设施和物业服务用房，属于业主共有。

根据相关法律的立法目的，立法机关本着以小区和建筑物最终功能的实现为根本，摒弃优先考虑投资利益的取向，确立了对属于建筑物区分所有权人正常合理使用建筑物所不可或缺的共享部分，认定为业主共有财产的制度安排。立法机关的立法本意在于以法律的形式，明确建筑区划内公共空间的权利归属，突出业主权益的保护，限制开发商以重复售卖和其他“再开发”的形式擅自处理和改变公共区域用途的行为，从而实现社会公共利益最大化，较好衡平各方权利主体的合理利益。

涉案846.12平方米房屋无论规划、竣工还是在进行不动产登记时，其性质均为小区配套建设的物业管理楼，供小区居民作为公用服务使用。双方虽然曾签署过相关协议，但协议并不涉及涉案房屋的权属确认。某某公司辩称的“谁开发、谁受益”的原则亦不符合相关法律法规的立法本意，损害了全体业主的利益。同时，将具有公共服务性质的房屋确认为全体业主共有，符合社会主义核心价值观所提倡的公正、平等，适用《中华人民共和国民法典》的规定更有利于维护社会和经济秩序，更有利于弘扬社会主义核心价值观。

上海市宝山区人民法院依照《最高人民法院关于适用〈中华人民共和国民法典〉时间效力的若干规定》第二条、《中华人民共和国民法典》第二百七十四条规定，判决如下：

确认涉案房屋中的846.12平方米（上海市房屋产权登记建筑面积计算表中标注老年活动室）房屋所有权归某某园小区全体业主所有。

一审判决后，各方当事人未上诉，该判决已生效。

【法官后语】

本案是一起典型的老旧小区物业管理用房所有权确认纠纷。基于历史原因，2000年前上海批准建造的小区，其物业管理用房于设计规划、建造核准时通常登记于开发商名下。而随着日常生活、管理的开展推进，业主方难以避免地会与开发商就物业管理用房的所有权归属产生争议。此类争议的典型之处在于，案涉物业管理用房的权属事实发生于《中华人民共和国民法典》，甚至原《中华人民共和国物权法》等法律法规颁布之前，而权属争议却发生于相关法律法规生效后。由于缺乏明确的法律法规指引，案涉物业管理用房的权属界定需要结合立法目的与实际情况进行综合考量。

一、物业管理用房之性质仅以其功能及用途决定

物业管理用房，是指房地产开发建设中按照有关规定建设的，由开发建设单位以建造成本价一并转让给购房业主集体，用作物业管理办公、工作人员值班以及存放工具材料的用房。[①] 实践中，物业管理用房的用途还包括物业清洁、

① 王雨轮主编：《物权纠纷裁判精要与规则适用》，人民法院出版社2021年版，第169页。

业委会活动、业主文化娱乐活动等，是小区维护日常物业活动及丰富业主生活内容不可缺少的公共配套设施。

物业管理用房之性质仅以其功能及用途决定。其一，房屋的规划设计具有相应的建筑功能，未经规划变更，任何人不得擅自变更用途。其二，《物业管理条例》第三十条规定，建设单位应当按照规定在物业管理区域内配置必要的物业管理用房。《商品房销售面积计算及公用建筑面积分摊规则》（试行）第八条规定，公用建筑面积的组成包括“电梯井、楼梯间、垃圾道、变电室、设备间、公共门厅和过道、地下室、值班警卫室以及其他功能上为整栋建筑服务的公共用房和管理用房建筑面积”。系争房屋的占有面积超标与否、是否计入公摊面积、建造费用由何人负担，并不构成物业管理用房的判断标准。

二、物业管理用房所有权相关法律的立法目的以功能为导向

基于物业管理用房用之于业主的公共属性，我国立法关于物业管理用房所有权的设计坚持以房屋的功能性为导向，针对物业管理用房的所有权归属作出了特殊规定。《中华人民共和国物权法》《物业管理条例》《中华人民共和国民法典》等先后出台的法律法规均明确了建筑区划内的其他公共场所、公共设施和物业服务用房属于全体业主共有。

探究立法本意，立法机关在确认物业管理用房的权属时，采纳了物业管理用房作为建筑区分所有权人正常、合理使用建筑所不可或缺的共享部分，其应为业主共有财产的制度安排。其宗旨是突出对业主权益的保护，限制开发商以重复售卖和“再开发”的形式擅自处理和改变公共区域用途的行为，从而实现社会公共利益的最大化，较好衡平各方权利主体的合法权益[①]。

三、物业管理用房所有权归属适用有利溯及规则

《最高人民法院关于适用〈中华人民共和国民法典〉时间效力的若干规定》

---

① 最高人民法院民法典贯彻实施工作领导小组：《中华人民共和国民法典物权编理解与适用》（上），人民法院出版社 2020 年版，第 354 页。

第三条[①]明确了有利溯及与适用规则。由于有利溯及从法理上而言改变了当事人的合理预期，因此，为保证日常社会生活生产秩序的稳定性，其适用标准须加以严格限定。即《中华人民共和国民法典》的有利溯及必须同时满足更有利于保护民事主体合法权益、更有利于维护社会和经济秩序、更有利于弘扬社会主义核心价值观这三层要求。其中，“更有利于保护民事主体合法权益”需限定在对各方当事人均有利，或至少对一方更加有利的同时不损害其他方利益的情形[②]；“更有利于维护社会和经济秩序”的内涵则需涵盖鼓励交易、维护交易秩序等具体判断因素[③]；“更有利于弘扬社会主义核心价值观”则与《中华人民共和国民法典》的立法目的与宗旨同向而行，确保有利溯及适用能产生更好的法律、政治与社会效果。

具体到本案，涉案房屋因其规划及建造核准均在相关法律法规颁布前，故存在是否能够适用有利溯及的判断。首先，涉案房屋自规划伊始至建造核准，其用途均为物业管理用房，开发商虽因历史原因取得涉案房屋的权属登记，实则不享有对之再开发、再售卖的使用权、处分权。溯及适用《中华人民共和国民法典》第二百七十四条确认全体业主对涉案房屋的建筑物区分所有权，在保护全体业主合法权益之同时，并未减损开发商的法益。其次，本案适用《中华人民共和国民法典》的规定进行裁判，对“谁开发、谁受益”的建设成本说采取否定态度，契合了我国针对物业管理用房所有权的立法目的，限制了开发商针对物业管理用房的反复开发与售卖，维护了社会经济秩序。最后，本案以《中华人民共和国民法典》规定进行裁判，保护了涉案房屋所在小区800余住户的权利，亦符合公正、平等的社会主义核心价值观。

编写人：上海市宝山区人民法院　鲍海跃　孙凯

---

① 《最高人民法院关于适用〈中华人民共和国民法典〉时间效力的若干规定》第三条规定：“民法典施行前的法律事实引起的民事纠纷案件，当时的法律、司法解释没有规定而民法典有规定的，可以适用民法典的规定，但是明显减损当事人合法权益、增加当事人法定义务或者背离当事人合理预期的除外。”

② 最高人民法院民法典贯彻实施工作领导小组办公室：《〈最高人民法院关于适用《中华人民共和国民法典》时间效力的若干规定〉的理解与适用》，载《人民司法》2021年第10期。

③ 最高人民法院民法典贯彻实施工作领导小组办公室：《〈最高人民法院关于适用《中华人民共和国民法典》时间效力的若干规定〉的理解与适用》，载《人民司法》2021年第10期。

5

涉外夫妻财产关系中不动产物权确认的准据法选择适用

——顾某诉吴某物权确认案

【案件基本信息】

1. 裁判书字号

福建省高级人民法院（2021）闽民终2175号民事判决书

2. 案由：物权确认纠纷

3. 当事人

原告（上诉人）：顾某

被告（被上诉人）：吴某

【基本案情】

吴某系加拿大国籍，顾某、吴某于2010年4月12日在加拿大安大略省多伦多结婚，后又于2011年9月29日在福建省福州市某区民政局登记结婚。

2012年11月13日、2013年3月30日、2013年5月28日、2016年8月15日，吴某与甲某集团股份有限公司先后签订四份《商品房买卖合同》，分别购买某小区1901单元房产、某小区A车位、某大厦07办公用房和某小区B车位。上述房产和车位分别于2018年10月、2013年4月、2017年4月、2017年1月登记于吴某个人名下。其购买情况具体如下：

1. 关于某小区1901单元（购房款总价636.333万元）

（1）购房首付款191.333万元支付情况：2012年10月7日、22日，吴某的母亲吴某某以其名下银行卡分别支付购房款30万元、161.333万元。

（2）按揭贷款445万元还款情况：2013年1月18日，吴某与甲银行签订

《个人购房抵押（保证）借款合同》，按揭贷款445万元，还款账户为吴某名下甲银行账户。第一期还款：2013年3月15日，吴某某向吴某还款账户转款5.2万元，2013年3月18日，吴某还贷款5.088873万元；第二期还款：2013年4月19日，吴某某向吴某还款账户转款4万元，同日，吴某还贷款3.896176万元；剩余期数的还款均是吴某某在还款日前将还款汇入吴某还款账户，吴某进行还款。2019年7月15日，某小区1901单元的按揭贷款清偿完毕。

2. 某大厦07办公用房（购房款总价706.8591万元）

（1）购房首付款353.8571万元支付情况：2013年5月5日、11日、27日，吴某某以其名下银行卡分别支付购房款20万元、260万元、73.8571万元。

（2）按揭贷款353万元还款情况：2016年12月15日，吴某与乙银行签订《个人房屋抵押借款合同》，按揭贷款353万元，还款账户为吴某名下乙银行账户。第一期还款：2017年2月19日，吴某某向吴某还款账户转入5万元，次日，乙银行从吴某还款账户直接扣除贷款5.002893万元；第二期还款：2017年3月18日，吴某某向吴某还款账户转入4.52万元，2017年3月20日，乙银行从吴某还款账户直接扣除贷款4.514012万元；剩余期数的还款均是吴某某在还款日前将还款汇入吴某还款账户，吴某进行还款。2020年7月20日，某大厦07办公用房的按揭贷款清偿完毕。

3. 关于某小区B车位（总价21.5万元）

（1）首付款5万元支付情况：2013年1月8日，吴某某以其名下银行卡支付5万元。

（2）余款16.5万元付款情况：吴某以其名下银行卡分期支付。2013年4月12日起，吴某某每月按期向吴某上述银行卡转款，由吴某分期支付余款，2016年4月2日结清。

4. 关于某小区A车位（总价32万元）

（1）首付款9.6万元支付情况：2013年1月8日、11日，吴某某以其名下银行卡分别支付5万元、4.6万元。

（2）余款22.4万元支付情况：吴某以其名下银行卡分期支付。2013年5

月16日起，吴某某向吴某上述银行卡转款，由吴某每月分期偿还，一一对应，2016年4月结清。

【案件焦点】

顾某、吴某婚姻关系存续期间所购买的案涉两套房产和两个车位是否系夫妻共同财产。

【法院裁判要旨】

福建省福州市中级人民法院经审理认为：因吴某系加拿大国籍，根据《中华人民共和国涉外民事关系法律适用法》第二十二条“结婚手续，符合婚姻缔结地法律、一方当事人经常居所地法律或者国籍国法律的，均为有效”之规定，顾某提供的加拿大安大略省《婚姻登记证书》经过加拿大公证机关公证，并经中国驻多伦多总领事馆的认证，其真实性可予确认，可以认定顾某、吴某已于2010年4月12日在加拿大结婚，结婚手续合法有效。根据《中华人民共和国涉外民事关系法律适用法》第三十六条“不动产物权，适用不动产所在地法律”之规定，本案系物权确认纠纷，依法适用中华人民共和国法律为准据法。

从本案现有证据及吴某的母亲吴某某到庭陈述分析，可以证明案涉两套房产和两个车位均系由吴某某出全资购买，虽然并非一次性付全款，在案证据能够证明首付款及分期付款均由吴某某出资。顾某主张吴某自己有经营性收入，有经济能力支付案涉不动产的购房款，称其亦与吴某有款项往来，亦有出资付款，但是其夫妻之间的款项往来行为不能证明出资行为，此外，即使吴某有支付能力，不能因此否定本案吴某某出资购房赠与吴某的行为；因吴某某明确表示案涉两套房产和两个车位均系赠与吴某个人，案涉两套房产和两个车位均登记在吴某个人名下，需判断在此情形下属于顾某、吴某夫妻共同财产，还是吴某个人财产。

关于父母为子女出资购房问题，《最高人民法院关于适用〈中华人民共和国婚姻法〉若干问题的解释（二）》和《最高人民法院关于适用〈中华人民共和国婚姻法〉若干问题的解释（三）》第七条对此问题均有规定。《最高人民法院关于适用〈中华人民共和国婚姻法〉若干问题的解释（三）》第七条第一款规定："婚后由一方父母出资为子女购买的不动产，产权登记在出资人子女名下的，可按照婚姻法第十八条第（三）项的规定，视为只对自己子女一方的赠与，该不动产应认定为夫妻一方的个人财产。"案涉两套房产和两个车位均系由吴某的母亲吴某某全资购买，但吴某某明确表示案涉两套房产和两个车位均系赠与吴某个人，虽然没有签订正式赠与合同，但在出资后将不动产登记在自己一方子女名下，应认定为是父母将出资确定赠与自己子女一方的意思表示，符合《中华人民共和国婚姻法》第十七条、第十八条规定的应认定为夫妻一方的财产的情形，因此，应当认定案涉两套房产和两个车位为吴某个人所有。现顾某要求确认案涉两套房产和两个车位为顾某、吴某夫妻共同所有的财产，因无事实和法律依据，不予支持。

福建省福州市中级人民法院依照《中华人民共和国婚姻法》第十七条、第十八条，《中华人民共和国民事诉讼法》第六十四条第一款规定，判决如下：

驳回顾某的诉讼请求。

顾某不服一审判决，提起上诉。

福建省高级人民法院经审理认为：吴某系加拿大国籍，本案属涉外民商事纠纷，根据《最高人民法院关于涉外民商事案件诉讼管辖若干问题的规定》第一条第一款第三项、第三条的规定，一审法院对本案具有管辖权，该院根据《中华人民共和国涉外民事关系法律适用法》第三十六条之规定适用中华人民共和国法律为准据法，符合法律规定，予以照准。

就案涉房产是否属于吴某、顾某的夫妻共同财产，分析认定如下：第一，吴某、顾某于2010年4月结婚，目前尚处于婚姻关系存续期间。案涉四处房产的签约时间均在2012年11月13日以后，全部登记在吴某个人名下。四处房产的首付款均由吴某的母亲吴某某支付，按揭贷款的偿还均由吴某某每月按期向吴某的银行卡转账相应的金额，再由吴某分期偿还，一一对应。一审法院据此认定案涉两套房产和两个车位均系吴某某全资购买并无不当。第二，关于吴某和吴某某之间的其他转账往来，因双方之间转账时间跨度长、往来金额大，且存在家庭共同生产、经营、投资等情形，无法确认款项往来与购买案涉不动产的关联性，顾某主张吴某系恶意转让夫妻共同财产没有依据。关于吴某将继承所得房产赠与吴某某的行为与本案无关，顾某若认为其应当取得相应份额可另案提起诉讼。第三，顾某主张案涉四处不动产还贷期间，其向吴某账户转账90余万元用于共同还款，但其无法明确前述款项系用于偿还哪一套房产的哪几期贷款，在吴某某与吴某之间的转账金额、转账时间均可与吴某偿还贷款的金额、时间一一对应的情况下，顾某该主张不能成立。第四，根据《最高人民法院关于适用〈中华人民共和国婚姻法〉若干问题的解释（三）》第七条第一款的规定，案涉房产系吴某某全资购买且登记在吴某一人名下，此情形视为出资父母对自己子女一方的赠与，该房产认定为夫妻一方的个人财产。

福建省高级人民法院根据《中华人民共和国民事诉讼法》第一百七十七条第一款第一项规定，判决如下：

驳回上诉，维持原判。

【法官后语】

本案系因夫妻婚姻关系存续期间，一方父母为子女出资购买的不动产登记于夫妻一方名下而引发的物权确认纠纷。因夫妻一方为外国国籍，且婚姻缔结地在外国，故本案系涉外物权确认纠纷。在审理涉外物权确认纠纷案件时，尤其是涉及涉外婚姻关系，其不同于一般的物权确认纠纷案件，首要问题应当是涉外民事关系法律适用法的准确运用：一是判断涉外婚姻效力的法律适用，二是判断不动产物权准据法与涉外夫妻间财产关系准据法存在交叉时的法律选择适用。在准确认定适用的基础上，再进一步判断夫妻婚姻关系存续期间一方父母为子女出资购买的不动产登记于夫妻一方名下的物权认定问题。

一、涉外婚姻效力的准据法选择适用

审理涉外案件与国内案件的最大不同在于法律适用，[①] 涉及国际私法在案

① 韩德培：《国际私法新论》，武汉大学出版社1999年版，第98页。

件审理中的指引与适用。一般意义上的国际私法，包括冲突规范、管辖权规范和判决承认与执行规范。而我国涉外民事关系法律适用法只涉及法律适用问题，并未将涉外民事诉讼程序纳入，涉外民事诉讼程序规范仍然保留在《中华人民共和国民事诉讼法》之中。

我国涉外民事关系法律适用法所规范的涉外婚姻是指不同国籍的当事人之间缔结的或我国公民在外国缔结的以及外国公民在我国缔结的婚姻，包含婚姻主体涉外和地域因素涉外。婚姻合法有效的前提是双方当事人必须符合一定的结婚条件，否则婚姻的效力将受到影响。结婚条件在各国婚姻家庭立法中通常都有明确规定，一般分为结婚实质要件和结婚形式要件两方面因素。两者密切相关但不存在隶属关系，具有相对独立性，对结婚实质要件的法律适用往往是从严掌握，而对结婚形式要件的法律适用往往是从宽掌握。《中华人民共和国涉外民事关系法律适用法》第二十一条对结婚实质要件规定了有序性法律选择规范，对连结点规定较少且要求严格；第二十二条对结婚形式要件则规定了无序性法律选择条款，对连结点规定较多且宽松。这样规定的目的是确保婚姻的有效性，但同时也反映了结婚形式要件对婚姻效力的影响。同时，审判中适用该法时会发现，《中华人民共和国涉外民事关系法律适用法》并无要求法律适用的一致性，故最终确定某一婚姻的效力时可能会适用到两个不同国家或法域的法律。

本案中，吴某为加拿大国籍，因顾某、吴某先后在加拿大、中国登记结婚，吴某提出抗辩，称结婚时间应当以后来在国内的结婚时间为准即2011年9月29日。理由是双方均不是教徒或者信众，在加拿大的结婚行为是出于年轻人对宗教仪式婚的好奇，跑去教堂猎奇所致，且并没有亲友出席，缺乏公示性。并认为基于国际私法国家主权原则，双方在中国的婚姻关系合法有效且无争议，处理时应以双方在中国的结婚登记为准。顾某、吴某在加拿大缔结婚姻行为与在中国国内的结婚行为适用的法律不同、意思表示真实与否不同，故双方在加拿大的娱乐婚行为不能产生结婚后果。对于其抗辩，在案涉婚姻涉外的情形下，基于该案由我国法院管辖，故应当从我国涉外民事关系法律适用法角度分析该争议焦点。因双方对符合结婚实质要件并无争议，故仅就结婚形式要件进行判定。根据《中华人民共和国涉外民事关系法律适用法》第二十二条的规定，中国公民和外国人在中国境外结婚，可供选择适用的法律有：婚姻缔结地法律、外国人经常居所地法律、中国公民在外国的经常居所地法律、双方当事人共同经常居所地法律、外国人国籍国法律、我国法律（中国公民国籍国法或经常居所地法）等，上述法律一般不会在一个涉外婚姻关系中同时出现，可能会出现连接点重合的情况，使得可选择适用的法律数量减少。从本案查明的事实可见当事人于加拿大安大略省领取了《婚姻登记证书》，该《婚姻登记证书》经过加拿大公证机关公证，并经中国驻多伦多总领事馆的认证，其结婚形式要件的真实性可予确认，故依法认定当事人双方已于2010年4月12日在加拿大结婚，结婚手续合法有效。

二、涉外夫妻财产关系中不动产物权确认的准据法选择适用

（一）《中华人民共和国涉外民事关系法律适用法》的适用结构

涉外婚姻关系存续期间在我国不动产确权问题，在适用《中华人民共和国涉外民事关系法律适用法》之时，首先需要明确冲突规范适用的“范围”，寻找对应的“系属公式”。

所谓“范围”，是指冲突规范所要调整的民商事法律关系或所要解决的法律问题，通过冲突规范的“范围”可以判断该规范用于解决哪一类民商事法律关系。冲突规范的“范围”旨在明晰法律问题的性质与分类。涉外婚姻关系存续期间在我国不动产确权问题，首先应当就冲突规范中的“范围”进行确定，而解决“范围”问题则需要查明系争房屋的购买事实、目前当事人的婚姻状态、起诉之目的，同时应当明确诉请的请求权基础、民事法律关系产生时是否有共同经常居住地等重要事实。若依据“范围”未能依法查明和认定，那么在确定冲突规范“系属”时也将无法准确定性和定位。

所谓“系属”，是规范冲突规范中“范围”所应适用的法律。它指的是法院在处理某一具体涉外民商事法律问题时应如何适用法律，或允许当事人或法院在冲突规范规定的范围内选择应适用的法律。其语言结构表现为“……适

用……法律”[1]。例如，在“不动产物权，适用不动产所在地法律”这条冲突规范中，“不动产物权”是“范围”，“适用不动产所在地法律”是“系属”。

（二）涉外婚姻不动产确权的法律适用争议

涉外婚姻关系存续期间在我国不动产的确权问题，首先需要识别其法律问题的性质与分类，该不动产确权的基础法律关系是不动产物权问题还是夫妻财产问题？针对此问题，适用《中华人民共和国涉外民事关系法律适用法》第二十四条还是第三十六条？随之所确立的连接点也将不同，导致适用不同的准据法，对此，目前有两种观点。[2]

观点一认为，适用不动产物权之法律。根据《中华人民共和国涉外民事关系法律适用法》第三十六条，关于不动产物权，适用不动产所在地法律。该观点认为涉外婚姻关系存续期间在我国不动产确权问题为确认之诉，诉讼请求是确认夫妻一方所购房屋为夫妻共同财产。因为案件涉案标的为不动产，不动产所在地在中国，则应该适用中国法律，再根据《中华人民共和国民法典》婚姻家庭编，确认该房屋为夫妻共同财产。该观点将“冲突范围”识别为不动产物权法律关系，“系属”识别为“不动产所在地”。

观点二认为，适用夫妻财产关系之法律。其理由是婚姻关系存续期间在我国不动产确权问题本质上是夫妻财产关系，而夫妻财产关系是指具有合法婚姻关系的男女双方对于家庭财产的权利义务关系，包括夫妻财产所有权和处分权、夫妻债务清偿责任等。虽然这一涉外民事法律关系的“系属”首先是物之所在地法，与之对应的实体法是《中华人民共和国物权法》。但根据《中华人民共和国物权法》规定，不动产物权的设立、变更、转让和消灭，经依法登记，发生效力，仅能够确定房屋所有权人为房产登记簿上记载之人，而无法认定夫妻是不是房屋的共有人。要认定房屋是否为夫妻双方共同所有，仍需要根据《中华人民共和国民法典》婚姻家庭编中关于夫妻财产制的规定。因此，解决夫妻

---

① 韩德培主编：《国际私法》，高等教育出版社2014年版，第94页。

② 最高人民法院民事审判庭第一庭编：《民事审判指导与参考》（2012年第4辑），人民法院出版社2013年版，第130页。

财产关系的系属并非“物之所在地法”，而是夫妻财产关系对应的冲突规范。那么，涉外婚姻关系存续期间在我国的不动产确权，应根据《中华人民共和国涉外民事关系法律适用法》第二十四条之规定确定准据法。

笔者认为，观点二依照分割方法决定法律适用的选择，在一个涉外民事关系案件中对不同的法律加以分割，并分别依其特性决定准据法。这种方法随着涉外民事关系的日益复杂而越来越受重视，相较于观点一更具有说服力。分割法可将复杂问题切分为简单问题进行处理，从而对每个问题区别对待，然后选择最能够代表该法律问题的准据法进行适用。《最高人民法院关于适用〈中华人民共和国涉外民事关系法律适用法〉若干问题的解释（一）》第十一条“案件涉及两个或者两个以上的涉外民事关系时，人民法院应当分别确定应当适用的法律”的规定也支持和体现了该种观点。若仅就房屋所有权发生争议适用不动产所在地法律，那么按照中国法律，只能依照房屋登记簿来判断房屋的所有权人，未经登记的则不发生效力，此时并不涉及夫妻财产关系的判断与处理，仅就登记簿之外的第三人发生效力。如果要处理夫妻婚内财产问题，此时房屋属于婚内财产，与其他婚内财产并无差别，处理的是夫妻双方之间的关系，自然应该按照夫妻财产关系来适用准据法。

（三）涉外婚姻关系中夫妻间财产关系的准据法选择适用

国际私法领域夫妻财产法律适用规则中普遍采用意思自治原则，允许夫妻双方协议选择调整夫妻财产关系的法律。从《中华人民共和国涉外民事关系法律适用法》第二十四条法条分析，针对夫妻财产关系，当事人首先可以协议选择，赋予了当事人意思自治的权利。当事人协议选择的法律只要不违反我国的公共秩序，都应当得到尊重。如果当事人事后改变经常居住地或国籍，或者当事人将财产转移至其他国家，不影响当事人之前的选择。如果当事人想要改变准据法，只能通过明示方式重新达成协议，改变双方的选择。① 但如果当事人未选择，则应当适用共同居住地法律，没有共同居住地的，适用共同国籍国法律。如果以上方法仍不能确定准据法的适用，回到《中华人民共和国涉外民事

① 杜涛：《涉外民事关系法律适用法释评》，中国法制出版社2011年版，第211页。

关系法律适用法》第二条，适用与该涉外民事关系有最密切联系的法律。

回到本案中，双方当事人在诉讼中一致同意选择适用我国关于调整夫妻财产关系的法律，依法应予同意其协议选择的法律。

三、涉外婚姻关系存续期间一方父母为子女出资购买的不动产登记于夫妻一方名下的物权认定

父母为子女购房出资的性质以及房产归属关涉各方切身利益，在认定时需要注意以下问题：

（一）严格遵守法律的规定

《中华人民共和国民法典》第一千零六十二条规定："夫妻在婚姻关系存续期间所得的下列财产，为夫妻的共同财产，归夫妻共同所有……（四）继承或者受赠的财产，但是本法第一千零六十三条第三项规定的除外……"第一千零六十三条规定："下列财产为夫妻一方的个人财产……（三）遗嘱或者赠与合同中确定只归一方的财产……"以上是法律关于婚姻关系存续期间夫妻一方受赠与所得财产所有权认定的一般原则。关于父母为子女出资购房问题，原《最高人民法院关于适用〈中华人民共和国婚姻法〉若干问题的解释（二）》和原《最高人民法院关于适用〈中华人民共和国婚姻法〉若干问题的解释（三）》第七条均有规定。《最高人民法院关于适用〈中华人民共和国民法典〉婚姻家庭编的解释（一）》第二十九条对上述规定进行了体系化整合，删除了《最高人民法院关于适用〈中华人民共和国婚姻法〉若干问题的解释（三）》第七条。《最高人民法院关于适用〈中华人民共和国民法典〉婚姻家庭编的解释（一）》第二十九条第二款规定："当事人结婚后，父母为双方购置房屋出资的，依照约定处理；没有约定或者约定不明确的，按照民法典第一千零六十二条第一款第四项规定的原则处理。"依照该规定，认定父母为子女出资购房为赠与的情况下，婚姻关系存续期间受赠的财产原则上为夫妻共同财产，除非赠与合同中确定只归一方的财产。

（二）准确认定是赠与一方还是赠与双方

要特别注意的是，《中华人民共和国民法典》第一千零六十二条规定的

“但书”条款，即对于如何认定“赠与合同中确定只归一方”，司法实践中存在不同意见。基于父母子女间密切的人身关系和特有的中国传统家庭文化的影响，实践中父母与子女之间一般并没有正式赠与合同的存在，或者说没有书面赠与合同的存在，对于是否存在口头赠与合同以及赠与合同的内容，在夫妻离婚时往往是双方争议的焦点。在一方父母全资并且在购买不动产后将不动产登记在自己一方子女名下时，考虑到《中华人民共和国物权法》已经实施多年，普通民众对不动产登记的意义已经有较为充分的认识，在出资后将不动产登记在自己一方子女名下，认定为是父母将出资确定赠与自己子女一方的意思表示，符合当事人本意，也符合社会公众认知和法律规定的精神。

本案中，案涉两套房产和两个车位均系由被告吴某的母亲吴某某全资购买，但吴某某明确表示案涉两套房产和两个车位均系赠与吴某个人，虽然没有签订正式赠与合同，但在出资后将不动产登记在自己一方子女名下，应认定为是父母将出资确定赠与自己子女一方的意思表示，符合原《中华人民共和国婚姻法》第十七条、第十八条（现为《中华人民共和国民法典》第一千零六十二条、第一千零六十三条）规定的应认定为夫妻一方的财产的情形，因此，应当认定案涉两套房产和两个车位为吴某个人所有。

编写人：福建省福州市中级人民法院　易艳

6

离婚协议“赠与条款”的效力以及请求权主体认定

——陈某某、赖某甲诉赖某乙物权保护案

【案件基本信息】

1. 裁判书字号

福建省厦门市中级人民法院（2022）闽02民终2839号民事判决书

2. 案由：物权保护纠纷

3. 当事人

原告（上诉人）：陈某某、赖某甲

被告（被上诉人）：赖某乙

【基本案情】

陈某某与赖某乙于2006年10月登记结婚，2010年2月生育一子赖某甲，2016年12月登记离婚。双方签订的《离婚协议书》约定："夫妻共同所有的讼争房产所有权归儿子赖某甲所有，因孩子未成年，由女方与孩子共同居住。"

2009年3月24日，赖某乙与某房地产开发有限公司签订一份《房屋使用权合同》，约定赖某乙所购得的讼争房屋，建筑面积为70.22平方米，可使用到2078年5月31日。

庭审中，陈某某陈述，赖某乙占用讼争房屋的一个房间，该房间内的东西都是赖某乙的，包括衣柜及衣柜内的衣服、书架及书架上的书本、床铺、书桌等。

【案件焦点】

1. 离婚协议约定夫妻双方将共有财产赠与子女所有，对于负担赠与义务的父母一方，子女能否以受赠人的名义享有履行请求权；2. 公序良俗原则在认定离婚协议赠与条款效力与履行义务中的适用。

【法院裁判要旨】

福建省厦门市湖里区人民法院经审理认为：讼争房屋的使用权由赖某乙与陈某某共同享有。双方在离婚时约定该房屋归赖某甲所有，应视为双方将该房屋的使用权赠与赖某甲。赖某乙对赖某甲的赠与应于赖某乙完全交付讼争房屋的使用权后完成。赖某乙在讼争房屋内还占用一个房间用于存放床铺、衣柜、书架、书桌等，说明赖某乙还未交付该房间的使用权，则该房间的使用权还未赠与赖某甲，赖某乙仍然有权使用该房间。而且，赖某乙在该房间存放床铺、衣柜、书架、书桌等家具和物品并不会妨碍陈某某和赖某甲对讼争房屋的使用。再次，从道德和伦理上说，赖某甲要求赠与人同时也是其父亲不得存放家具和物品于受赠的房屋内，于法于理无据。

福建省厦门市湖里区人民法院依照《中华人民共和国民事诉讼法》第六十七条规定，判决如下：

驳回陈某某、赖某甲的诉讼请求。

陈某某、赖某甲不服一审判决，提起上诉。

福建省厦门市中级人民法院经审理认为：赠与合同是赠与人将自己的财产无偿给予受赠人，受赠人表示接受赠与的合同。但涉案《离婚协议书》系赖某乙与陈某某为解除婚姻关系而达成的包含人身关系与财产关系等在内的一揽子协议，其中关于涉案房屋使用权归赖某甲所有的约定，并非一般意义上的赠与合同，不适用赠与人在赠与财产的权利转移之前可以撤销赠与等规定。在赖某乙与陈某某已按离婚协议的约定解除双方婚姻关系的情况下，赖某乙应当按照约定履行交付房屋使用权的义务。一审法院认为赖某乙尚未向赖某甲交付该房间的使用权，赠与行为尚未完成故赖某乙仍有权使用该房间等，属适用法律不当，应予纠正。另，从社会伦理与善良风俗角度而言，赖某乙与陈某某登记离婚后，双方已分别重新组建家庭，在此情况下赖某乙继续居住或使用讼争房屋，亦不符合公序良俗。综上，陈某某、赖某甲请求赖某乙搬离涉案房屋，合法有据，应予支持。至于赖某乙对其子赖某甲的探望权等问题，并非本案的审理范围，赖某乙可依法另行主张。

福建省厦门市中级人民法院依照《中华人民共和国民事诉讼法》第一百七十七条第一款第二项规定，判决如下：

一、撤销一审民事判决；

二、赖某乙于本判决生效之日起三十日内，搬离讼争房屋。

【法官后语】

一、离婚协议中的“赠与条款”与合同法意义上赠与合同的区别

离婚协议系夫妻双方达成的包含解除婚姻关系、确定子女抚养、分割共同

财产等内容的兼具人身与财产事项的复合型协议。因此，离婚协议不能等同于合同法意义上的合同。离婚协议中对于夫妻之间财产事项的处理，看似仅涉及财产关系，但实质上双方对于财产事项的处理建立在解除婚姻关系的背景之下。在订立离婚协议进行财产分割时，夫或妻一方向对方所作的妥协与让步，虽可泛称离婚协议中的“赠与条款”，但不能视为合同法意义上纯粹的赠与合同。两者主要存在以下区别：(1) 涉及的法律关系不同。离婚协议中的财产分割实际上涉及夫妻双方之间人身和财产双重关系属性。合同法意义上的财产赠与，以无偿给予财产为要件，是侧重于财产关系属性的受赠方纯获利益的行为。(2) 生效时间不同。离婚协议中“赠与条款”在夫妻双方实际办理完成离婚手续时生效。合同法意义上的赠与合同，为单务合同、诺成合同、非要式合同，只要双方当事人意思表示一致，赠与合同即告成立并生效。(3) 是否享有任意撤销权（是否可以强制履行）不同。夫妻双方依照离婚协议办理离婚手续后，其婚姻关系的解除具有不可逆转性。相应地，“赠与条款”因夫妻婚姻关系解除这一条件的成就而宣告生效且具备不可撤销性，负有义务的一方不享有任意撤销权以对抗强制履行。但在合同法意义上的财产赠与中，除具有救灾、扶贫等社会公益、道德义务性质的赠与合同或者经过公证的赠与合同之外，赠与人在赠与财产的权利转移之前可依法撤销赠与以免除其继续履行义务。本案中，一审法院以赖某乙尚未交付讼争房屋使用权作为一项裁判理由驳回陈某某、赖某甲的诉讼请求，实际上忽略了离婚协议中“赠与条款”生效后所具有的不可撤销性，变相赋予离婚协议中负有“赠与义务”的一方以合同法意义上的任意撤销权，适用法律不当。

二、离婚协议“赠与条款”项下“受赠”子女享有履行请求权

实践中，常有夫妻双方在离婚时约定将夫妻共同所有的房产赠与未成年子女的情形。如本案，双方约定将讼争房产赠给儿子所有，因孩子未成年，由女方与孩子共同居住。该条款实质为“第三人利益”条款，此时子女虽非离婚协议的当事人，但属于“第三人利益”条款项下的第三人。若负有义务的一方未按约定履行交付义务，协议的相对方自然有权依据“赠与条款”要求其履行相

应义务。同时，“赠与条款”项下的请求权主体还应包含“受赠”子女。从离婚协议中夫妻双方订立“赠与条款”的真实意思表示、“第三人利益”条款具有的利他属性以及保护子女尤其是未成年子女的生存权益等角度考量，应当允许突破合同相对性原则，赋予“受赠”子女独立的履行请求权。鉴于夫妻双方的真实意思是将财产赠与子女所有，子女是该“赠与条款”的真正受益人，认定“受赠子女”是离婚协议“赠与条款”项下的请求权主体，符合“第三人利益”条款的基本法理。如此，既有利于维护子女合法权益，亦有助于贯彻诚实信用原则。特别是在出现一方当事人（非负担义务方）死亡或丧失行为能力等特殊情况下，“受赠”子女可以自己的名义向负担义务方行使请求权，保障权利的实现。

三、公序良俗原则的类案甄别与适用

最高人民法院发布的大力弘扬社会主义核心价值观典型民事案例“何某玮诉杜某妹物权保护纠纷案”[①] 的生效裁判认为，基于朴素的价值观和善良风俗考虑，源于血缘关系的房屋赠与，即便双方没有明确约定，赠与人亦享有继续居住房屋的权利。本案中，赖某乙也提出与前案类似抗辩，主张赖某甲要求作为赠与人同时也是其父亲的赖某乙不得存放家具和物品于受赠房屋内，有违道德伦理。两案均涉及公序良俗原则的适用，但案情具有明显差异：(1) 主观预期不同。前案中，祖母杜某妹主观上难以预料到孙子何某玮在受赠房屋后会要求其搬离房屋。本案中，赖某乙在签署离婚协议时理应知晓其在离婚后应搬离涉案房屋。(2) 有无对价及法定抚养义务不同。前案中，杜某妹对何某玮并无法定抚养义务，何某玮接受无偿赠与取得房屋所有权是纯获利益的行为。本案中，赖某乙作出所谓“赠与”的意思表示系建立在陈某某同意与其解除婚姻关系以及对其子赖某甲负有法定抚养义务的基础之上。(3) 迁离房屋对当事人生活影响不同。前案中，杜某妹年逾六旬且已丧偶，在其将房屋赠与何某玮后若被强制迁离该房屋，必将严重影响其生活质量。本案中，赖某乙经济条件尚佳，

① 《第二批人民法院大力弘扬社会主义核心价值观典型民事案例》，载最高人民法院网站，https：//www. court. gov. cn/zixun/xiangqing/346671. html，最后访问时间：2024 年 4 月 15 日。

其并未举证证明在迁离赠与的房屋后将陷入无处居住的生活窘境。综上，前案与本案并非类案，赖某乙主张类推适用前案裁判规则，以其系“赠与人”为由抗辩若强制其迁离赠与房屋有违公序良俗，缺乏依据。相反，正是基于公序良俗原则的考虑，因赖某乙与陈某某离婚后已各自再婚，若允许赖某乙继续在涉案房屋内存放生活物品则意味着其可以自由出入该房屋，则陈某某的生活隐私及人格尊严均难以保障，必将危害双方重新组建的家庭关系，亦不被社会道德和善良风俗所容许。因此，赖某乙应当搬离涉案房屋。

编写人：福建省厦门市翔安区人民法院 颜映红 罗仁冰

7

开发商恶意将已作为公建配套设施的居委会用房以物抵债的处理

——梁某某诉某居委会物权保护案

【案件基本信息】

1. 裁判书字号

广东省广州市中级人民法院（2016）粤01民终16457号民事判决书

2. 案由：物权保护纠纷

3. 当事人

原告（被上诉人、再审申请人）：梁某某

被告（上诉人、再审被申请人）：某居委会

【基本案情】

2004年1月，根据上级部门接收公建配套的指示以及某小区开发商广州甲某房产发展有限公司（以下简称甲某公司）的安排，某居委会使用广州市天河区黄埔大道某路19号房产作为办公地点，至今未变更。此后，某社区妇女联合会、工会联合会、人民调解委员、党支部委员会、“星光老人之家”、社区警务室陆续入驻案涉房屋。

2012年1月5日，梁某某通过广东省茂名市茂港区人民法院执行裁定取得案涉房屋所有权。上述裁定认定梁某某与甲某公司自愿达成以物抵债协议，将某路19号作价806280元抵偿部分债务本金等，裁定案涉房屋的所有权等归梁某某所有。1月6日，广东省茂名市茂港区人民法院向房管局出具《协助执行通知书》执行上述裁定。2012年3月15日，梁某某办理《房地产权证》记载：房屋所有权取得方式为判决，建筑面积、套内建筑面积均为201.57平方米，城市规划用途为综合商场。2012年梁某某通过“不交吉”的方式取得案涉房屋，且知悉案涉房屋一直由某居委会使用。

2015年8月21日，梁某某诉请法院判令：某居委会腾退占用的某路19号房屋，并向其偿付房屋使用费（自2012年3月16日起至腾退之日，按每月每平方米150元计，使用费按评估确定）。某居委会辩称：不同意梁某某诉讼请求。第一，自2004年起案涉房屋就陆续作为某社区居民服务机构、公益活动场地和警务安保场地，一直开展非营利性的群众服务和社区公益活动，房屋的公建配套性质和公益使用用途早已形成并固定，某居委会占有、使用案涉房屋具有合法性、正当性。第二，案涉房屋的使用用途变更、产权变更明显存在瑕疵，梁某某取得产权登记时知晓或应当知晓房屋的使用现状和用途，且在本案诉讼之前，某居委会从未收到房管部门、司法部门的通知或异议。第三，若梁某某强行要求腾退案涉房屋，将导致某社区辖区内的居民无法继续享有公建配套服务及设施，严重侵害社区居民的合法权益。

经法院向市国土资源和规划委员会、区国土资源局发函查询，其复函称：某路19号经原市规划局1994年核发《建设工程规划许可证》批准建设、1996年验收合格并投入使用；规划报建单位为甲某公司，报建图首层公建配套有居委会、文化站用房；某路19号所在小区未查到其他居委用房，也查无相关的变更使用性质的申请审批记录；此外，2000年7月21日，市规划局曾以建筑设计不符合经批准的规划和使用功能布局要求，应在首层保留邮电所、居委会和文化站等公建配套项目等原因暂不同意甲某公司报建的首层室内装修改间隔工程。

经查，规划报建图首层平面图显示的“居委、文化站”并非案涉房屋所在位置，比对市档案馆出具的某路 11－29 号房地产分户图显示：居委会、文化站用房位置与某路 29 号、某路 29－1 号、某路 17－3 号、某路 17－4 号位置一致。相应的房屋档案资料显示：上述房屋均登记在案外人名下，使用性质均为商铺。为查明上述房屋使用性质为何是商铺而非居委用房，法院再次向区国土资源局发函查询，其复函称：甲某公司 1998 年办理某小区（自编 11－13 栋）的初始登记，产权登记地某路 11－29 号（单号），并依据规划报建文件册记“首层为商业及公建配套（邮电局，居委会，理发店，储蓄所）”；2001 年申请增加 17 之 1－17 之 4、19 之 1－19 之 5、23 之 1、25 之 1－25 之 4、29 之 1 号商铺为门牌；2001 年将某路 29 号、29－1 号、17－3 号、17－4 号首层以使用性质为商业出售在原市房地产交易所办理合同备案，与购房人持交易鉴定证明在原市房地产登记所办理房地产证。

【案件焦点】

对于梁某某请求某居委会交付房屋的主张应否予以支持。

【法院裁判要旨】

广东省广州市天河区人民法院经审理认为：《中华人民共和国物权法》第十六条规定，不动产登记簿是物权归属和内容的根据。案涉房屋的《房地产权证》等材料记载：案涉房屋的权属人为梁某某，登记时间为 2012 年 3 月 15 日，城市规划用途为综合商场等。据此，可认定梁某某为案涉房屋的所有权人，案涉房屋的规划用途为综合商场。某居委会抗辩提交的证据均无法证明其为案涉房屋的权属人以及案涉房屋的规划用途为居委用房，且区国土资源局出具的复函亦明确案涉房屋的规划使用功能并非居委用房，法院不予采纳。《中华人民共和国物权法》第三十四条规定，无权占有不动产或者动产的，权利人可以请求返还原物。梁某某为案涉房屋的所有权人，某居委会未经梁某某同意使用案涉房屋，梁某某根据上述法律规定诉请某居委会将案涉房屋腾退给梁某某使用，具有事实和法律依据，依法予以支持。鉴于某居委会需要另找房屋办公，其腾退案涉房屋需要一定时间，结合本案案情，法院酌情认定某居委会须于判决发生法律效力之日起十个月内将案涉房屋腾退给梁某某使用。

广东省广州市天河区人民法院依照《中华人民共和国物权法》第十六条、第三十四条、第三十九条，《中华人民共和国民事诉讼法》第六十四条第一款规定，判决如下：

一、某居委会于判决发生法律效力之日起十个月内，向梁某某腾退并交还某路 19 号房屋；

二、某居委会于判决发生法律效力之日起十日内，向梁某某支付上述房屋自 2012 年 3 月 16 日起至判决发生法律效力之日止期间的占有使用费；

三、某居委会于判决发生法律效力之日的次日起分期按月于每月最后一日前，向梁某某支付判决发生法律效力之日的次日起至实际交还上述房屋之日期间的占有使用费。

某居委会不服一审判决，提起上诉。

广东省广州市中级人民法院经审理认为：《广州市房地产开发项目配套公共服务设施建设移交管理规定》[①] 第七条规定，开发企业应当按照规划设计条件规定的种类、规模、设施要求等设置标准和经城乡规划行政主管部门批准的修建性详细规划核定的位置进行配套设施建设。未经城乡规划行政主管部门批准，开发企业不得擅自缩减或修改配套设施项目、规模，不得擅自改变配套设施的位置。确需变更的，应当按《中华人民共和国城乡规划法》的有关规定执行。第十一条规定，社区居委会等行政管理设施，开发企业应当无偿移交给归口管理部门使用、管理。本案中，根据行政主管机关的复函显示，案涉小区房屋所在的首层公建配套设有居委用房，而该小区并未查到其他居委用房，也查无相关变更使用性质的申请审批记录。因此，参照上述规范性文件规定，甲某公司作为案涉小区的房地产开发企业，于 2004 年将案涉房屋作为居委用房无偿

① 该文件已失效，下文不再提示。

移交某居委会使用、管理后，甲某公司已无权再对该房屋行使处分权。某居委会接收和使用、管理案涉房屋的权益具有合法依据，系出于为某社区居民服务的公益目的，且已实际使用多年，应优先保护。甲某公司又于2011年以明显低于市场价的价格与梁某某就案涉房屋达成以物抵债协议，具有明显恶意；梁某某明知案涉房屋为某居委会办公用房，也具有过错。鉴于梁某某与甲某公司达成以物抵债协议的时间后于某居委会接收、使用房屋的时间，且梁某某与甲某公司达成以物抵债协议时明知案涉房屋系某居委会办公用房，据此，梁某某主张某居委会腾退房屋以及支付房屋使用费，不应予以支持。

广东省广州市中级人民法院依照《中华人民共和国民事诉讼法》第一百七十条第一款第二项规定，作出如下判决：

一、撤销一审民事判决；

二、驳回梁某某的全部诉讼请求。

梁某某不服，申请再审，广东省高级人民法院裁定驳回其再审申请。

【法官后语】

随着市场经济的发展，从近十年司法实践来看，以物抵债和虚假诉讼如影随形，密不可分。虚假诉讼和恶意以物抵债不仅侵犯了他人的合法权益，还严重损害了人民法院的公信力，扰乱了正常的审判执行秩序。本案纠纷的产生源自当事人在执行程序中将公建配套设施以物抵债，并利用法院裁决的形式办理了产权过户，法院在面对物权公示效力的情况下，如何解决和处理物权行使与具有社会公共利益属性的使用权之间的冲突和对抗，以下结合本案争议焦点进行探讨。

一、开发商是否有权处分小区的公建配套设施

（一）公建配套设施的范围及性质界定

明确何谓公建配套设施，是厘清开发商是否享有处分权的前提。公建配套设施，是指根据城市规划或者国有土地使用权出让合同的要求，开发建设单位按照国家及地方有关规定在住宅区土地范围内与商品住宅配套建设的、与小区人口规模相适应的、能满足小区全体业主物质和文化生活需要的公共服务设施。

按照公建配套设施的使用功能划分，主要包括教育、医疗卫生、文化体育、行政管理、市政公用、物业服务、商业服务等设施，其中行政管理设施包括居委会办公用房、社区警务室等；按照公建配套设施的使用性质划分，又可以分为经营性公建配套设施与非经营性公建配套设施。

本案中，根据规划部门的复函以及居委会、老人之家、妇联、人民调解委员、警务室等相关机构实际使用用途的情况，可知案涉房屋属于非经营性质的行政管理公建配套设施。

（二）公建配套设施的处分及利用原则

1. 法定原则，是指法律明确规定某些公建配套设施应当无偿或者成本价移交政府单位的或者归属小区全体业主的或者归属开发建设单位的，则应当按照相应法律规定执行。《中华人民共和国民法典》[①] 明确规定特定建筑区划内的公用设施、物业服务用房由全体业主享有法定共有权。

2. 当事人约定原则，是指在相关法律没有明确规定公建配套设施需要无偿或者成本价移交政府单位时，可以通过约定的方式明确某些公建配套设施的所有权归属于开发建设单位，以保障开发建设单位的经济利益。

3. 谁投资谁受益原则，是指在没有法律规定和约定的情形下，根据谁投资谁受益原则来确定某些公建配套设施的所有权归属。公建配套设施未被列入公共建筑分摊范围或者公建配套设施成本未列入商品房建造成本的，可归开发建设单位所有；反之，则归全体业主共有。

（三）开发商出售行政管理公建配套设施属于无权处分

就本案看，由于广州市对于本市公建配套设施的归属和使用出台了地方规范性文件[②]，因此，本案争议的公建配套设施的处分和管理使用应适用法定原

① 《中华人民共和国民法典》第二百七十四条规定："建筑区划内的道路，属于业主共有，但是属于城镇公共道路的除外。建筑区划内的绿地，属于业主共有，但是属于城镇公共绿地或者明示属于个人的除外。建筑区划内的其他公共场所、公用设施和物业服务用房，属于业主共有。"

② 参见《广州市房地产开发项目配套公共服务设施建设移交管理规定》《广州市居住区配套公共服务设施管理暂行规定》。

则。根据《广州市房地产开发项目配套公共服务设施建设移交管理规定》的相关规定①，因案涉公建配套设施的性质属于非经营性的行政管理设施，因此，开发商应将案涉房屋无偿交付居委会使用，该房屋自2004年交付居委会占有、使用之日起，开发商已无权再对案涉房屋进行任何处分，其后开发商将案涉房屋以房抵债的行为应认定为无权处分行为。

二、基于恶意以物抵债取得物权的物权人不能排除公益目的的使用权

（一）物权与使用权发生冲突时，应对物权行使和取得是否损害国家利益、社会公共利益或第三人利益进行审查

本案中，一审和二审、再审法院的主要分歧在于基于以物抵债取得物权的物权人能否排除公益目的的使用权。一审观点认为，梁某某基于人民法院在执行程序中作出的以物抵债裁定书取得的物权，具有当然排除其他权利的效力。在产权证没有撤销或变更的情况下，根据物权优先债权的原则，应当优先保护已经取得所有权登记的物权人。二审、再审观点认为，对于合法占有在先的使用权与登记在后的物权发生冲突时，应当对登记在后的物权取得的合法性进行审查。在查明梁某某属于恶意取得物权登记且损害社会公共利益的情况下，其权利不能优先于已经合法占有的使用权获得保护。笔者认为，在物权权利与占有使用权发生冲突和对抗时，人民法院应对物权的行使和取得是否损害国家利益、社会公共利益和他人合法权益进行审查。

第一，须审查物权行使是否存在“权利滥用”的情形。

《中华人民共和国民法典》第一百三十二条规定：“民事主体不得滥用民事权利损害国家利益、社会公共利益或者他人合法权益。”禁止权利滥用原则为大陆法系各国民法典所确立。《中华人民共和国宪法》第五十一条规定：“中华

① 《广州市房地产开发项目配套公共服务设施建设移交管理规定》第十一条第二款规定，中、小学等教育设施，社区卫生医疗服务中心、残疾人康复服务中心等医疗设施，派出所等警务用房、街道办事处、社区服务中心、消防站、社区居委会等行政管理设施，垃圾压缩站、公共厕所、环境卫生站、以及110KV变电站和220KV变电站等市政公用设施，开发企业应当无偿移交给归口管理部门使用、管理（具体接收单位见附件）；其中110KV变电站、220KV变电站等供电用房，可由开发单位代征用地，移交给供电专业管理部门组织建设。

人民共和国公民在行使自由和权利的时候，不得损害国家的、社会的、集体的利益和其他公民的合法的自由和权利。”这是《中华人民共和国民法典》规定禁止权利滥用原则在立法上的根据。权利滥用须符合以下构成要件：(1) 须有权利的存在。(2) 须权利人有与权利行使相关的行为。(3) 须权利人的行为有滥用的违法性，造成损害国家利益、社会公共利益或者他人合法权益的后果。(4) 权利人具有主观过错。[①] 本案中，从公建配套设施的使用性质看，其主要是服务于社会公共管理之用，属于具有社会公共利益的国家财产，梁某某的物权行使损害了国家利益、社会公共利益，应给予否定性的法律评价，即其物权权能不能产生相应的法律效果。

第二，须审查物权取得是否存在恶意串通、损害社会公共利益或第三人利益的情形。

可参照适用《第八次全国法院民事商事审判工作会议（民事部分）纪要》关于“一房数卖”合同履行中权利保护顺位的原则规定[②]，虽然根据物权优先于债权的基本原则，应当优先保护已经办理所有权登记的买受人利益，但如果根据已经查明的案件事实，在办理所有权转移登记之前，其他买受人已经合法占有该房屋的，办理登记的买受人清楚知悉且不能作出合理说明的，则必须慎重注意审查登记在后的当事人之间是否存在恶意串通、损害社会公共利益或第三人利益的情形，如果存在，该恶意办理登记的买受人，其权利不能优先于已经合法占有该房屋的使用权人的权利。本案中，某居委会基于社会公益目的于2004年已经合法占有使用案涉房屋多年，且系因开发商的原因未取得公建配套设施的产权登记，而梁某某则是基于执行程序中与开发商达成的以物抵债协议于2012年取得所有权。因此，应当对登记在后的物权变动原因，即梁某某是否存在主观恶意、其与开发商达成的以物抵债协议的合法性进行审查。

---

① 参见最高人民法院民法典贯彻实施工作领导小组主编：《中华人民共和国民法典物权编理解与适用》（下），人民法院出版社2020年版，第681页。

② 参见杜万华主编：《〈第八次全国法院民事商事审判工作会议（民事部分）纪要〉理解与适用》，人民法院出版社2017年版，第289—309页。

（二）执行程序中以物抵债裁定损害社会公共利益的，应予以撤销

在法院执行过程中，当事人以达成执行和解协议、债务得到清偿为由要求法院出具以物抵债裁定的情况十分多见。以物抵债是执行程序中一种常用的变价方式，具体是指经申请执行人和被执行人双方同意，执行法院不经拍卖、变卖，直接将被执行人的财产作价交申请执行人抵偿债务。根据《中华人民共和国民法典》第二百二十九条、《最高人民法院关于适用〈中华人民共和国民事诉讼法〉的解释》第四百九十一条①的规定，以物抵债裁定可以直接引起物权变动，很容易发生损害其他债权人合法权益的情形。因此，《最高人民法院关于适用〈中华人民共和国民事诉讼法〉的解释》第四百九十一条规定，执行法院不经拍卖变卖直接裁定以物抵债的，必须符合两个条件：一是经过申请执行人和被执行人双方同意；二是不得损害其他债权人合法权益和社会公共利益，其目的就在于防止当事人在执行程序中恶意串通或者通过执行裁定来达到迅速转移债务人财产，逃避债务履行的非法目的。

本案中，虽然执行法院是在《最高人民法院关于适用〈中华人民共和国民事诉讼法〉的解释》第四百九十一条规定施行之前，即2012年作出的以物抵债执行裁定，但是，早在2005年1月1日施行的《最高人民法院关于人民法院民事执行中拍卖、变卖财产的规定》第二条规定②中就已经确立了拍卖优先的原则，其目的就是在于最大限度地实现财产价值，平衡申请执行人、被执行人以及其他债权人等各方当事人的权益。《最高人民法院关于人民法院民事执行中拍卖、变卖财产的规定》中多条内容涉及拍卖过程中进行以物抵债的具体条

---

① 《中华人民共和国民法典》第二百二十九条规定，因人民法院、仲裁机构的法律文书或者人民政府的征收决定等，导致物权设立、变更、转让或者消灭的，自法律文书或者征收决定等生效时发生效力。《最高人民法院关于适用〈中华人民共和国民事诉讼法〉的解释》第四百九十一条规定，拍卖成交或者依法定程序裁定以物抵债的，标的物所有权自拍卖成交裁定或者抵债裁定送达买受人或者接受抵债物的债权人时转移。

② 《最高人民法院关于人民法院民事执行中拍卖、变卖财产的规定》（法释〔2004〕16号）第二条规定："人民法院对查封、扣押、冻结的财产进行变价处理时，应当首先采取拍卖的方式，但法律、司法解释另有规定的除外。"《最高人民法院关于人民法院民事执行中拍卖、变卖财产的规定》（2020修正）对该条规定予以保留。

件，这些规定实际上已经对原《最高人民法院关于适用〈中华人民共和国民事诉讼法〉若干问题的意见》第三百零一条①的适用作了限制，对拍卖和以物抵债的执行方法重新进行了界定。上述规定对直接抵偿债务增加限制性条件的理由在于，双方当事人协商以物抵债是一种私法行为，属于执行和解的一种形式，仅在当事人之间产生约束力，因此，执行和解协议不属于法院可以执行的法律文书，因而也就不具有强制执行效力，不能成为执行法院的执行依据。本案所涉的以物抵债房屋在未经过拍卖、变卖程序的情况下，开发商以明显低于市场价值的价格直接将房屋抵债给梁某某，并且在达成和解协议的时候，双方当事人均清楚知悉存在公益目的的合法使用人。因此，双方当事人之间达成的以物抵债协议属于恶意串通，执行法院出具的执行裁定损害了社会公共利益和他人的合法权益，应通过执行监督程序予以撤销。

三、延伸审判职能抓前端、治未病的探索

解决案件是“治标”，深入探究案件背后的社会问题才能“治本”。从2015年梁某某提出本案诉讼起，双方历经了一审、二审、再审长达8年的漫长诉讼，2022年7月19日，广东省高级人民法院经审判委员会讨论决定，驳回梁某某的再审申请。虽然本案诉讼自此结束，但是，从解决矛盾纠纷的根源来看，诉讼程序远未解决案件真正的症结所在。要化解本案纠纷还存在以下事实和法律障碍亟须解决。

（一）开发商“偷梁换柱”改变使用用途出售公建设施的行为，应予以纠正

从规划部门的复函可知，案涉小区真正公建配套设施的规划位置是在某路

---

① 该文件已失效。《最高人民法院关于适用〈中华人民共和国民事诉讼法〉若干问题的意见》（法发〔1992〕22号）第三百零一条规定：“经申请执行人和被执行人同意，可以不经拍卖、变卖，直接将被执行人的财产作价交申请执行人抵偿债务，对剩余债务，被执行人应当继续清偿。”《最高人民法院关于适用〈中华人民共和国民事诉讼法〉的解释》（法释〔2015〕5号）第四百九十一条对此条规定修改为：“经申请执行人和被执行人同意，且不损害其他债权人合法权益和社会公共利益的，人民法院可以不经拍卖、变卖，直接将被执行人的财产作价交申请执行人抵偿债务。对剩余债务，被执行人应当继续清偿。”

29号、29-1号、17-3号、17-4号首层，而上述房屋是在未经规划部门批准变更房屋使用用途的情况下，于2000年被开发商以使用性质为商业用途的方式已出售登记至案外人名下。2004年开发商向某居委会所交付的某路19号并不是原规划的公建配套设施，也至今未向行政部门申请变更规划用途。因此，目前存在的事实障碍是真正规划的公建配套用房已经被开发商出售，某居委会实际使用的是开发商“偷梁换柱”的其他用途房屋，如不通过行政途径纠正错误，公建配套用房仍将面临无合法“权属”的境地。

根据《广州市城乡规划条例》《广州市房地产开发项目配套公共服务设施建设移交管理规定》的相关规定，变更房屋权属登记中房屋用途或者开展经营活动，涉及规划管理许可事项的，应当报经城乡规划主管部门批准；未经城乡规划行政主管部门批准，开发企业不得擅自缩减或修改配套设施项目、规模，不得擅自改变配套设施的位置。为此，法院向规划和产权登记部门发出司法建议，一是开发商未经规划部门批准，擅自将原公建配套用房改变使用用途作为商业用房出售，该行为违反法律规定，应予禁止和处罚；二是产权登记部门在工作中存在漏洞，将规划为公建配套性质的房屋办理商业用途的权属登记，该行政行为行使明显不当，应予以纠正；三是加大府院联动，协同解决损害国家利益、社会公共利益、社会管理秩序的行为。

（二）当事人恶意串通，捏造债权债务关系和以物抵债协议，符合虚假诉讼的行为，应启动监督程序予以撤销

对于梁某某与开发商在执行程序中达成的以物抵债协议以及执行法院作出执行行为的执行依据进行审查后，发现梁某某早在2008年就已经以相同的《债权转让协议》等证据材料在广东省广州市天河区人民法院针对案涉房屋提出了过户的主张，法院认为涉案债权债务存在虚假等因素驳回其请求。其后，梁某某又以同一事实、同一法律关系，变更诉讼请求向广东省茂名市茂港区人民法院提出了债权确认纠纷得到支持，并在执行程序中迅速达成以物抵债和解协议，通过执行裁定办理了产权过户。因此，目前存在的法律障碍是物权取得的依据是法院已经发生法律效力的裁判文书。

“以物抵债”协议纠纷案件中存在案涉抵债财产的价格明显偏离市场正常价格，当事人对债权债务发生的事实以及“以物抵债”协议签订的事实没有任何争议等情形之一的，人民法院应当重点甄别可能存在虚假诉讼。为此，广东省广州市中级人民法院向有关单位发出相关司法建议，建议重新审查“以物抵债”当事人债务形成的真实性、当事人之间的关系、款项往来过程、查明当事人的真实意思表示，并结合债权债务成立时的市场经济情况等多方面因素加以判定，综合判断是否属于虚假诉讼，符合虚假诉讼行为的，应当启动监督程序予以撤销。

编写人：广东省广州市中级人民法院　张怡　张宏森

8

建筑物共用部位或设施损坏对业主造成妨害，需要使用住宅专项维修资金排除妨害的可适用应急程序

——米某某、郑某某诉某业主委员会物权保护案

【案件基本信息】

1. 裁判书字号

重庆市第五中级人民法院（2022）渝05民初62号民事判决书

2. 案由：物权保护纠纷

3. 当事人

原告：米某某、郑某某

被告：某业主委员会

【基本案情】

某小区修建于2007年，小区A1栋共有23层楼，每层楼6户。A1栋楼顶防水因年久失修不断产生裂缝和漏水问题，顶楼6户业主室内装饰涂层因屋顶漏水均存在不同程度的起泡、霉变和脱落。小区物业服务企业及部分顶楼业主曾多次对楼顶防水裂缝进行局部修补，未能彻底解决漏水问题。《某小区管理规约》第七条第二项规定，“对本幢房屋进行维修更新只需动用本幢房屋业主住宅专项维修资金时，须经业主委员会同意，并经本幢房屋专有部分占本幢房屋总面积三分之二以上的业主且占总人数三分之二以上的业主同意”。物业服务企业提供的楼顶整体防水修复方案约需14万元。截至庭审结束之日，A1栋物业专项维修资金结存余额为1051135.80元。2020年12月，小区举行业主大会讨论了楼顶修复事宜，业主委员会让业主在“1.使用专项资金修复；2.由顶楼业主自行修复并合理使用”两个选项之间投票，表决结果：同意第一项42票，同意第二项236票，43票弃权。业主委员会据此形成“由顶楼业主自行出资修复并合理使用”的业主大会决议。A1栋顶楼业主对决议效力不认可，于2021年3月15日向业主委员会申请应急简易程序修复楼顶，未获同意。为此，A1栋顶楼业主米某某、郑某某诉至法院，请求判令业主委员会（A1栋全体业主）使用A1栋专项维修资金对该栋楼顶公区进行防水修复。

【案件焦点】

1. 业主委员会能否代表A1栋全体业主成为本案适格被告；2. 2020年业主大会关于楼顶防水修复的决议是否有效；3. 能否直接判令业主委员会使用物业专项维修资金修复楼顶防水。

【法院裁判要旨】

重庆市第五中级人民法院经审理认为：

关于争议焦点一，业主委员会作为业主大会的执行机构，根据业主大会的授权对外代表业主进行民事活动，具有对外代表全体业主、对内具体实施与物业管理有关行为的职能，其行为的法律效果及于全体业主。业主委员会同时属于《中华人民共和国民事诉讼法》第五十一条第一款规定的“其他组织”，在业主大会授权范围内，具备诉讼主体资格，其诉讼行为产生的法律后果由全体业主承担。相应地，在业主大会授权范围或法定情形下，业主委员会行为产生的法律后果也可以由利益相关的部分业主承担。因本案仅涉及某小区 A1 栋楼顶的防水修复问题，故某业主委员会是本案适格被告，其诉讼法律后果由 A1 栋全体业主承担。

关于争议焦点二，某小区 2020 年业主大会通过表决并形成了由顶楼业主自行出资修复并合理使用的决议，但该决议无论从程序上，还是内容上均违反了法律规定，不具有法律效力。首先，参与投票代表的专有面积为未达到总面积的三分之二，不符合《中华人民共和国民法典》第二百七十八条的规定。其次，某业主委员会未按各楼幢分别统计投票情况，不符合《某小区管理规约》有关“对本幢房屋进行维修更新只需动用本幢房屋业主住宅专项维修资金时，须经业主委员会同意，并经本幢房屋专有部分占本幢房屋总面积三分之二以上的业主且占总人数三分之二以上的业主同意”的规定。最后，未提出物业专项维修资金的使用方案供业主表决，不符合《住宅专项维修资金管理办法》第二十三条规定的程序要求，亦违反了《中华人民共和国民法典》第二百七十三条第一款关于“不得以放弃权利为由不履行义务”的规定。

关于争议焦点三，法律设立住宅专项维修资金的目的旨在用于共用部位、共用设施设备的维修。在通常情况下，使用住宅专项维修资金对电梯、屋顶、外墙等共用部分进行维修、更新和改造，属于业主自治管理的范畴，但业主行使自治管理权不得侵犯他人之合法权益。某小区 A1 栋楼顶防水因年久失修出现裂缝、漏水，严重影响顶楼业主居住使用并导致顶楼业主室内装修损坏，已构成侵权。A1 栋全体业主有义务对楼顶防水进行修复以排除对顶楼业主的妨害，这属于对他人所负之法定义务。A1 栋全体业主既是专项维修资金的权利人，也是决定使用专项维修资金的义务人，应当依法正确行使权利，督促业委会拿出具体维修方案进行表决并监督维修资金的使用，不得以“不同意使用专项维修资金”为由拒绝履行法定义务。

即便A1栋全体业主无法形成使用本栋专项维修资金修复顶楼防水的共同决定，参照《中华人民共和国民法典》第二百八十一条第二款关于紧急情况下业主大会或者业主委员会申请使用维修资金的规定，基于立法目的，在因履行法定义务等情形下需要使用维修资金而业主又无法共同作出决定时，可由业委会依法申请使用维修资金。结合本案A1栋楼顶长年漏水的客观事实及住宅专项维修资金结存余额等实际情况，依法判令某业委会（A1栋全体业主）使用住宅专项维修资金对楼顶防水进行修复，不存在资金使用程序上的障碍，也更有利于实质性解决矛盾纠纷。故对米某某、郑某某的请求予以支持。

重庆市第五中级人民法院依照《中华人民共和国民法典》第二百三十六条、第二百七十三条第一款规定，判决如下：

某业主委员会在本判决生效之日起六个月内使用A1栋住宅专项维修资金对该栋楼顶防水予以修复。

宣判后，双方当事人均未上诉，一审判决已经生效。

【法官后语】

建筑物及附属设施的维修资金，属于全体业主共有。使用住宅专项维修资金对电梯、屋顶、外墙、无障碍设施等共有部分进行维修、更新和改造，需经业主共同决定，属于业主自治管理的范畴；但特定情形下，需要使用专项维修资金而业主又无法形成共同决定时，如何通过司法裁判介入并实质性解决问题是本案值得探讨的问题。

一、建筑物及其附属设施维修资金由业主共同决定使用

使用建筑物及附属设施维修资金属于有关共有和共同管理权利的重大事项，涉及业主切身利益，应当由业主共同决定。由于原《中华人民共和国物权法》第七十六条规定的使用和筹集建筑物及附属设施维修资金的表决程序标准过高，实践中往往无法或者很难通过使用维修资金的决定，《中华人民共和国民法典》第二百七十八条将使用建筑物及附属设施维修资金单列一项，与筹集资金相区分，并降低了使用资金的表决要求，将决定使用建筑物及其附属设施的维修资金应经参与表决的业主专有部分面积和人数比“双过

四分之三”同意，修改为“双过半数”同意，但参与表决的业主人数比仍需达到“双三分之二”。

除了达到法定表决程序的门槛外，为确保业主对维修资金使用的有效监督，根据《住宅专项维修资金管理办法》第二十三条的规定，还应事先由物业服务企业提出使用方案，使用方案应当包括拟维修和更新、改造的项目、费用预算、列支范围、发生危及房屋安全等紧急情况以及其他需临时使用住宅专项维修资金的情况的处置办法。业主大会依法对使用方案进行表决。而不是简单、笼统地表决同意或不同意使用维修资金，甚至列出违反法律规定或侵害他人权益的事项让业主表决。

二、紧急情况下业主大会或业主委员会可依法申请使用建筑物及其附属设施维修资金

《中华人民共和国民法典》第二百八十一条在原《中华人民共和国物权法》第七十九条的基础上作了修改完善，将“可以用于电梯、水箱等共有部分的维修”修改为“可以用于电梯、屋顶、外墙、无障碍设施等共有部分的维修、更新和改造”，并增加第二款，“紧急情况下需要维修建筑物及其附属设施的，业主大会或者业主委员会可以依法申请使用建筑物及其附属设施的维修资金”。法律和司法解释未对哪些情形属于“紧急情况”进行界定，部分地方性法规对紧急情况下维修资金的使用作出了特别规定，但对紧急程度和审批监管的要求不尽相同。有的规定相对宽松，适用范围较广，如《江苏省物业管理条例》第七十七条第一款规定：“发生下列危及房屋安全情形之一，需要立即对住宅物业共用部分、共用设施设备进行应急维修、更新和改造，业主大会或者业主委员会可以申请使用建筑物及其附属设施的维修资金，提出应急处置方案，经住宅专项维修资金代管部门复核后进行应急处置：（一）屋面防水损坏造成渗漏的；（二）电梯故障危及人身安全的；（三）公共护（围）栏破损严重，危及人身安全的；（四）楼体单侧外立面有脱落危险的；（五）专用排水设施因坍塌、堵塞、爆裂等造成功能障碍，危及人身、财产安全的；（六）危及房屋安全的其他情形。”有的规定对紧急程度要求较高，申请程序更为严格，如《重庆市物

业专项维修资金管理办法》第三十三条规定可以申请适用应急简易程序的情形包括："（一）屋面防水损坏造成渗漏，严重影响正常使用的；（二）电梯故障，无法正常运行的……"此外，该办法第三十四条还规定须将紧急情况立即报告物业所在街道办事处、乡（镇）人民政府进行实地查勘并出具证明，凭证明划拨资金，立即组织抢修等。实践中，由于对危害程度及是否需"立即维修"的看法不一，亦存在应急程序启动难，紧急情况认定难等问题。

三、排除妨害、消除危险需要使用建筑物及其附属设施维修资金的可适用应急程序

排除妨害、消除危险请求权属于物权请求权。妨害，是指以非法的、不正当的行为，包括作为和不作为，影响了特定物的权利人行使物权，物权人没有容忍的义务，有权请求排除障碍或侵害。而对于某种尚未发生但确有可能发生的危险，只要危险客观存在，物权人就有权要求相关义务人予以消除。因住宅共用部分及共用设施设备损坏、故障而对物权人造成妨害或形成危险需要使用维修资金予以修复的，由于物权人有权请求立即排除妨害、消除危险，请求本身具有紧迫性，即便没有达到需要立即抢修或严重影响正常使用的紧急程度，亦可参照适用应急简易程序，由业主委员会依法申请使用，但使用方案及使用情况应向业主公示并接受监督。在以业主委员会为被告的物权保护纠纷案件中，若仅判决业主委员会承担修复义务而不解决维修资金使用的程序问题，则不能打消业主委员会的顾虑，判决往往难以得到实际履行。人民法院在查明事实，依法认定排除妨害、消除危险请求权成立，建筑物及其附属设施维修资金结存足够的情况下，判令业主委员会直接依法申请使用维修资金修复物业，既符合《中华人民共和国民法典》增加紧急情况下使用维修资金条款的立法本意，亦更有利于解决实践中的物业维修难题。

编写人：重庆市第五中级人民法院　叶欢

（二）返还原物纠纷

9

劳动者办理离职期间对《离职交接单》是否构成民法上的占有

——狄某某诉杜某某占有物返还案

【案件基本信息】

1. 裁判书字号

北京市石景山区人民法院（2022）京 0107 民初 9941 号民事判决书

2. 案由：占有物返还纠纷

3. 当事人

原告：狄某某

被告：杜某某

【基本案情】

狄某某曾任北京某某科技有限公司（以下简称某公司）财务主管；杜某某系某公司人力行政专员。

2022 年 5 月 10 日，狄某某向某公司提出离职。5 月 11 日 17 时许，狄某某到某公司办理离职手续，杜某某负责处理相关事宜。在填写《离职交接单》时，狄某某与杜某某发生争执，杜某某将《离职交接单》收回。5 月 12 日 8 时许，狄某某与其夫周某某到某公司，二人见到杜某某出电梯后，将杜某某拖至楼梯间。狄某某骑压在杜某某身上，并控制杜某某双手等处，致使杜某某头部等处多发软组织损伤。事件发生后，狄某某报警称工作手续被抢夺，某公司其他员工也同时报警。派出所民警接警后到现场进行处理。5 月 20 日，派出所出具《终止案件调查决定书》，载明：因狄某某被抢夺一案具有没有违法事实的情形，现决定终止调查。8 月 22 日，公安局向狄某某出具行政处罚决定书，给予狄某某行政拘留十二日并处罚款 500 元，不执行行政拘留处罚。9 月 3 日，公安局向周某某出具行政处罚决定书，给予周某某行政拘留十二日并处罚款 500 元的行政处罚。

2022 年 5 月 12 日，某公司向狄某某出具《解除劳动关系证明书》，载明狄某某 2021 年 11 月 15 日入职，岗位为财务主管。2022 年 5 月 10 日，因狄某某本人要求出具《解除劳动关系证明》，劳动关系于 2022 年 5 月 10 日终止，某公司于 2022 年 5 月 14 日通过 EMS 向其寄送《解除劳动关系证明书》，狄某某于 2022 年 5 月 15 日收到。2022 年 5 月 13 日，某能源科技（浙江）有限公司向狄某某出具《不予录用通知书》，载明狄某某因未按时提交《离职交接单》而无法录用。2022 年 9 月 21 日，某公司出具证明，载明：根据员工手册规定……《离职工作交接表》属于我公司内部文件，应由公司归档保存，不得向狄某某交付。某公司《员工手册》载明员工离职需以书面形式完成《离职申请及审批表》《离职工作交接表》的填写，报总经理审批后提交人事行政部归档。

【案件焦点】

1. 狄某某在本案中对《离职交接单》是否属于占有；2. 狄某某未取得试用期工资是否与杜某某收回《离职交接单》的行为存在因果关系。

【法院裁判要旨】

北京市石景山区人民法院经审理认为：占有的不动产或者动产被侵占的，占有人有权请求返还。本案争议的焦点为狄某某主张杜某某返还其未填写完成的《离职交接单》能否得到法律支持。首先应考察狄某某对这张《离职交接单》的占有是否为有权占有。经查，杜某某系某公司人力行政专员，经领导指派，负责办理狄某某离职手续相关事宜。公司向狄某某发放空白的《离职交接单》。狄某某在该单据上填写了应由其填写的内容。随后，狄某某找杜某某继续办理离职手续。在办理离职手续过程中，狄某某与公司、杜某某产生矛盾。杜某某收回《离职交接单》。根据某公司的员工手册规定及其出具的证明可知，离职交接单系该公司员工离职时，由离职人员和单位共同填写的关于离职交接工作内容及办公用品的手续。该份手续由公司提供，申请离职人员在填写完应由其填写的部分后，公司相关部门要予以审核并签字、盖章，最后由公司归档保管，而非交由离职员工个人。故狄某某对《离职交接单》填写过程中的“持有”不同于占有物返还中的“占有”，且杜某某已将该单据交给公司保存也未持有《离职交接单》，故对狄某某的该诉求不予支持。

关于狄某某主张杜某某赔偿因强占行为导致的直接经济损失 55000 元。经询问，狄某某表示该损失的标准系其入职某能源科技（浙江）有限公司的试用期工资，因杜某某强占《离职交接单》导致其无法入职。经查，某能源科技（浙江）有限公司 2022 年 5 月 10 日的录用通知书要求狄某某提供《离职交接单》、终止劳动关系证明等，并要求狄某某于 2022 年 5 月 12 日 9 时报到。狄某某在明知报到时间紧迫的情况下，在 2022 年 5 月 11 日 17 时许才到某公司办理离职手续。诉讼中，狄某某未提供在已接近下班时间，但《离职交接单》仍需多个部门审核的情况下，狄某某能在当天办理完毕离职手续的证据。且在办理离职过程中狄某某还与公司发生纠纷。事实上，第二天狄某某也没有去新单位报到，而是伙同其夫周某某对杜某某实施了殴打行为。经民警调查后认定，狄某某被抢夺一案没有违法事实，狄某某与周某某因打人受到行政处罚。故，即使某能源科技（浙江）有限公司的不予录用通知书载明因未按时提交《离职交接单》而不予录用狄某某的原因是真实的，但这一不利后果应当由狄某某个人承担，与杜某某是否给付其《离职交接单》无因果关系。对狄某某要求杜某某赔偿直接经济损失 55000 元的主张，不予支持。

北京市石景山区人民法院依照《中华人民共和国民法典》第四百六十二条及《中华人民共和国民事诉讼法》第六十七条规定，判决如下：

驳回狄某某的诉讼请求。

一审判决后，当事人未提起上诉，该判决现已生效。

【法官后语】

劳动者与用人单位因解除劳动合同发生纠纷，一般是劳动争议范畴。由于劳动者在离职过程中需要办理相应的手续，这一环节中可能出现其他性质的纠纷。本案的核心在于，办理离职手续过程中，劳动者对离职交接单是否构成占有的认定。

一、占有的认定

占有，是指民事主体对于物具有事实上的管领力的状态。占有物包括不动产和动产。占有的内容是对物在事实上的控制和支配。所谓控制，是指物处于占有人管理或影响之下；所谓支配，是指占有人能够对物加以一定利用。《中华人民共和国民法典》将占有规定为一种事实而不是权利，其第四百六十二条第一款规定："占有的不动产或者动产被侵占的，占有人有权请求返还原物；对妨害占有的行为，占有人有权请求排除妨害或者消除危险；因侵占或者妨害造成损害的，占有人有权依法请求损害赔偿。"据此，民事主体对物的现实占有状态受到法律保护，而无论是否有权占有，任何人都不能以私力改变占有现状。故在涉及占有保护的纠纷中，法院无需查明请求权人是否有权占有，其只要能够证明客观上存在占有事实，对其保护占有的请求就应当予以支持。

侵害占有可分为侵占和妨害，其中"侵占"也称为"侵夺"，在法教义学上被理解为"违反占有人之意思，以积极之不法行为，将占有物之全部或一部移入自己之管领"，① 可以理解为侵夺占有人为自己创设占有。"妨害"是指以侵占以外的方式侵害占有人的占有，构成妨害占有，需妨害行为具有不法性或者超越了正常的容忍程度。因侵占或者妨害占有人的占有造成损害的，占有人有权请求侵害人承担损害赔偿责任。即侵害占有损害赔偿请求权之成立，还须占有人因占有侵害行为而受到损失。

① 谢在全：《民法物权论》（下），中国政法大学出版社 1999 年版，第 1014 页。

二、劳动者填写《离职交接单》不构成民法上的占有

劳动者与用人单位解除劳动关系的，根据《中华人民共和国劳动合同法》第五十条第二款规定："劳动者应当按照双方约定，办理工作交接。用人单位依照本法有关规定应当向劳动者支付经济补偿的，在办结工作交接时支付。"《离职交接单》作为一种制式清单，系由用人单位提供，由离职人员与用人单位共同完成离职手续的载体，其性质属于文件范畴，具备劳动关系状态的证明作用，可证明劳动者与用人单位已完成离职的工作交接，其归属、管理与利用不是民法的调整对象，故不属于《中华人民共和国民法典》第二百六十六条涵盖的"合法的收入、房屋、生活用品、生产工具、原材料等"动产，不是民事财产关系的标的。因此，劳动者填写《离职交接单》为离职文件流转的必要环节，非单据最终归属结果，劳动者对于交接单的持有不构成民法上的管领，因此，不能认定劳动者对其构成民法上的占有。

本案中，狄某某基于占有被侵害要求杜某某返还《离职交接单》，所以要审查狄某某对于《离职交接单》是否构成占有。《离职交接单》最终由某公司保存留档，虽然在填写过程中由狄某某持有，但此时的"持有"只能视为某公司人力资源管理的必要流转状态，而非法律意义的"占有"。即使狄某某需要《离职交接单》作为办理入职新公司的必要手续，应与某公司协商用该交接单的副本等进行办理，而原件的有权保管人应为原公司。

三、因办理离职手续产生损害赔偿责任的认定

根据前述分析，狄某某不构成对《离职交接单》的占有，因此，不具备提起占有保护请求权的主体资格。狄某某认为其未能正常入职新公司产生的经济损失与杜某某行为有关，其实质是认为杜某某对其造成侵权损害。根据一般侵权行为构成进行分析，杜某某作为某公司的人事专员，依公司授予其职权办理狄某某的离职手续，并未出现故意拖延上交、隐藏不交《离职交接单》等行为，在狄某某离职手续办理上，无证据显示杜某某履职行为违法违规或者不妥，因此，其不具有行为违法性和主观过错。

同时，从案件事实可知，狄某某未能及时入职新公司并因此导致经济损失

的损害事实，与其自身行为存在因果关系。某能源科技（浙江）有限公司要求狄某某于2022年5月12日9时报到，但狄某某在前一天17时许才到某公司办理离职手续。在其明知需要多个部门配合且自己与公司存在矛盾的情况下，狄某某在临近下班时办理离职手续，有违用人单位的管理秩序，应当预料到极大概率会影响离职手续的办理进度，而且第二天狄某某也未按时间要求前往新公司报到，产生后续结果。狄某某的上述行为均不符合劳动者离职的常规流程，直接导致其损害事实形成，与杜某某的行为并无因果关系。因此，杜某某不应承担损害赔偿责任。

本案也提示，劳动者在离职过程中要遵循相应的程序规范，合法合理地按时完成离职手续，否则，既耽误自身新的入职进度，又给他人带来不必要的损失。

编写人：北京市石景山区人民法院　侯蕴桐

10

带租拍卖受让人终止物上租赁权的权利救济方式

——王某某、昆明某某经贸有限公司诉云南某某贸易有限公司等返还原物案

【案件基本信息】

1. 裁判书字号

云南省昆明市中级人民法院（2022）云01民终13511号民事判决书

2. 案由：返还原物纠纷

3. 当事人

原告（上诉人）：王某某、昆明某某经贸有限公司（以下简称昆明某公司）

被告（被上诉人）：云南某某贸易有限公司（以下简称云南某公司）、安宁某某经贸有限公司（以下简称安宁某公司）、昆明五华区某某火锅店（以下简称某火锅店）、江某

【基本案情】

云南某公司是案涉房屋的原所有权人。案涉房屋曾于2011年抵押给某银行，于2012年被法院查封，后经三次司法拍卖和变卖均流拍，法院于2019年裁定以以物抵债的形式将该房屋抵给王某某、昆明某公司，其对案涉房屋拥有按份共有所有权。王某某、昆明某公司在以物抵债时已知晓案涉房屋的租赁情况（租赁事实未经核实），法院对案涉房屋以现状进行移交。

云南某公司于2012年将案涉房屋出租给安宁某公司，双方签订《房屋租赁协议》，租赁期限为20年。2014年，云南某公司为追索租金向法院起诉安宁某公司，安宁某公司于2014支付了租金尾款。安宁某公司于2015年将案涉房屋转租给江某，双方签订《商铺租赁合同》，租赁期限为15年，云南某公司同意安宁某公司该转租行为，江某已支付自2015年至2020年房屋租金，并在案涉房屋经营某火锅店。

王某某、昆明某公司认为云南某公司、安宁某公司在涉案房屋抵押权设立后将案涉房屋出租的行为违法，云南某公司、安宁某公司与江某系恶意串通损害其合法权益，故相关租赁合同无效，江某应当返还涉案房屋。

【案件焦点】

1. 房屋租赁是否为虚假合同，是否有效；2. 王某某、昆明某公司能否以租赁合同无效为由排除承租人对涉案房屋的占有。

【法院裁判要旨】

云南省昆明市五华区人民法院经审理认为：王某某、昆明某公司拥有所有权的案涉房产于2015年7月9日就进入了拍卖程序，拍卖公告当中均载明标的现存租赁关系，王某某、昆明某公司在受让案涉房屋时对物上存在租赁的事实

是明知的。本案被告之间相互订立的关于案涉房产的租赁合同，都是发生在王某某、昆明某公司以物抵债取得所有权之前，不因订立合同时间在案涉房屋设立抵押权之后或者是因人民法院的执行裁定书而当然无效，且根据现有证据本案案涉两份房屋租赁合同承租人均已经实际占用租赁物且已支付租金，王某某、昆明某公司没有证据证明承租人为恶意承租人时应当推定承租人为善意，案涉房屋在先的抵押、查封不能导致租赁合同无效。在先抵押后租赁情形下抵押权实现时可以涤除租赁权，但租赁权不能当然除去，抵押人在抵押权设定后再将标的物出租，本身并不存在合同无效或者可撤销的情形，因此，抵押权对抗租赁权涤除租赁权的方式为抵押权人或者抵押物受让人享有的法定解除权，不能通过主张合同无效或者行使撤销权解决。因此，以上租赁关系依法应当得到保护，对王某某、昆明某公司的诉讼请求不予支持。

云南省昆明市五华区人民法院依照《中华人民共和国合同法》第五十六条，《最高人民法院关于适用〈中华人民共和国民法典〉时间效力的若干规定》第一条第二款，《中华人民共和国民事诉讼法》第六十七条、第一百二十一条规定，判决如下：

驳回王某某、昆明某公司的全部诉讼请求。

王某某、昆明某公司不服一审判决，提起上诉。

云南省昆明市中级人民法院经审理认为：在王某某、昆明某公司享有涉案房屋所有权之前，安宁某公司与某火锅店、江某作为承租人占有使用了案涉房产，并按约支付了租金。出租方与承租方在平等自愿的基础上签订的房屋租赁协议未违反国家有关法律规定，合法有效。王某某、昆明某公司虽是该租赁物的现有产权人，但在其以物抵债时已被明确告知租赁关系存在，该房屋在租赁期间发生所有权变动，不影响租赁合同效力。故承租人的租赁关系受法律保护，对租赁物的占有有法律依据。在租赁期限届满之前，王某某、昆明某公司的物权不能排除涉案房产由承租人占有使用，其以购得该房屋且租赁关系不受保护为由要求返还租赁房产无事实及法律依据。

云南省昆明市中级人民法院依照《中华人民共和国民事诉讼法》第一百七

十七条第一款第一项规定，判决如下：

驳回上诉，维持原判。

【法官后语】

一、带租拍卖相关法律关系分析

根据《最高人民法院关于人民法院民事执行中拍卖、变卖财产的规定》第二十八条“……拍卖财产上原有的租赁权及其他用益物权，不因拍卖而消灭，但该权利继续存在于拍卖财产上，对在先的担保物权或者其他优先受偿权的实现有影响的，人民法院应当依法将其除去后进行拍卖”的规定，在执行程序中，基于“审执分离”的原则，人民法院不宜直接评价财产上租赁合同关系的效力，仅审查租赁权对在先的担保物权或者其他优先受偿权的实现是否有影响，如果认为不影响的则不会腾退标的房屋，以带租方式进入拍卖。带租拍卖情形下存在以下几种法律关系：原权利人与买受人之间成立买卖合同法律关系，原权利人与承租人之间存在租赁合同法律关系，买受人受让标的物后也继受取得租赁合同债权。

二、带租拍卖受让人的权利救济

（一）债权救济途径

《中华人民共和国民法典》第五百四十五条规定，“债权人可以将债权的全部或者部分转让给第三人”，买受人受让标的物后，成为标的物的产权人，同时继受租赁合同中出租人的权利义务，受原租赁合同约束，享有租赁合同出租人的权利。因此，买受人如果不愿意受原租赁合同约定约束，又无法举证证明原租赁合同存在法定无效事由的，可以依据《中华人民共和国民法典》合同编规定享有租赁合同当事人撤销、变更、解除合同等权利，以终止原租赁合同条款的履行。

1. 撤销。买受人认为原租赁合同约定的租金过低损害其租金利益的，可以根据《中华人民共和国民法典》第五百三十九条“债务人以明显不合理的低价转让财产、以明显不合理的高价受让他人财产或者为他人的债务提供担保，影响债权人的债权实现，债务人的相对人知道或者应当知道该情形的，债权人可以请求人民法院撤销债务人的行为”的规定，在能够充分举证证明合理租金价格的情况下，在撤销权除斥期间内向人民法院主张撤销原租赁合同。原合同被撤销后，自始没有法律约束力。

2. 变更。买受人可以根据《中华人民共和国民法典》第五百四十三条“当事人协商一致，可以变更合同”之规定与承租人协商租金以满足其租金利益。

3. 解除。(1) 行使法定解除权。若承租人具有《中华人民共和国民法典》第五百六十三条规定的“不履行主要债务”“经催告后在合理期限内仍未履行”等情形的，买受人享有法定解除权，在解除权行使期限内解除原租赁合同。(2) 与承租人协商解除合同。根据《中华人民共和国民法典》第五百六十二条第一款规定“当事人协商一致，可以解除合同”。值得注意的是，如果存在转租且转租行为经原出租人同意，这时转租合同是合法有效的，买受人不得随意解除，如需协商解除需经次承租人同意。

（二）物权救济途径

根据《最高人民法院关于审理城镇房屋租赁合同纠纷案件具体应用法律若干问题的解释》第十四条“租赁房屋在承租人按照租赁合同占有期限内发生所有权变动，承租人请求房屋受让人继续履行原租赁合同的，人民法院应予支持。但租赁房屋具有下列情形或者当事人另有约定的除外：（一）房屋在出租前已设立抵押权，因抵押权人实现抵押权发生所有权变动的；（二）房屋在出租前已被人民法院依法查封的”的规定，买受人可以基于物权主张租赁合同不再继续履行，请求返还房屋。

三、带租拍卖受让人主张租赁合同无效的裁判思路

法律并不禁止抵押财产租赁。《中华人民共和国民法典》第四百零六条规定“抵押期间，抵押人可以转让抵押财产”按照举重明轻的规则，解释上应当准许抵押后租赁，且抵押权不以占有为内容，租赁则是以占有使用权利出让取得交换价值的债权，在抵押权实现之前抵押权和租赁关系并不冲突，当不存在法律规定的无效情形时，抵押后租赁的租赁关系应当认定为有效。

但是在抵押权实现时租赁合同是否继续有效？实现抵押权时抵押权人对标的物拍卖、变卖所得价款优先受偿，基于“买卖不破租赁”的规则，抵押财产的变价对于承租人的租赁权不产生影响，这时买受人受让标的物后，成为标的物新的权利人，同时也继受取得租赁合同中原出租人的权利。即就租赁合同效力审查，仍然严格按照《中华人民共和国民法典》关于合同无效的情形来审查，不符合的应当认定租赁合同继续有效。

根据前述买受人的权利救济方式，以及诉源治理理念，人民法院在裁判文书中给予当事人指引，即引导买受人与承租人（及次承租人）先行协商解决，协商不成的，符合法定解除条件或者撤销权行使条件的以法定解除或撤销终止租赁合同，或者通过物权优先原则对抗租赁权从而终止租赁合同的履行。

编写人：云南省昆明市五华区人民法院　朱娟

11

农村房屋买卖合同无效后诚信原则的适用修正

——梁某甲、梁某乙诉王某某、李某某返还原物案

【案件基本信息】

1. 裁判书字号

江苏省常州市中级人民法院（2022）苏04民终1173号民事判决书

2. 案由：返还原物纠纷

3. 当事人

原告（被上诉人）：梁某甲、梁某乙

被告（上诉人）：王某某、李某某

【基本案情】

王某某、李某某夫妇为某农村集体经济组织成员。2003年，该二人与非当地集体经济组织成员的梁某甲、梁某乙签订《房屋买卖合同》，将名下的农村房屋出售，并由当地村民小组盖章予以认可。合同另约定由出卖人负责办理房屋过户、宅基地使用权变更过户手续及办理买受人户口迁入本村民小组、村委同意手续及水稻地使用权转让。后相关手续未办理。

梁某甲、梁某乙于2003年至2015年入住案涉房屋，对房屋进行修缮，履行了村民义务并实际领取王某某、李某某名下的农业补偿金。2015年，两人因故返回贵州。2017年，王某某、李某某未经梁某甲、梁某乙同意重新入住案涉房屋，梁某甲、梁某乙发现后提起诉讼，请求王某某、李某某返还房屋或按现有市场价值给付房屋折价款。

【案件焦点】

农村房屋买卖合同被认定无效的情况下，是否允许适用诚信原则及公平原则修正合同无效的后果处理。

【法院裁判要旨】

江苏省常州市武进区人民法院经审理认为：当事人双方就案涉房屋签订的《房屋买卖合同》系其真实意思表示，因此梁某甲、梁某乙有权在案涉房屋内居住使用，且两人于2003—2015年期间居住于案涉房屋内，王某某、李某某从未提出异议，梁某甲、梁某乙有权要求王某某、李某某返还房屋。王某某、李某某未经梁某甲、梁某乙同意，擅自对梁某甲、梁某乙居住使用的房屋进行装修，所造成的损失应当由其自行承担，故对其称如返还房屋要求支付装修款的意见不予采信。

江苏省常州市武进区人民法院依照《中华人民共和国民法典》第五百零九条、《中华人民共和国民事诉讼法》第六十七条规定，作出如下判决：

一、王某某、李某某于判决生效之日起三十日内向梁某甲、梁某乙返还案涉房屋；

二、驳回梁某甲、梁某乙的其余诉讼请求。

王某某、李某某不服一审判决，提起上诉。

江苏省常州市中级人民法院经审理认为：案涉房屋系集体土地上建设的房屋，应属农村宅基地上所建房屋，梁某甲、梁某乙并非当地集体经济组织成员，故双方当事人所签订的《房屋买卖合同》因违反国家土地管理法律关于农村宅基地管理的强制性规定，应为无效。鉴于双方当事人的房屋买卖合同于2003年签订，签订时由当地村民小组对合同盖章予以认可，且房屋买卖合同中亦有关于王某某、李某某负责到有关部门为梁某甲、梁某乙办理房屋过户、宅基地使用权变更过户手续及办理户口迁入本村民小组、村委的同意手续，并负责把水稻地的使用权经村委及有关部门同意转让给梁某甲、梁某乙的相关约定。且梁某甲、梁某乙入住后，亦对案涉房屋进行装修添附，并实际领取了农业补偿款，案涉房屋无需返还给王某某、李某某，一审法院综合本案实际情况确定王某某、李某某应当将案涉房屋返还给梁某甲、梁某乙并无不当。王某某、李某某在将案涉房屋出售并交付后，并无合法理由占用案涉房屋，也无合法理由对案涉房屋进行装修装饰，基于其非法占用行为产生的后果应由其自行承担，一审法院据此不支持其要求梁某甲、梁某乙支付装修款并无不当。

江苏省常州市中级人民法院依照《中华人民共和国民事诉讼法》第一百七十条第一款第一项规定，作出如下判决：

驳回上诉，维持原判。

【法官后语】

农村宅基地具有福利性、保障性，宅基地使用权是一种资格权，属于本集体经济组织成员专有。正因农村房屋买卖涉及宅基地的转移限制，现实中，经常有村民在将农村住宅出卖后又因房屋价值大幅度上涨或存在潜在拆迁利益而反悔的情形，有的甚至在房屋出卖几十年后，又以合同无效为由诉至法院要求买房人返还房屋。

本案的核心问题是当无效规则与诚信原则发生冲突时，是应该严格适用无效规则，还是允许诚信原则修正处理无效的法律后果。本案认为，虽合同无效的后果包括返还财产、折价补偿及赔偿损失，但当卖房人的行为违背诚信，滥用合同无效制度，适用无效规则不能合理平衡当事人利益时，应对无效合同的法律后果做有效处理。对此，可以从以下三方面进行判断：

第一，严格适用无效规则会产生严重不妥当后果。农村房屋买卖合同因违反国家法律强制性规定而无效，但其内容系双方当事人真实意思表示，且已履行多年。主张合同无效方起诉的原因是，合同“有效”将为其带来不利，或者所带来的利益小于确认无效所带来的利益。“任何人不得从自己的错误行为中获利”，司法审判应当据此对当事人的上述行为导向予以否定性评价，否则将使一方得以根据变化的利益状态、需求情况及市场行情来判断该合同是否实际于己有利，进而依其单方意思决定守约与否，从而获得巨大利益，严重损害相对方利益。

第二，对于无效规则滥用应以诚信原则予以修正。设定合同无效规则的宗旨是防止因无效合同的履行给国家、集体以及第三人利益带来损害，法律为防控危害提供了制度救济。以个人意志控制合同履行从而谋取利益的行为，不仅明显违背法理、事理，或将造成极大不公，也是对诚信原则以及法律秩序的严重侵害，不利于民事法律关系的稳定，是对合同无效法律制度的滥用。对于此种行为，应以《中华人民共和国民法典》第七条“民事主体从事民事活动，应当遵循诚信原则，秉持诚实，恪守承诺”进行调整修正。但因合同确实是无效合同，即使一方当事人的无效主张因违背诚信被驳回，该合同仍“当然”处于无效状态，不会因一方当事人不能主张无效而变为有效。

第三，诚信原则与无效规则的权衡优化。结合具体案件，并充分考虑合同履行情况及无效处理的后果，一方面，不采取无效措施并不会损害规则设立的宗旨，或者说不会带来更多损害；另一方面，采取无效措施会损害诚信原则，导致法律容许一方当事人可以个人意志控制合同是否履行，进而基于双方的错误，由一方承担不利后果，而另一方获得巨大利益，不承担任何风险，或承担较低风险。

综合以上考虑，将诚信原则与无效规则在个案中进行权衡与最佳化处理，即放弃无效处理措施，当事人不会因此受到更多损害，也不损害国家、集体或第三人的利益，同时诚信原则获得最大限度的实现。本案中，虽案涉房屋买卖合同因双方当事人非属同一集体经济组织而无效，但王某某、李某某出售的是其多余农村住宅，并经所在村民小组盖章认可，表明王某某、李某某不以该房屋作为居住保障，合同无效后不返还其房屋，其利益并未受损，也不损害其所属集体经济组织的利益。相反，如梁某甲、梁某乙因合同无效返还房屋，不仅失去可期待的居住保障，其遭受的损失可能还会因王某某、李某某的履行能力等原因不能得到有效补偿，而王某某、李某某却从其不诚信行为中获得房价上涨的利益，不仅有违公平正义的社会主义核心价值观，还会产生不诚信的行为导向。因此，司法实践中，当当事人违背诚信，滥用无效规则，以致严格适用无效规则会产生严重不妥当的后果时，应以诚信原则对无效的法律后果加以修正。这样既依法认定合同无效，又通过司法维护并促进诚信社会的构建。

编写人：江苏省常州市中级人民法院　沈于蓝

江苏省常州市武进区人民法院　颜琴

12

物权人主张返还为保障买卖交易所提供的相关物品时，占有人（买方）以货物质量问题抗辩不予返还的，该抗辩不符合反诉要件，也不能认定为行使留置权

——某果业有限公司诉张某某返还原物案

【案件基本信息】

1. 裁判书字号

陕西省白水县人民法院（2022）陕0527民初1880号民事判决书

2. 案由：返还原物纠纷

3. 当事人

原告：某果业有限公司

被告：张某某

【基本案情】

2022 年 3 月 9 日，某果业有限公司与张某某签订苹果购销合同，约定由张某某购买某果业有限公司所有的苹果，合同对单价、标准、结算方式等进行了约定。合同签订后，张某某分 4 次向某果业有限公司支付了 53 万元货款，某果业有限公司于 4 月 29 日向张某某现场交付了 53 万元对应的苹果。该合同同时约定某果业有限公司提供铁框若干，每个押金 300 元等事项，后双方将使用铁框及托盘押金变更为 1 万元。苹果交付后，张某某以某果业有限公司向其提供的部分苹果不符合规格标准致其损失为由一直占有某果业有限公司所有铁框 220 个（规格为：80cm×100cm×1200cm）、木托盘 10 个，庭审时被告同意在解决前述纠纷的基础上予以返还，并于 11 月 17 日向陕西省白水县人民法院提出反诉，陕西省白水县人民法院于 11 月 21 日作出民事裁定书，对张某某的反诉不予受理，告知其另案诉讼。

【案件焦点】

在合同纠纷中张某某对某果业有限公司所有的托盘等能否以苹果质量为由占有。

【法院裁判要旨】

陕西省白水县人民法院经审理认为：张某某因购买某果业有限公司苹果而占有其所有的铁框、木托盘，合同虽未对铁框、木托盘返还期限进行约定，但双方均认可本次交易货款两清，现某果业有限公司诉至法院要求返还，事实清楚，证据充分，张某某应予返还。返还后某果业有限公司应退还涉案铁框、木托盘押金 10000 元。关于张某某辩称部分苹果不符合规则标准致其损失，并提出反诉，法院已以书面裁定的形式对该反诉不予受理，并告知其另案诉讼。

陕西省白水县人民法院依据《中华人民共和国民法典》第二百三十五条、第五百零九条之规定，判决如下：

一、张某某于本判决生效后十日内返还某果业有限公司铁框 220 个（型号为：80cm×100cm×1200cm）、托盘 10 个；

二、某果业有限公司于被告张某某返还后三日内退还张某某押金 10000 元。

宣判后，双方当事人均未上诉，一审判决已经生效。

【法官后语】

在买卖合同中，提供货物的一方为方便货物运输、交付，通常会提供一些专用的货架、箱框、托盘等物品，双方约定交易完成后返回这些物品。交易完成后，买受人货物质量等原因不予返还该物品，出卖人诉请返还原物的，买受人抗辩货物质量问题并提出反诉主张赔偿的，应裁定驳回起诉。其理由在于：

一、在本诉中提出反诉必须符合一定条件

民事诉讼中，当事人对抗原告诉求时经常会提起反诉，反诉只有符合一定条件时才会与本诉合并审理。《最高人民法院关于适用〈中华人民共和国民事诉讼法〉的解释》第二百三十二条规定："在案件受理后，法庭辩论结束前，原告增加诉讼请求，被告提出反诉，第三人提出与本案有关的诉讼请求，可以合并审理的，人民法院应当合并审理。"第二百三十三条第一款、第二款规定："反诉的当事人应当限于本诉的当事人的范围。反诉与本诉的诉讼请求基于相同法律关系、诉讼请求之间具有因果关系，或者反诉与本诉的诉讼请求基于相同事实的，人民法院应当合并审理。"显然，要认定为反诉应当满足一定的实质性要件：(1) 反诉只能是本诉被告向原告提出的反请求；(2) 反诉只能在本诉进行的过程中提出；(3) 反诉只能向审理本诉的人民法院提起；(4) 反诉须与本诉适用同一诉讼程序；(5) 反诉与本诉须具有牵连关系。在审判实务中，条件 1、2、3 一般都能满足。条件 4 反诉和本诉的适用的诉讼程序问题，需审查如本诉适用简易程序，反诉是否也可以适用的问题。如果反诉能够适用本诉程序，直接合并审理；如果反诉本诉适用简易程序，反诉应当适用普通程序的，应当变更本诉为适用普通程序合并审理。最复杂是审查条件 5 反诉与本诉须具有牵连关系。本诉与反诉的牵连关系主要表现为：诉讼请求基于相同法律关系；诉讼请求之间具有因果关系；本诉与反诉的诉讼请求建立在相同事实基础上。由于这种牵连，反诉与本诉就可以相互排斥、抵消、吞并。这也是判断构成反诉的主要标准。以本案为例，本诉法律关系为当事人之间的原物返还关系。被告提出反诉的法律关系买卖合同关系；本诉依约定请求返还原物，反诉请求赔偿违约损失，显然二者不具有因果关系；本诉的诉讼请求，建立在买卖交易完毕后应当返还原物的事实基础上，反诉的诉讼请求则建立在买卖苹果的事实上，二者并不是具有相同的事实。所以，被告提出的诉讼请求并不满足反诉的条件，《最高人民法院关于适用〈中华人民共和国民事诉讼法〉的解释》第二百三十三条第三款的规定："反诉应由其他人民法院专属管辖，或者与本诉的诉讼标的及诉讼请求所依据的事实、理由无关联的，裁定不予受理，告知另行起诉。"所以法院裁定对该反诉不予受理并无不当。

二、行使留置权应满足一定条件

留置权是指在一定的债权债务关系中，债权人依照一定的法律关系占有债务人的动产，债务人未履行合同义务时，对其占有的债务人的动产予以留置并变价优先受偿的权利。《中华人民共和国民法典》第四百四十七条第一款规定："债务人不履行到期债务，债权人可以留置已经合法占有的债务人的动产，并有权就该动产优先受偿。"第四百四十八条规定："债权人留置的动产，应当与债权属于同一法律关系，但是企业之间留置的除外。"显然当事人主张行使留置权的，应当满足以下条件：（1）债权人须按合同占有债务人的财产。即债权人占有债务人的财产，是留置权成立及存续的前提条件。如果债权人没有占有债务人的财产，或债权人丧失对债务人财产的占有，则留置权归于消灭。同时，债权人占有债务人财产的原因仅限于合同，而非侵权行为。如承运人基于运输合同向货主主张运费未果，可以行使留置权留置相应价值的货物，如果承运人通过其他手段占有了货主的其他货物，并扣留以主张本次运费的，占有该笔货物的本身构成侵权，所以扣押的行为不属于正当行使留置权。（2）债权与留置物占有的取得必须基于同一合同关系产生。留置物与债权具有牵连关系，具体体现为债权与留置物占有的取得须基于同一合同关系而产生。如前述，留置物仅限于其所在合同关系中，而非其他法律中。(3) 债务人的债务须已届满履行期。如果债务人的义务尚未到履行期，则无法判断债务人是否自觉履行债务，从而若允许成立留置权，就意味着强制债务人提前履行债务，这显然是不公平的。(4) 不再妨碍留置权成立的情形。即使上述四个条件成立，但存在排除留置权的情形的，留置权仍不能成立。如当事人约定排除留置权的适用、留置财产违反社会公共利益或社会公德、留置财产与债权人所承担的义务相抵触等。本案中，货架、箱框、托盘等并不是买卖合同中约定货物，且当事人货架、箱框、托盘等设定了押金，货物质量引发的债权与扣留的物品不是基于同一合同产生，买受人扣留物品的行为不能认定为行使留置权。

编写人：陕西省渭南市中级人民法院　亢俊谦

陕西省白水县人民法院　张飞

（三）排除妨害纠纷

13

业主大会、业主委员会对民法典第二百八十六条第二款规定的损害他人合法权益的行为是否享有诉权的认定

——某业委会诉黄某某排除妨害案

【案件基本信息】

1. 裁判书字号

上海市第二中级人民法院（2022）沪02民终1025号民事裁定书

2. 案由：排除妨害纠纷

3. 当事人

原告（上诉人）：某业委会

被告（被上诉人）：黄某某

【基本案情】

黄某某系某小区业主，其长期使用小区地下一层车库东面××号、××号部位（以下简称系争部位）用于停放车辆。某业委会认为，系争部位并非小区建筑区划内规划用于停放汽车的车位，系占用业主共有的道路或者其他场地用于停放汽车的车位，依法应当属于业主共有，黄某某无权使用，其行为侵害了小区业主对业主共有车位使用、收益的权利，故某业委会依据《中华人民共和国民法典》第二百八十六条提起诉讼，请求法院判令黄某某返还某业委会系争部位并支付相应占有使用费。黄某某则认为，系争部位并非小区规划的公共道路，也非其他公共场所、公用设施或物业服务用房，原本应属开发商所有，是开发商对原车道改造后划分自行命名编号而得，后由开发商根据公司奖励条例赠与黄某某使用。

【案件焦点】

业主大会或者业主委员会对《中华人民共和国民法典》第二百八十六条第二款规定的任意弃置垃圾等损害他人合法权益的行为，是否享有诉权。

【法院裁判要旨】

上海市静安区人民法院经审理认为：业主大会或者业主委员会，对任意弃置垃圾、排放污染物或者噪声、违反规定饲养动物、违章搭建、侵占通道、拒付物业费等损害他人合法权益的行为，有权依照法律、法规以及管理规约，请求行为人停止侵害、排除妨碍、消除危险、恢复原状、赔偿损失。业主或者其他行为人拒不履行相关义务的，有关当事人可以向有关行政主管部门报告或者投诉。因此，业主大会和业主委员会虽依法享有物业管理权能，依法对物业管理、物业服务等事项进行监督，但并不能因此确定业主大会和业主委员会对管理事项享有诉权。某业委会以经过业主大会决议授权，黄某某占用业主共有部分为由提起诉讼，不具有相应的民事诉讼主体资格，应予驳回。

上海市静安区人民法院依照《中华人民共和国民法典》第二百八十六条第二款及第三款，《中华人民共和国民事诉讼法》第一百一十九条第一项、第一百五十四条第一款第三项，《最高人民法院关于适用〈中华人民共和国民事诉讼法〉的解释》第二百零八条第三款规定，作出如下裁定：

驳回某业委会的起诉。

某业委会不服一审裁定，提出上诉。

上海市第二中级人民法院经审理认为：某业委会称其对与业主黄某某之间的排除妨害纠纷享有诉权，并无法律上的依据。从现行法律来看，业主委员会对业主损害他人合法权益的行为，依法可以请求行为人停止侵害、排除妨碍、消除危险、恢复原状、赔偿损失，但不宜取代全体业主以民事权利主体的身份参加民事诉讼。

上海市第二中级人民法院依照《中华人民共和国民事诉讼法》第一百七十七条第一款第一项规定，作出如下裁定：

驳回上诉，维持原裁定。

【法官后语】

本案的裁判要旨进一步明确了业主大会和业主委员会的诉讼主体资格问题。《中华人民共和国民法典》第二百八十六条是关于业主的基本义务及业主大会和业主委员会制止业主损害他人合法权益行为的规定。从物权法律制度的立法过程和司法实践来看，除以业主撤销权纠纷为例的法律明确规定的场景外，一般仍不宜确定业主大会或业主委员会具有民事诉讼主体资格。

一、制度沿革与条文理解

《中华人民共和国民法典》第二百八十六条对于业主大会和业主委员会是否对相关行为具备诉权的规定是相当明确的，该条第一款规定业主的基本义务，第二款赋予业主大会和业主委员会制止损害他人合法权益行为的物业管理和监督权能，第三款则明确救济途径为向有关行政主管部门报告或者投诉。显然，该条文并未赋予业主大会和业主委员会在该事项下享有诉权。

研究制度沿革也能帮助更好地理解现有规定。原《中华人民共和国物权法》对此事项的规定见于第八十三条，而《中华人民共和国民法典》将原有规定细分并完善为第二百八十六条、第二百八十七条，第二百八十六条围绕业主的基本义务展开，第二百八十七条则明确了对业主合法权益的保护，业主合法权益受到侵害的，有权请求行为人承担民事责任，包括诉讼救济。但不论是原《中华人民共和国物权法》第八十三条还是《中华人民共和国民法典》第二百八十六条，均未赋予业主大会和业主委员会针对相关事项享有诉权。

二、业主大会和业主委员会的物业管理职能

为了更好地促进建筑物区分所有权体系的运转，设立业主大会和业主委员会并赋予其相应的物业管理和监督权能，是必不可少的。业主对专有部分享有的所有权与其对共有部分所享有的共有和共同管理的权利并非割裂的，相反，业主在行使相应权利时难免会互相影响。例如，业主在家中播放音乐，其对专有部分空间的利用自然地通过声音传递到共有部分；又或者，业主在公共楼道中堆积废弃物，气味的传递也会影响到专有部分的使用。这种影响的不断叠加，会导致权利义务的不断交织，也会导致共有部分相关权利的行使难以由个体实现。侵权行为发生时，会涉及更多的权利义务主体，义务主体难以界定，而权益受到损害的业主虽有权请求行为人承担民事责任，但其可能因为“搭便车”心理或者畏难情绪而怠于行使权利。因而，赋予业主大会和业主委员会相应的物业管理和监督权能，并鼓励其积极履行职能，有利于业主在权利行使发生冲突时及时化解矛盾，减少损害，促进邻里和谐。

三、业主大会和业主委员会诉权的限缩

业主大会和业主委员会是基于业主的建筑物区分所有权而建立的自治性组织，建筑物区分所有权制度在物权制度中具备其独特性及复杂性，业主大会作为全体业主的代表、业主委员会作为业主大会的执行机构，虽是为了更好地实现业主对专有部分和共有部分享有的不同权利而设立，但其又必然难以完全等同于全体业主，鼓励其积极参与管理事务，一方面，必然需要赋予其一定的诉权；另一方面，诉讼不应作为其维护业主权利的主要手段。限缩业主大会和业主委员会的诉权，并非为其履行物业管理职能制造障碍，而是为了避免其滥用权利、激化矛盾。

《中华人民共和国民法典》第二百八十六条旨在提醒业主与相关行为人，在行使其对专有部分排他权利的同时，也有义务避免损害到其他业主对专有部分或共有部分的权益，而业主大会和业主委员会有权利亦有义务介入其中，促进权利行使的平衡。但业主大会和业主委员会不宜就此直接提起诉讼。一方面，业主大会既然代表全体业主，自然也代表着实施了不当行为的业主，业主大会代表多数意见以诉讼方式来对抗基于专有权而实施不当行为的特定业主或相关行为人，其合理性有待商榷；另一方面，诉讼应是民事活动中厘清权利义务的最后手段，诉讼既意味着权利得到保护，也意味着责任需有人承担，不能仅看到业主大会和业主委员会参与诉讼活动以维护业主权利的一面，而忽视其败诉后责任承担也将及于全体业主的可能后果。因此，业主大会和业主委员会应更积极地利用自身管理能力，借助基层自治的协调机制或是诉诸行政机关的执法权力来实现其对业主或相关行为人的管理、监督职能。

编写人：上海市静安区人民法院　冯旭　唐莹琪

14

阳台外相连平台使用权归属的认定

——韦某某诉胡某某排除妨害案

【案件基本信息】

1. 裁判书字号

广西壮族自治区柳州市中级人民法院（2022）桂02民终3749号民事判决书

2. 案由：排除妨害纠纷

3. 当事人

原告（被上诉人）：韦某某

被告（上诉人）：胡某某

【基本案情】

韦某某与胡某某是柳城县某小区同一单元同一楼层南北相邻的邻居，韦某某居南，胡某某居北，双方共用大门楼道。在胡某某房屋东阳台与双方共用的楼道之间相连有一长2米、宽1.4米的公共平台，该平台的西面为胡某某的东阳台，南面为双方共用大门楼道外墙（安装有活动玻璃窗户、原无防盗铁网）；平台东面为楼房外墙，北面为楼房外空间（无墙体、原无防盗铁网）。2021年9月，胡某某在装修房屋时拆除其东面阳台的栏杆，在该阳台与该公共平台之间安装玻璃墙并开了一扇门，同时在该公共平台的南北两面安装了防盗铁网。因胡某某安装防盗网封闭了该公共平台，并在该平台上堆放杂物，韦某某认为影响其生活，双方发生争执。

审理中，案涉小区物业服务中心出具《证明》，称案涉平台属于公共采光平台；经法院询问案涉小区开发商某公司，该公司称案涉平台为结构板，规划为公共采光平台。双方当事人向法院提供了各自与某公司签订的《商品房买卖合同》中的房屋平面图，其平面图中均未显示有案涉平台；案涉楼房设计图纸中显示案涉平台系结构板，无设置通向该平台的通道。

【案件焦点】

阳台外相连平台是否属于公共平台，其使用权的归属如何认定。

【法院裁判要旨】

广西壮族自治区柳城县人民法院经审理认为：《中华人民共和国民法典》第二百八十八条规定："不动产的相邻权利人应当按照有利生产、方便生活、团结互助、公平合理的原则，正确处理相邻关系。"韦某某和胡某某作为相邻房产的所有权人，应当按照上述原则，正确处理通风、采光、安全等相邻关系。

韦某某、胡某某各自与案涉开发商签订的《商品房买卖合同》中所附的房屋平面图并未显示案涉平台，且案涉楼房设计图中也无设置通向案涉平台的通道。同时，案涉小区开发商及物业服务中心均表示案涉平台系公共采光平台，故案涉平台并非胡某某所有。该平台应为公共平台，胡某某如欲使用该平台，应当遵循规划用途、合理合法进行使用，并且确保不会影响韦某某合理使用公共部位，如有影响，应当取得韦某某的同意。现胡某某未经规划部门批准且未征得韦某某书面同意，出于自身利益考虑，擅自将其南面阳台栏杆拆除，并安装防盗铁网封闭案涉平台，在该平台上堆放物品，导致该平台仅能从胡某某房屋南面阳台自由进出，无其余进出通道，影响了公共采光及通风，给韦某某造成生活不便。胡某某的上述行为超出了对其房屋专有部分的合理使用范围。同时，案涉平台为结构板，北面没有相应护栏或墙体，在该平台上活动存在一定的不安全因素，故胡某某的行为不仅不符合规划设计的要求和用途，还存在安全隐患。韦某某据此请求胡某某拆除两处防盗网、清除杂物，恢复平台原状，有事实和法律依据，应予支持。

胡某某辩称涉案平台与其房屋相连接，是其空调外机位，属于房屋的配套设备，法院认为，房屋是否与该平台相连，并不影响该平台属于公共平台的性质。双方房屋平面图中均未显示案涉平台，说明双方买卖房屋的部分不包含有与阳台外相连的平台，且案涉平台所属地块的规划平面图中也未规划为空调外机位，该平台属于公共平台。即使该平台一部分空间属于胡某某的空调外机位，胡某某也应在空调外机位范围内进行合理管理使用，不能以此作为封闭并使用该平台的理由。

广西壮族自治区柳城县人民法院依照《中华人民共和国民法典》第二百七十二条、第二百七十三条、第二百八十八条，《最高人民法院关于审理建筑物区分所有权纠纷案件具体应用法律若干问题的解释》第三条，《中华人民共和国民事诉讼法》第六十七条第一款规定，判决如下：

胡某某于本判决生效之日起十日内拆除其安装在涉案公共平台上南北两面

的防盗铁网，清除堆放在前述平台上的杂物，恢复原状。

胡某某不服一审判决，提起上诉。

广西壮族自治区柳州市中级人民法院经审理认为：胡某某主张案涉平台归其所有，应当提供相应证据予以证明。其主张购买房屋时案涉小区开发商承诺案涉平台属其所有，但是未能提供充分证据证实该承诺的存在。同时，一审中案涉小区开发商以及物业服务中心均表示案涉平台属于公共采光平台。从胡某某与案涉小区开发商签订的《商品房买卖合同》约定的内容来看，该房屋所附的平面图显示，案涉平台并不属于胡某某的专有部分。根据《中华人民共和国民法典》第二百七十一条的规定，业主对建筑物内的住宅、经营性用房等专有部分享有所有权，对专有部分以外的共有部分享有共有和共同管理的权利。既然案涉平台不属于胡某某的专有部分，那么该平台作为公共平台，其对该平台的使用应当合理并且不应影响他人的合理使用。胡某某封闭案涉平台、堆放杂物的行为，一定程度上影响了案涉楼层的通风与采光，且存在一定的不安全因素，故对于韦某某的主张，应予支持。

广西壮族自治区柳州市中级人民法院依照《中华人民共和国民事诉讼法》第一百七十七条第一款第一项规定，判决如下：

驳回上诉，维持原判。

【法官后语】

本案是排除妨害案件，请求排除妨害的前提是请求权人对于案涉标的享有合法的权益。本案中，对于涉案平台属性的认定需要综合规划设计、买卖合同约定等进行综合判断。现实中，受市场经济影响，有些开发商在规划设计建筑物时为了弥补小区车位不足、露天暴晒等问题，或者出于楼房外观等规划设计需要，多会设计、建设一个由结构板等建筑构件形成的空间结构，将业主专有房屋阳台外空间延伸，甚至将相邻不动产的阳台、空调外机箱位相连，以此达到增加车位停车舒适度、吸引潜在购房者、增加楼房观感、便于外装作业等目的。业主之间就该阳台外相连平台的使用权常常发生争议。例如，商品房开发商未规划设计地下停车场，将一楼设计为不露天停车位，二楼以上设计为普通商品房，就常将二楼房屋空调外机位之外扩建一块简易遮阳台，作一楼停车遮阳之用，以此来吸引购房者。与该平台相邻的房屋购买者会因为对此平台的功能、归属认识不清，在使用该平台时产生矛盾纠纷。本案中，双方当事人就属于类似情况，主要争议点在于阳台外相连平台的属性、使用权归属如何认定。

首先，应依据规划图等确定阳台外相连平台的原初属性。商品房规划图、预售商品房分层平面图等是应当向房地产管理部门报备的最能反映楼房结构、各部位结构、性质等的原始材料。当争议双方（业主等）对楼房某部位的性质产生争议时，应当优先调取上述有关材料进行核实。本案中，法院针对性询问了案涉开发商与物业公司，审查了案涉平台所属地块的规划平面图，证实与阳台外相连的平台系公共采光平台，阳台之外的平台是否与房屋相连并不影响该平台属于公共平台的性质。

其次，应根据设计图纸、结构等确定阳台外相连平台的功能属性。如前所述，阳台外相连平台系公共平台的属性决定了其在购房合同中无从体现，但在楼房设计图纸等资料上必然有所体现。从设计图纸来看，阳台外相连平台多为结构板，不具有承重功能；从结构上来看，阳台外相连平台是处于楼房外围与一户或者相邻两户相连的非属于房屋建筑面积的部分，在设计和建设上与相邻阳台之间没有设置通道、没有护栏或者墙体保障安全。本案阳台外相连平台即如此。从上可知，阳台外相连平台在功能上多是规划、设计、建设的需要，具有公共通风、采光的功能等，违规使用该平台，在该平台上活动，不仅不符合规划设计的要求和用途，还存在一定的不安全因素。

最后，应当结合商品房平面图、楼房实际状况等确定阳台外相连平台的现实属性。阳台外相连平台的存在是客观事实，“一刀切”地杜绝使用有悖社会生活常理。如何确定它的现实（使用）属性更利于生活生产，值得考量。《中华人民共和国民法典》第二百八十八条规定：“不动产的相邻权利人应当按照有利生产、方便生活、团结互助、公平合理的原则，正确处理相邻关系。”相邻房产的所有权人应当按照上述原则，正确处理通风、采光、安全等相邻关系。商品房买卖合同中所附图纸，是基于规划设计总体平面图的附图，经过在当地“多测合一”信息管理平台备案，由具有合法资质的测绘公司规划设计，且不动产登记中心作为不动产证书制作的图纸，符合当事人的合理预期，图纸内容与实际产权内容具有一致性。根据双方当事人提供的各自与案涉开发商签订的《商品房买卖合同》所附的房屋平面图查明，其中均未显示案涉平台，据此可以说明案涉开发商与双方当事人买卖房屋的部分均不包含与阳台外相连的平台，该平台不属于双方当事人中任何一方单独所有，平台与阳台相连不是平台属于相连方独有的理由，任何一方都不得违背规划设计的要求和用途私自使用该平台，更不能将此平台纳为己用。案涉平台不是案涉双方当事人任何一方的专有部分，确实基于生产生活的需要使用该平台，应当充分尊重平台的公共属性，不得舍弃公共平台的通风、采光功能，而应在安全的限度内，合理并且不影响他人的情况下使用。

编写人：广西壮族自治区柳城县人民法院　唐丽霞

15

承租人可依据土地流转合同请求无权占有人排除妨害

——袁某某、蔡某某诉何某某排除妨害案

【案件基本信息】

1. 裁判书字号

江苏省南通市中级人民法院（2023）苏06民终694号民事判决书

2. 案由：排除妨害纠纷

3. 当事人

原告（被上诉人）：袁某某、蔡某某

被告（上诉人）：何某某

第三人：某社区居委会（以下简称某社区）

【基本案情】

袁某某、蔡某某是某社区居民。2021年初，第三人某社区作为甲方，何某某作为乙方签订土地租赁（流转）合同一份，约定某社区将包括涉案土地在内的78.72亩土地出租给何某某使用，租赁期限为一年，自2021年1月1日至2021年12月30日。因项目建设需要，某社区对租赁土地进行调整，上述租赁合同项下土地被用于社区居民计划内面积调整安排，2021年11月16日，某社区书面通知何某某双方合同到期后不再续租，要求何某某于合同期满主动让地，按照合同约定对地面设施自行拆除清理后交付某社区。何某某在该通知上签收。2022年1月初，某社区与袁某某签订土地租赁（流转）合同，将案涉土地出租给袁某某、蔡某某户。袁某某、蔡某某户按约定已支付相应租金、尾水收集处理费等费用。4月2日，蔡某某与李某某签订租赁协议，将案涉土地租赁给李某某，租赁经营期为半年，自2022年1月1日起至2022年6月30日止。租赁期满后，李某某不再继续养殖。因何某某仍占用该土地，袁某某、蔡某某提起本案之诉，请求判令何某某立即停止位于涉案土地的经营活动，将上述区域范围内的所有物品清理搬出，向袁某某、蔡某某交付所占涉案土地。

【案件焦点】

原土地承租人占用涉案土地的情况下，现土地承租人能否依据土地流转合同请求原土地承租人排除妨害。

【法院裁判要旨】

江苏省如东县人民法院经审理认为：本案系租赁合同引发的排除妨害纠纷，妨害物权或者可能妨害物权的，权利人可以依法向人民法院提起民事诉讼，请求排除妨害或者消除危险。本案中，某社区系案涉土地的管理人，依法有权对案涉土地行使经营管理的权利，其与何某某以及袁某某、蔡某某签订的租赁合同均合法有效。袁某某、蔡某某是某社区居民，何某某不是某社区居民，两者并非同等条件，何某某不享有优先于某社区居民的优先承租权。某社区与何某某签订的土地租赁（流转）合同于2021年12月30日到期，某社区在期满前明确书面告知何某某到期不再续租，并将不再续租的理由进行了告知。合同期满后，何某某不再具有案涉土地的租赁使用权。在该合同期满后，某社区又另行与社区居民袁某某、蔡某某签订土地租赁（流转）合同，将案涉土地租赁给袁某某户，袁某某、蔡某某依法取得案涉土地的租赁使用权。何某某在土地合同期满后，继续占有和使用案涉土地，侵犯了袁某某、蔡某某所享有的土地租赁使用权，何某某应清理搬出地上物品，将土地予以返还。

江苏省如东县人民法院依照《中华人民共和国民法典》第一百一十四条、第一百二十条、第一百七十九条、第二百三十六条，《中华人民共和国民事诉讼法》第六十七条、第一百四十五条规定，判决如下：

何某某立即停止第三人某社区居委会已经租赁给袁某某、蔡某某的涉案土地上的养殖经营活动；于本判决生效后十日内将上述区域范围内的物品清理搬出，将所占土地返还交付给袁某某、蔡某某。

何某某不服一审判决，提起上诉。

江苏省南通市中级人民法院经审理认为：本案属因土地租赁合同到期后引发的排除妨害纠纷，不属于土地使用权确权纠纷，一审对于何某某提供的要求县人民政府对案涉土地使用权进行确权的相关申请资料等证据未予叙述，不属于遗漏重要证据、程序违法情形。关于袁某某、蔡某某请求排除妨害的权利基础问题。何某某基于与某社区签订的土地租赁（流转）合同取得案涉土地使用权，但使用期限至2021年12月30日，在该期限届至之前，某社区已书面告知何某某，合同到期后不再续租，故何某某2021年12月30日后对案涉土地不再拥有合法使用权。2021年12月30日后合法取得案涉土地使用权的袁某某、蔡某某，享有对不再拥有合法土地使用权的何某某行使排除妨害的权利。关于一审适用法律是否错误问题。本案系因何某某与某社区之间的土地租赁合同到期后引起的排除妨害纠纷，故一审法院作为民事案件审理，未适用土地管理法关于土地使用权确权的规定并无不当。因本案不属于土地使用权确权争议，无须由人民政府先行处理，对何某某要求本案中止审理的申请不予准许。

江苏省南通市中级人民法院依照《中华人民共和国民事诉讼法》第一百七十七条第一款第一项规定，判决如下：

驳回上诉，维持原判。

【法官后语】

在处理土地纠纷时往往会涉及政府主管与法院主管的争议、合同效力和物权变动效力争议以及由此引发的违约和侵权责任纠纷。在本案的处理中，关于后一轮承租人是否有权提起物权请求权之诉以及其诉请能否得到支持，存在三种不同的观点。

第一种观点认为，本案系土地使用权争议，当事人没有达成协商意见的应当由人民政府处理，本案应驳回起诉。

第二种观点认为，土地使用权系物权，需经出租人交付承租人才能取得土地使用权。因后一轮承租人未取得土地使用权，故不享有物权请求权性质的排除妨害请求权。由于债权的相对性，后一轮承租人只能依据土地流转合同起诉出租人承担未履行土地交付的违约责任，而不能起诉土地占有人排除妨害，人民法院对其排除妨害请求依法应予驳回。

第三种观点认为，后一轮承租人基于土地流转合同取得了土地经营权，依法有权排除妨害，对于其主张无权占有人的排除妨害的请求，人民法院依法应予支持。

笔者认为，第三种观点较为妥当。理由如下：

首先，本案原告确实以其享有的土地使用权为权利基础，提起的排除妨害之诉，但是本案不属于土地管理法规定的土地使用权争议。《中华人民共和国土地管理法》第十四条第一款规定的土地使用权争议，是指对土地使用的权属产生的争议，在土地争议尚未解决，且尚未确权的土地的使用权引发的纠纷。根据《中华人民共和国民法典》的相关规定，土地使用权人作为用益物权的权利人，其对物的使用产生的纠纷属于民法调整的对象。本案中，某绿色产业发展有限公司将其享有的土地使用权依法托管给某社区行使，由某社区对涉案土地进行管理和经营，涉案土地的使用权属是明确的，并无争议。某社区依法将土地对外租赁的行为是代为行使土地使用权，属民法调整的范围，因此引发的纠纷，人民法院应当作为民事案件予以受理。

其次，案涉袁某某等与第三人某社区之间签订的土地流转合同合法有效。案涉土地的性质为国有农用地，其流转使用的用途等并未违反法律的禁止性规定，因此某社区与何某某以及袁某某、蔡某某签订的租赁合同均合法有效。

最后，土地流转合同生效，承租人根据合同取得物权权利。原告作为合同的承租方，取得案涉土地的经营权，与涉案土地是否实际交付无关，其作为土地经营权人，对于无权占有人有权请求排除妨害。我国实行合同和物权的区分原则，合同生效不等于物权取得。对于土地经营权来说，并不适用物权变动规则。《中华人民共和国民法典》第三百四十一条规定，“流转期限为五年以上的土地经营权，自流转合同生效时设立。当事人可以向登记机构申请土地经营权登记；未经登记，不得对抗善意第三人”，意思是土地经营权自流转合同生效时设立，也就是说适用债权生效规则，不以交付或登记为生效要件，未经登记只是不具备对抗效力。本案中，上一轮土地流转的期限为一年，在何某某承租期限已经到期的情况下，出租人与袁某某、蔡某某签订的租赁合同合法有效，在合同生效时袁某某、蔡某某即取得土地经营权，而何某某已经知道其对涉案土地的经营权已经终止。因此，袁某某、蔡某某作为案涉土地的经营权人，有权请求何某某排除妨害并交付被其无权占有的土地。

编写人：江苏省如东县人民法院　刘宇　倪静静

（四）恢复原状纠纷

16

毁损坟墓案件的权利主体认定及毁损事实的证据审查

——邓某甲等诉某公司恢复原状案

【案件基本信息】

1. 裁判书字号

湖北省武汉市中级人民法院（2022）鄂01民终16891号民事判决书

2. 案由：恢复原状纠纷

3. 当事人

原告（上诉人）：邓某甲、邓某乙、邓某丙

被告（被上诉人）：某公司

【基本案情】

邓某甲、邓某乙和已故邓某丁系同胞兄弟，邓某丙是邓某丁之子，均系武汉市江夏区某村村民。邓某甲、邓某乙和邓某丁的父母、祖父母及祖先葬于武汉市江夏区某村一山中，其父亲、伯父的坟墓目前有碑石，邓某甲等人称该山为其祖坟山。该祖坟山属于集体所有的土地，某公司经流转对该土地享有经营权。

2020年5月1日，某公司的股东罗某某雇人用挖机清理涉案坟山东侧地表，约清理2亩土地，其间推倒了一些树木，后被邓某乙之妻梅某某发现并报警。次日，森林公安民警出警处理毁林一事并在某公司办公场所协调梅某某反映的毁坟一事。经梅某某与罗某某口头协商，罗某某同意恢复几个坟头、按照梅某某划的界线挖一条沟，并承诺不动界线范围内的祖坟山和树。罗某某也按照要求“堆”了几个坟头、挖了一条沟作为界线且停止清表，清表土地面积中约1亩在上述界线内。梅某某事后又提出再“还原”七个坟的要求，双方未达成一致意见。

【案件焦点】

1. 如何认定清表土地范围内有无邓某甲等人的祖坟；2. 有无毁损祖坟的事实。

【法院裁判要旨】

湖北省武汉市江夏区人民法院认为：

1. 从邓某甲等人提交的族谱分析，邓某甲等人依据族谱推测清表范围内有50座坟，多数只记载大概方位，有的连大概方位也没有，形成时间距今至少一百年，邓某甲等人也认可这50座坟没有碑，故邓某甲等人提交的族谱不足以证实这50座坟包含在某公司清表范围内，即使清表范围内曾有坟头，但经过至少一百年历史洗刷和自然变化，难以证实清表时坟头还存在且足以辨识。

2. 从邓某甲等人历次陈述分析，邓某甲等人与罗某某沟通中陈述有七个坟头要还原，诉讼中先陈述有十几个坟头要还原，后又陈述有二十多个坟头要还原，最后又依据族谱推测有五十座坟头要还原，可以证实邓某甲等人对清表范围内有没有坟、有多少坟并不是很清楚。

3. 从关系亲疏层面分析，邓某甲等人自述每年清明节上坟的坟头不在清表范围内，也认可其父母、祖父母的坟头不在清表范围内，可以证实邓某甲等人主张的50座坟与邓某甲等人既不是近亲属关系，也不存在以祭拜寄托哀思的感情关系。

4. 从四名证人证言来分析，证人的证言仅能证实邓某甲等人的祖坟在坟山，但坟山历史中有无被平整耕种及哪些部分被平整耕种说法不一，且四名证人均不能证实清表范围内有无邓某甲等人的祖坟。

5. 从邓某甲等人提交的录音资料、法院依法调取的森林公安询问笔录并结合罗某某证言来分析，罗某某雇人用挖机清理坟山东侧的一些杂树和灌木，并无毁坟之意，且挖机司机接受询问时也并未提及清表过程中发现有祖坟。

6. 从邓某甲等人提交的2020年5月2日森林公安协调过程录音及2020年7月31日与罗某某通话录音来分析，只能证实事后罗某某与邓某乙家属梅某某沟通的过程，森林公安协调处理毁树一事中，梅某某认为树没了坟就没有保护、没有地标、没有边界，与祖坟被挖是两个概念，罗某某在沟通中明确提出没有“刨坟”。故邓某甲等人提交的两份录音资料不能证实罗某某雇人用挖机清表过程中毁损邓某甲等人的祖坟或者罗某某曾认可雇人用挖机清表过程中毁损祖坟的事实。

综上，邓某甲等人提交的证据不足以证实某公司清表过程中毁损祖坟的事实，故其主张某公司赔礼道歉、恢复原状或支付恢复所需费用、赔偿精神损害抚慰金的诉讼请求无事实依据，不予支持。某公司已按照邓某甲等人要求挖了一条沟作为界线，事后至今亦未再到划定的界线范围内清表，故邓某甲等人主张某公司停止侵害亦无事实依据，法院不予支持。

湖北省市江夏区人民法院依照《中华人民共和国民事诉讼法》第六十七条第一款、《最高人民法院关于适用〈中华人民共和国民事诉讼法〉的解释》第九十条规定，判决如下：

驳回邓某甲等人的全部诉讼请求。

邓某甲等人不服一审判决，提出上诉。

湖北省武汉市中级人民法院经审理认为：邓某甲等人所称为其祖坟山的土地，系某公司经流转享有经营权的地块，某公司对该地块进行清表，系行使其享有的土地经营权利。邓某甲等人认为某公司在使用挖机清表时毁损了其祖坟造成侵害，但某公司股东罗某某在清表次日与梅某某的沟通过程中，仅是为解决纠纷对梅某某的要求作相应表态，并未认可在清表过程中实际毁损了邓某甲等人家的祖坟，并且表示不知道挖的位置是梅某某所称的祖坟，同时强调就算挖了坟也不是故意实施。对于某公司清表范围内的祖坟情况，邓某甲等人一审中自述逢年过节上坟的坟头以及近三代的坟头均不在某公司清表土地范围内，其多次不同陈述表明其自己也不清楚某公司清表范围内有其多少座祖坟以及具体位置，只是依据族谱推测有50座祖坟在清表范围内被毁。而从邓某甲等人家的族谱载明内容来看，其称被毁的祖坟基本“葬于下边山东向”，且据邓某甲等人自述，族谱中载明“有碑”的坟墓也在20世纪60年代因历史原因全部被毁。综合以上情况分析，邓某甲等人所称某公司故意毁损其祖坟并对其造成严重精神损害的事实证据不足，难以认定。另外，某公司清表次日，双方已经达成一致意见，罗某某也按照要求“堆”了几个坟头并挖了一条沟作为界线且停止清表至今，只是因梅某某事后又提出再“还原”七个坟的要求，双方无法协商一致导致产生纠纷。因此，一审法院对邓某甲等人关于要求某公司赔礼道歉、停止侵害、恢复原状或支付恢复原状费用，并赔偿精神损害抚慰金的诉讼请求不予支持，并无不当。

湖北省武汉市中级人民法院依照《中华人民共和国民事诉讼法》第一百七十七条第一款第一项规定，判决如下：

驳回上诉，维持原判。

【法官后语】

殡葬改革以来，国家推行火葬，改革土葬，积极建设公墓及农村公益性墓地，但农村地区还存在大量构筑于承包地上的私人坟墓。随着人口增长、经济发展，土地资源越发紧张，“活人与死人争地”的现象日益增多。本案即死者后代与坟墓所在地块土地承包经营权人间发生冲突的典型案例，除具备此类纠纷的共性外，还具有主张权利的死者后代并非死者近亲属、诉争地块集中安葬同族先人坟墓而非零散坟墓的特征。案涉坟墓修建的年代久远，历史状况难以查明，当事人对清表土地范围内有无原告祖坟及清表中有无毁损原告祖坟的事实各执一词。如何对毁损坟墓的行为定性并确定请求权人的范围，如何审查证据，认定诉争事实，是本案关注的重点问题。

一、毁损坟墓的性质及权利主体

本案的焦点在于认定诉争案件事实，但查明案件事实的前提是确认诉争法律关系的性质及具有诉权的主体范围。

邓某甲等人虽称案涉地块为其祖坟山，但祖坟山所有权归集体所有，某公司对该地块进行清表，系行使其享有的土地承包经营权，邓某甲等人仅能对坟墓主张权利。坟墓一般包括墓穴中的死者棺椁、遗骨、遗体、随葬纪念物品及地面上隆起的坟头、墓碑等构筑物。修建坟墓需倾注人力、物力，且坟墓是死者后代祭拜祖先以表哀思的特殊场地。对坟墓的毁损至少造成两方面的损害，一是对物的损毁造成财产损失，二是损害死者后代的人格尊严，造成精神痛苦。对未损害死者遗体、遗骨，仅毁损坟墓的救济，法律并未明确规定，一般是认定为侵害死者后代的人格利益，并结合公序良俗原则及《中华人民共和国民法典》第一千一百六十五条过错责任原则条款进行保护。

毁损坟墓是侵害祭奠权的典型行为类型，对坟墓行使权利，目的限于祭奠与追思，同时权利主体应当善意管理坟墓，对坟墓进行必要的维护，保持坟墓外观的完整、边界清晰可辨认。

一般认为，近亲属以及其他与死者形成事实扶养关系的人享有祭奠权，但其他与死者具有亲属关系的主体是否享有祭奠权还未有定论。费孝通先生的"差序格局"概念及五服治丧传统表明，即使是在古代宗族社会也并非每个与死者存在亲属关系的主体均有祭奠权。如果具有亲属关系即可主张权利，无疑会导致诉讼的泛滥，不恰当地妨害人们的行为自由。故祭奠权的主体应从其内涵出发，除限于与死者具有特殊身份关系的人，还应考察其与死者的亲疏关系。若主张权利的主体并非死者近亲属，则负有举证证明其享有祭奠权的责任，如在死者生前曾与之长期共同生活、互相扶助，死后定期祭拜并管理坟墓等，由法院根据证据综合认定，防止权利主体的不当扩张。

本案中，邓某甲等人对其为适格原告负举证责任。原告方均为完全民事行为能力人，主张祭奠权受侵害，理应清楚在清表范围内有多少祖坟以及具体位置这一基本事实。但其在诉讼中对清表范围内有多少祖坟存在前后相去甚远、相互矛盾的四个陈述，最终根据族谱主张清表范围内有50座坟。邓某甲等人自述与被毁坟墓死者亦无近亲属关系，且每年清明节上坟的坟头不在清表范围内。

故邓某甲等人并非对上述坟墓享有祭奠权的权利主体。

二、证据审查及存疑事实认定

本案诉争事实是某公司清表土地时是否毁损邓某甲等人的祖坟。诉争事实与邓某甲等人是否有权对其称被毁的坟墓主张权利密切相关，故本案在查明事实过程中对两者一并认定。

邓某甲等人提交的所有录音中，某公司均未认可在清表过程中实际毁损了邓某甲等人的祖坟。在森林公安询问笔录中，被雇清表土地的司机也未提及清表过程中发现有祖坟。对事实存否双方均未提出直接证据，清表土地时的状况已不可能还原，案涉坟墓修建年代久远，要查明邓某甲等人请求的原因事实存在与否，需穷尽证据的提供及收集程序，对本案的证据如当事人陈述、族谱、录音、询问笔录、证人证言等进行综合认定。

与本案诉争事实相关的证据中，族谱为私文书证、当事人陈述及证人证言等为言词证据，均具有较强的主观性，只有证据之间相互印证，能形成完整的证据链条时方可认定案件事实。族谱为原告方提供，由家族内部制作，实践中亦有伪造族谱内容的现象，证明力相对较小。由于某公司对族谱的真实性未提出异议，本案直接对其记载的内容进行审查。从内容来看，族谱仅记载祖坟的大概方位，邓某甲等人称被毁的祖坟“葬于下边山东向”，且“生殁未详”或形成距今至少百年，无法证明在清表范围内有邓某甲等人的祖坟。

言词证据主观上受情感、利益影响，客观上受认知能力、记忆能力的限制，存在不稳定性，与实际情况存在误差的可能性较大。对言词证据的审查，必须从内容上严格把关，一看其是自己感知的亲身经历，还是听人陈述、暗示的传闻；二看是否合乎情理、合乎逻辑、前后是否具有一致性；三看是否存在佐证。本案中，原告方陈述前后矛盾，其余证人的陈述仅能证明案涉坟山有邓某甲等人祖先坟墓，但是对清表范围内是否有邓某甲等人的祖坟，各证人的陈述均为推测、推断性语言，且对案涉坟山在历史中是否曾平整耕种说法不一。

本案在分析毁损坟墓承担侵权责任的要件事实的基础上对证据综合审查。

在对证据的审查已经穷尽，不同证据结合经验法则及逻辑推理均得出相互验证的结果即不能证实清表土地范围内有邓某甲等人的祖坟，存疑法律事实无法认定，此时，方可适用举证责任规则进行裁判。

编写人：湖北省武汉市江夏区人民法院 陈悦

17

单元楼排污主管道堵塞反水时相邻权限度范围的认定

——蔄某某诉王某某恢复原状案

【案件基本信息】

1. 裁判书字号

山东省威海市中级人民法院（2022）鲁10民终3187号民事判决书

2. 案由：恢复原状纠纷

3. 当事人

原告（上诉人）：蔄某某

被告（被上诉人）：王某某

【基本案情】

蔄某某与王某某为楼上楼下邻居，蔄某某住二楼，王某某住一楼。2017年，王某某家因排污管道堵塞泡水被淹，其弃用家中厨房下水道排污管，阻断了自家排污管道与本单元公共排污管道的连接，自行安装独立排污管道将家中污水直接通入小区污水井。2022年，蔄某某家发生排水管道堵塞导致家中物品泡水被淹。蔄某某以王某某私自改变厨房下水管道造成其家中反水并造成财产损失为由诉至法院，主张由王某某恢复原状、赔偿损失。

【案件焦点】

1. 单元楼排污主管道堵塞反水时，相邻权限度范围应如何认定；2. 二楼以上业主较一楼业主就反水浸泡问题是否享有层高利益。

【法院裁判要旨】

山东省威海市文登区人民法院经审理认为：2022 年蔺某某家中物品被淹系因厨房下水排污管堵塞反水造成。管道设计不合理、疏通维护不及时或业主随意往污水管丢弃杂物等不恰当使用均可能导致排污管堵塞。因王某某于 2017 年即弃用其原有与公共管道连接的排水管道，改为独立排水，不再使用案涉楼房公共排污管道，蔺某某无证据证实系王某某的过错造成蔺某某家中物品被淹产生损失，故蔺某某要求王某某赔偿损失，不予支持。王某某封堵自家排污管与公共排污管的连接并设立独立排水的行为，并不侵害蔺某某的合法权益。且即使王某某家排污管道恢复原状，也不能完全避免蔺某某家中污水管反水问题。对蔺某某要求王某某将家中改变的厨房下水管道恢复原貌的主张，不予支持。但本案纠纷产生的根源是该单元楼公共排污管道设计是否合理以及管道的日常使用、维护是否恰当的问题。王某某私自更改自己家中排污管道的行为没有从根本上解决居住房屋公共污水管道堵塞的问题，亦不可取。

山东省威海市文登区人民法院依照《中华人民共和国民法典》第二百八十八条、第二百三十六条、第一千一百六十五条，《中华人民共和国民事诉讼法》第六十七条规定，判决如下：

驳回蔺某某的诉讼请求。

蔺某某不服一审判决，提出上诉。

山东省威海市中级人民法院经审理认为：楼下业主按照相邻互助原则允许楼上业主排水管与自家连通且从自家经过而为楼上业主提供的排水便利，是楼下业主对自身物权的合理限制，该合理限制以排水管正常使用为前提，而非在排水管堵塞时楼下业主亦首当其冲忍受反水损害之当然。鉴于王某某系自行弃用公共排水管道，未妨碍公共排水管道从自家楼层通过，亦未阻止楼上业主使用公共排水管道，蔺某某以层高利益、公序良俗、紧急避险等为由要求王某某恢复使用公共排水管道、赔偿损失，理据不当，难以支持。但王某某安装独立排水管是否涉及破坏建筑物外墙面、损害建筑物外观，是否涉及违章改建及侵占、挖掘共有部分，应由适格主体依法行使管理权或向主管部门反映解决，而非本案中蔄某某以个人名义提起反水损害侵权之诉的正当事由。

山东省威海市中级人民法院依照《中华人民共和国民事诉讼法》第一百七十七条第一款第一项规定，判决如下：

驳回上诉，维持原判。

【法官后语】

本案涉及的主要问题是单元楼排污主管道堵塞反水时，相邻权限度范围的认定。近年来，一些老旧小区低楼层业主常遭受公共下水道反水损害，部分业主为避免反复受损，主动弃用公共排污管道，阻断自家排污管道与公共排污管道的连接，安装独立排污管。在此情况下，公共排污管道再次堵塞时即从相邻楼上业主家中反水，楼上业主受损后认为私自阻断自家排污管道连接，使反水溢出口最低点高移的行为侵害了其本应享有的层高利益，并要求楼下业主恢复使用公共排污管道。审判实践中，如何认定上下楼业主之间权利义务关系，包括相邻方容忍义务的限度等问题，需要适用相邻关系的有关规定予以处理。

依据《中华人民共和国民法典》关于处理相邻关系的基本原则及相邻用水、排水、流水关系的处理等规定，不动产相邻权利人按照有利生产、方便生活、团结互助、公平合理的原则，正确处理相邻关系；用水、排水应提供必要便利，对自然流水的利用合理分配，对自然流水的排放尊重自然流向。但上述规定较为原则，如何在具体个案中判定是否公平、方便，如何合理分配权利义务是一个难点。就本案涉及的相邻纠纷，具体需要处理两方面问题：一是判断是否存在妨害行为；二是准确界定相邻容忍限度。

一、厘清因果关系，认定是否存在妨害行为

明确损害后果与相邻权利人行为是否存在因果关系，应在明确损害后果的前提下，从后果反推原因，因通常涉及专业领域的问题或存在多因一果的可能，常需借助现场勘查、司法鉴定等方式确定导致损害后果的原因，进而判断相邻权利人是否存在妨害行为。以本案为例，二楼业主家中因反水受损系公共排污管道堵塞导致，而公共排污管道堵塞可能与老旧小区公共排污管道设计是否合理、管道日常使用维护是否恰当等原因有关。一楼业主于多年前即封堵自家管道与公共排污管道之间的连接，未再使用公共排污管道，并不存在使公共排污管道堵塞之妨害行为。

二、明晰权利义务边界，界定相邻容忍限度

所有权人对自己的不动产，依法享有占有、使用、收益和处分的权利。业主对建筑物内的住宅等专有部分享有所有权，对专有部分以外的共有部分享有共有和共同管理的权利。相互毗邻的不动产权人在行使所有权或使用权时，应给予便利或接受限制。结合本案，楼下业主按照相邻互助原则允许楼上业主排水管道与自家管道连通且从自家经过，既是自家排水所需，亦是为楼上业主提供的排水便利，是楼下业主对自身物权的合理限制。但该限制应以排水管道正常使用为前提，否则，在排水管道堵塞反水时，楼下业主就会因污水从最低点连接口溢出而受损，该受损后果绝非楼下业主因楼层低、提供排水便利而必须承受之范围。本案中，一楼业主因受堵塞反水之苦而弃用公用排污管道，阻挡自家管道与主管道之连接，该行为未妨碍公共排水管道从自家楼层通过，亦未阻止楼上业主使用公共排水管道。二楼业主以购房时考虑一楼存在反水浸泡风险才购买单价更高的二楼房屋，二楼较一楼就反水浸泡问题上享有层高利益为由，要求一楼业主连通并使用公共排污管道，明显超出不动产权利人限制相邻方物权行使的限度范围，在一楼排水管堵塞反水时，不应当再由一楼业主容忍此种程度之损害为楼上业主提供排水便利。

三、私自改道排水，应予客观评价

一楼业主私自改道排水虽然不侵犯楼上业主利益，楼上业主也无权以一楼业主应当承受排水管堵塞反水之风险为由请求一楼业主恢复原状，但是低楼层业主安装独立排水管可能涉及破坏建筑物外墙面、损害建筑物外观，或存在违章改建及侵占、挖掘共有部分等情况，面临适格主体依法行使管理权或主管部门作出相应处理等问题，且未从根本上解决居住房屋公共污水管道堵塞状况。

邻里间仍应采取恰当维修或维护方式，相互配合，共同解决排污管道堵塞问题，营造良好的居住环境。

编写人：山东省威海市中级人民法院　郭林涛　肖芸芸

18

危房受到侵害是否适用恢复原状请求权

——徐某子等诉徐某卯、徐某辰恢复原状案

【案件基本信息】

1. 裁判书字号

福建省厦门市同安区人民法院（2022）闽0212民初1223号民事判决书

2. 案由：恢复原状纠纷

3. 当事人

原告：洪某某、徐某子、徐某丑、徐某B、徐某C、徐某K、黄某某、徐某E、徐某F、徐某G

被告：徐某卯、徐某辰

第三人：厦门市国土资源与房产管理局某分局、徐某H、徐某丁

【基本案情】

徐甲是徐某和庄某夫妇的长子，徐甲与其配偶林某某生育五名子女，分别是长子徐某A（已故），长女徐某B，次女徐某C，三女徐某D（已故），四女徐某E。徐某A与其配偶洪某某生育两子，分别是徐某子和徐某丑。徐某和庄某还生育次子徐某乙（已故），长女徐某丙（已故），三子第三人徐某丁。徐某乙与其配偶黄某某生育四名子女，分别是长子徐某K，长女徐某F，次女徐某G，次子第三人徐某H。徐甲于1977年病故，其母庄某于1984年病故。十名原

告、第三人徐某H、徐某丁是徐甲的继承人或转继承人。

1952年，原福建省某县颁发《土地房产所有证》，载明徐甲系位于某埔的三间半平房（以下简称案涉房屋）的所有人，房屋占地面积0.12亩，备注“内大厅半间”。徐甲与案外人徐某庚（已故）系同祖父，二人共同继承了祖上留下的一所房屋并进行分割，双方以房屋大厅东西走向的中轴线为界，北侧归属徐甲，南侧归属徐某庚。徐某庚的儿子是徐某寅。在徐某卯幼年时，徐某A一家将案涉房屋出借给徐某卯的母亲陈某某作为其一家的住宅，此后，徐某卯成为案涉房屋的实际占有使用人。

1998年12月，徐某卯提交《城镇个人建房申请表》，以其家庭户4口人为申请人，申请在同安区某镇某埔3×号拆除旧厝，翻建为三层砖混结构楼房，建筑面积212平方米，四至范围：东至埕线，西至徐某A，南至徐I，北至路。该申请表所附建设位置图显示：徐某卯申请翻建的建设用地呈L型，西北角缺角处为徐某J的房屋，东至埕，南至附属，西至护厝和旧厝（北为护厝，南为旧厝），北至杂地。

2006年，同安区某镇甲村进行旧村改造，其中包括对案涉房屋及徐某卯房屋南侧的村路进行拓宽建设。2022年4月13日，某社区居民委员会出具的《证明》证实，2006年11月，因甲村某埔旧村改造中，村庄建路需要拆除部分房屋，其中某埔里10B西侧一座房屋【大厝】南侧部分系徐某寅所有，在旧村改造中已拆除，拆除部分还包括该大厝中所有厅的部分，为此，该大厝只剩下三间危房。

2013年，徐某辰提交《厦门市同安区城市规划区个人建房申请表》，以其家庭户2口人为申请人，以家庭无住宅为由，在同安区某镇某埔申请新住宅用地90平方米，新建三层砖混结构楼房，建筑面积270平方米，东至徐某卯厝，南至村路，西至空地，北至徐某巳厝。徐某卯房屋的门牌号码后来编为某镇某埔里10B号，案涉房屋门牌号码为某镇某埔里10A号。

2017年12月22日，厦门市国土资源与房产管理局某分局向徐某卯作出《解危治理通知书》，内容为：徐某卯：你户位于我区某镇某埔里10B号（西侧）的房屋经鉴定为危房，危险等级D级。根据《厦门市房屋安全管理规定》第十条、第十一条、第十八条和第二十二条等有关规定，您是该房屋安全的责任人，为确保住用安全和周边公共安全，请你立即按有关规定于2018年12月31日前采取相应的安全措施对危房进行治理，排除危险，并在危险排除前采取有效的安全防护措施，保证房屋的安全性。若因你不履责或履责不到位导致发生房屋安全事故的，须承担由此引起的一切民事和法律责任。

2021年11月26日，徐某卯雇用他人使用机械设备对案涉房屋实施拆除。拆除过程中，徐某卯拍摄了照片，记录了案涉房屋外观状态和拆除过程。照片显示，案涉房屋疑似砖木结构，瓦片屋顶，年代久远，残损较为严重，屋顶已长杂草。2021年12月8日，徐某子发现案涉房屋被徐某卯拆除，遂报警。

【案件焦点】

案涉10A号房屋被违法拆除后，是否可以适用恢复原状请求权规则。

【法院裁判要旨】

福建省厦门市同安区人民法院审理认为：本案为毁坏他人房屋引发的恢复原状纠纷。

1. 关于案涉房屋的权利归属及徐某卯是否有权拆除案涉房屋。原告主张，案涉房屋是徐甲所有，徐甲已经去世，十名原告对案涉房屋享有继承权，徐某卯拆除案涉房屋侵犯了原告的财产权利。徐某卯辩称，其自幼在案涉房屋居住生活，其家庭对案涉房屋享有权利，其拆除案涉房屋是为了翻建新房。经查，原福建省某县于1952年向徐甲颁发了《土地房产所有证》，载明徐甲系案涉房屋的所有人；某社区居民委员会于2022年4月13日出具的《证明》证实，2006年11月甲村某埔旧村改造中拆除一座大厝的南侧部分系徐某寅所有，以上两份证据可以相互印证，案涉房屋原为徐甲所有。徐某卯未能举证证明其对案涉房屋享有权利，应当承担举证不能的不利法律后果。因徐甲已经去世，案涉房屋系徐甲的遗产，本案十名原告作为徐甲遗产的继承人和转继承人，有权就案涉房屋被徐某卯拆除一事向徐某卯主张权利。徐某卯未经权利人许可，擅自将案涉房屋拆除，侵犯了原告的财产权利，其行为违法。

2. 关于徐某辰是否拆除了案涉房屋的一部分并占用相应的土地建设某埔10A号房屋。原告主张，案涉房屋有三间房和半间大厅，原为徐甲所有，其中，“大房”的北面有一间隔着天井的“附厝”，徐某辰将该附厝拆除，并占用相应的土地建设某埔10A号房屋。徐某卯和徐某辰辩称，徐某辰并未拆除案涉房屋的任何部分用于建设某埔10A号房屋。经查，徐某辰于2013年提交的《厦门市同安区城市规划区个人建房申请表》和厦门市国土资源与房产管理局某分局于2013年向徐某辰颁发的《村民住宅建设用地批准书》均记载，徐某辰的住宅建设用地“南至村路”，但徐某辰后来所建设的某埔105号房屋却并未严格按照这两份文件载明的位置建设，即徐某辰并未将案涉房屋全部拆除，沿村路建房，从2021年11月26日徐某卯拆除案涉房屋当日拍摄的照片可以清楚地看到，徐某辰房屋的南墙紧挨着案涉房屋的北墙。某社区居民委员会于2022年4月13日出具的《证明》证实，半间大厅已于2006年拓宽村路时拆除，拆除后仅剩三间房。1952年的《土地房产所有证》记载案涉房屋为“三间半”平房，但未明确记载这三间半平房的坐落格局及各个房间面积，该证书也未附房屋宗地图。原被告双方均未提交房屋内部照片，无法看出2021年11月26日徐某卯拆除的房屋的内部结构，无法明确当天拆除时房屋内部究竟有几个房间。原告主张三间房包括大厅北侧的“大房”、天井北侧的“前房”和“大房”北侧的“附厝”，但其未能提交任何证据对其主张的这一房屋格局予以证明，应当承担举证不能的不利法律后果，因此，对原告的该项主张，不予采信。

3. 案涉房屋是否能够恢复原状。经查，因多年前徐某A一家将案涉房屋出借给陈某某、徐某卯一家居住，此后徐某卯长期作为案涉房屋的实际占有使用人。2017年12月22日，厦门市国土资源与房产管理局某分局向徐某卯作出《解危治理通知书》，指出案涉房屋经安全鉴定，危险等级为D级，责令徐某卯采取相应的安全措施对危房进行治理，排除危险。徐某卯于2021年11月26日将案涉房屋全部拆除，又在未办理任何审批手续的情况下在原址上翻建新房，后被同安区城管局强制拆除。此后至今，案涉房屋所在地块无任何建筑物、构筑物，呈平地状态。十名原告作为案涉房屋的继承人长期未对案涉房屋进行管理，在徐某卯一家不继续居住案涉房屋后也怠于行使权利，未及时主张收回房屋并进行修缮或重建。徐某卯建设新房（10B 号房屋）之后也未对案涉房屋进行修缮，案涉房屋已于 2017 年经资规局某分局鉴定为 D 级危房，从原被告双方提交的照片上看，案涉房屋在被徐某卯拆除之前已经严重残破，不具备居住条件，原告要求徐某卯将案涉房屋恢复原状，即应恢复到 2021 年 11 月 26 日拆除时的状态，缺乏现实可能性，不予支持。诉讼中，法院依法询问原被告双方是否就案涉房屋被拆除之前的市场价值进行评估鉴定，双方当事人均未提出申请，因此，也无法以案涉房屋被拆除时的市场价值确定徐某卯的财产损害赔偿责任。从徐某卯拆除案涉房屋后抢建新房的举动可以看出，徐某卯拆除案涉房屋的目的不是“解危治理”，而是出于其私心占地抢建新房。徐某 A 一家将案涉房屋出借给徐某卯一家长期无偿居住，然而徐某卯心无感念，不思报偿，反而拆毁房屋，占地建房，严重违背诚信、互助、友善的传统善良风俗和社会主义核心价值观，应当予以谴责，并由其承担相应的财产损害赔偿责任。本案诉讼中，因原告经法院多次当庭释明仍未提出案涉房屋价值鉴定申请并根据鉴定结果变更诉讼请求，原告有权另案提起诉讼要求徐某卯承担相应的财产损害赔偿责任。

福建省厦门市同安区人民法院依据《中华人民共和国民法典》第一百七十九条、第二百一十七条、第一千一百二十一条第一款、第一千一百二十二条第一款、第一千一百二十七条第一款及第二款、第一千一百五十二条、第一千一百六十五条第一款，《中华人民共和国民事诉讼法》第六十七条第一款，《最高人民法院关于适用〈中华人民共和国民事诉讼法〉的解释》第九十条，判决如下：

驳回洪某某、徐某子、徐某丑、徐某 B、徐某 C、徐某 E、黄某某、徐某 K、徐某 F、徐某 G 的全部诉讼请求。

一审判决后，当事人未提起上诉，该判决现已生效。

【法官后语】

恢复原状是对侵害财产权益的一种救济方式，也是一种民事责任的承担方式。恢复原状主要针对物遭受损害的情况而适用，其目的在于使权利人恢复对物的原有支配状态。恢复原状一般是通过修理或其他方法使财产在价值和使用价值上恢复到财产受损害前的状态。恢复原状的标准，是使受到损坏的原物性状如初。通过修理或者重作以及其他方法，使受到损害的物恢复到原来状态，就完成了恢复原状的要求。本案的典型意义在于，危房是否可以适用恢复原状请求权规则。

一、恢复原状请求权的性质

原告诉请恢复原状的，首先需要探讨恢复原状请求权的性质。关于恢复原状的性质，主要有两种观点：观点一认为，恢复原状属于侵权损害赔偿范畴。观点二认为，恢复原状属于物权保护请求权的范畴。恢复原状请求权的定性不同会导致司法认定的差异。笔者倾向于认同恢复原状请求权的性质为物权请求权。在传统民法中，物权请求权是指物权圆满状态遭受侵害之后的救济手段，通常包括返还原物、排除妨害和妨害防止请求权。《中华人民共和国民法典》第二百三十七条将恢复原状规定为一种独立的物权请求权形式，是对财产遭受侵害情形进行救济的一种有效方式。而《中华人民共和国民法典》第一百七十九条所规定的“恢复原状”是一个广义的概念，是对侵害财产权益的一种救济方式，也是一种民事责任的承担方式。但是，物的存在是物权保护的前提，一旦原物因毁损行为已灭失，其恢复原状的可能性和经济合理性就会大大降低。所以，《中华人民共和国民法典》第一百七十九条规定的恢复原状规则具有价值指引功能，即在有体物遭受侵害的情形下，如果能够修复，则应当尽可能修复。

本案中，案涉被拆除的房屋具有1952年的房产证。但从原告提交的案涉房屋拆除前的照片来看，案涉房屋疑似砖木结构，瓦片屋顶，年代久远，残损较为严重，屋顶已长杂草。且早已被鉴定为危房，危险等级D级。此等级是指房屋承重结构承载力已不能满足正常使用要求，房屋整体出现险情，构成整幢危房。危房无恢复原状的现实必要和可能，不具备法律或事实上的复原条件。虽然案涉房屋作为危房恢复的成本并不高，但即使将案涉房屋恢复至拆除前的状态，该房屋也不具备居住状态。因此，危房恢复原状缺乏现实必要性，也与社会公共安全要求相违背，对于将危房恢复原状的请求，不应予以支持。

二、恢复原状与损害赔偿的关系

当恢复原状无法达成时，赔偿损失也是一种价值衡量，如果一味通过恢复原状的方式来保护物权，虽然能够达到保护效果，但是会导致重大的经济损失或违背社会公共利益。基于此，当原物出现毁损灭失的情形，已无法进行恢复原状的，权利人可向行为人主张因物毁损无法恢复原状所产生的损失，而这又涉及恢复原状与损害赔偿的关系问题。

关于恢复原状与损害赔偿的关系，学界中也存在两种观点。第一种观点认为，恢复原状既包括物理上的恢复原状，也包括经济价值的恢复原状，因此恢复原状应当包含损害赔偿；第二种观点认为，恢复原状与金钱赔偿是损害赔偿的两种方式。笔者认为，恢复原状既可以与赔偿损失结合适用，也可以分离适用。《中华人民共和国民法典》第一百七十九条对各类民事责任形式作出规定，其最大的特色是尊重私法自治，即法律没有限定恢复原状与赔偿损失的优先顺位，而尊重当事人的自由选择，因为受害人作为理性的主体，知道何种救济方式对其最为有利，法律没有必要规定各类民事责任的适用顺位，而应当交由当事人选择。但是，如果将恢复原状与赔偿损失分离适用时，应当考虑两种责任方式的顺位问题。在财产遭受侵害的情形下，如果能够恢复原状的，那么应当优先适用恢复原状，这样最有利于充分发挥物的价值，物尽其用；同时，也有利于强制执行，因为金钱赔偿看似容易执行，但是在确定受损价值的具体数额时，当事人不得不委托鉴定机构进行价格评估，浪费更多的成本。在特殊情形下，如果恢复原状在客观上不可能，或者在经济上不合理，成本过高，且通过金钱赔偿可能更有助于纠纷的解决，更有助于维护当事人的合法权益，那么就应当适用损害赔偿。因此，这两种责任方式的选择，应当在尊重权利人意思的基础上，进行成本、公共利益、执行便利等综合考量，以确定最佳责任方式。本案中，因危房不适用恢复原状，故可适用损害赔偿。但这又涉及危房的价值认定问题。因危房已灭失，客观上已无法鉴定其价值。诉讼中原告曾考虑变更诉讼请求，要求被告按政府部门房屋征收补偿安置标准对拆毁案涉房屋给原告造成的损失进行赔偿。但房屋征收补偿安置标准仅适用于房屋征迁部门与被征收人之间的安置补偿法律关系，将该标准适用于毁坏他人房屋引发的财产损害赔偿纠纷，缺乏事实和法律依据。

因此，尽管恢复原状具有损害赔偿所不可替代的作用，但也不宜认为在任何情况下都首先要考虑恢复原状。恢复原状的适用应考虑事实上或法律上的履行可能，在不能恢复原状或恢复原状明显有重大困难时，当事人可以选择损害赔偿等救济途径。而作为危房，即便履行上没有障碍，但从经济上或现实上均无恢复原状的价值。

三、危房不能恢复原状时法官的释明作用

值得注意的是，本案在审理过程中，承办法官已向原告释明危房不适用恢复原状请求权，建议其变更诉求要求被告承担财产损害赔偿责任，但经过释明后原告仍然坚持要求被告承担恢复原状责任，拒绝变更诉讼请求。虽然本案判决驳回原告的全部诉讼请求，但法官仍在判决书说理部分释明当事人有权另案提起诉讼要求被告承担相应的财产损害赔偿责任。这里涉及在此类案件中法官的释明作用。

释明是指为确保依法高效公正裁判、诉讼程序流畅运转，法官针对当事人的诉求、案件事实、审理程序和法律适用等向当事人所作的解释和说明。目前我国法律并未对释明制度作出系统规定，但有关释明的学术研究及司法实践为法官在诉讼中做好释明工作提供了较多可借鉴规范。审判实践中，当事人的诉求可能存在缺乏法律依据和事实根据的内容，对此，法官应及时有针对性地向当事人释明，帮助当事人根据法律依据和案件事实变更或补充诉求，从实质上保障当事人的权益，以避免当事人因不合法、不合理的诉求被驳回，导致诉讼程序空转。法官释明时应公开公正、诚实信用和准确适度，防止怠于释明、释明不足和释明过度。

就此类危房被拆除案件而言，当事人诉求恢复被拆除危房的原状，而被拆除的危房明显不能适用恢复原状时，法官应及时向当事人释明，并询问相对人是否同意变更诉求为要求承担损害赔偿责任，若当事人同意变更诉讼请求，根据实质解决纠纷的理念，法官应告知其可就赔偿金额、计算依据等提出主张并提交相应的证据，然后作出相应的判决，以此达到一次性高效、公平、公正实质解决矛盾纠纷的效果。经过释明，若相对人仍坚持原诉求、拒绝变更诉讼请求的，法院判决在驳回恢复原状的诉讼请求时，也要在裁判文书的说理部分就权利救济途径进行相应释明，引导当事人依法维权。

编写人：福建省厦门市同安区人民法院　杨郁　林霞玲

（五）财产损害赔偿纠纷

19

自动洗车服务提供者安全保障义务的认定

——于某某诉北京某某汽车装饰有限公司等财产损害赔偿案

【案件基本信息】

1. 裁判书字号

北京市第二中级人民法院（2022）京 02 民终 14448 号民事判决书

2. 案由：财产损害赔偿纠纷

3. 当事人

原告（被上诉人）：于某某

被告（上诉人）：北京某某汽车装饰有限公司一分公司（以下简称某某一分公司）、北京某某汽车装饰有限公司（以下简称某某公司）

被告（被上诉人）：蒋某某

【基本案情】

于某某系京N×××发现牌小型越野客车的所有权人。2022年1月29日，于某某配偶王某某驾驶京N×××小客车到某某一分公司洗车，蒋某某驾驶京K×××车辆在王某某之前洗车，京N×××小客车在等待蒋某某驾驶车辆驶离洗车机过程中被洗车设备损坏。事故发生后，于某某与某某一分公司就赔偿事宜未能达成一致。2月12日，于某某自行将京N×××小客车送至某汽车销售有限公司修理，出厂时间为2月16日，维修项目为更换后尾翼、车顶左侧装饰板、车顶天线、后尾翼喷漆，于某某为此支付维修费13421元。

【案件焦点】

于某某车辆损坏的损害赔偿责任应由谁承担。

【法院裁判要旨】

北京市丰台区人民法院经审理认为：行为人因过错侵害他人民事权益造成损害的，应当承担侵权责任。被侵权人对同一损害的发生或者扩大有过错的，可以减轻侵权人的责任。本案中于某某所有车辆在洗车过程中遭受损坏，其有权就其车辆所受损害要求赔偿。本案争议焦点在于该损害赔偿责任应由谁承担。就某某一分公司而言，其作为洗车服务的提供者，根据法律规定，消费者在购买、使用商品和接受服务时享有人身、财产安全不受损害的权利。消费者因购买、使用商品或者接受服务受到人身、财产损害的，享有依法获得赔偿的权利。某某一分公司在向王某某提供洗车服务时，汽车处于某某一分公司的控制及管理之下，故某某一分公司应尽到审慎管理义务，以免对客户的财产造成损害，否则应承担相应的赔偿责任。本案中，从现场视频可以看出在事发当时，某某一分公司并未有工作人员在现场指挥管理，蒋某某车可以驶离的绿灯显示时间非常短且显示时间节点与前车有明显不同，蒋某某的车倒车才能右转驶离，某某一分公司存在服务不到位、管理失职的责任，应承担赔偿责任。对于蒋某某是否应当承担赔偿责任，从视频中看，洗车机出口处有提示绿灯亮时挂挡右转，绿灯亮后，蒋某某驾驶车辆右转驶出洗车房过程中有一段时间在洗车机出口处停留，后，其驾车驶离过程中倒车，后车（王某某的车）停滞在洗车房内造成损害事故发生，故蒋某某存在一定过错，应当由其承担一定的赔偿责任。对于当时车辆的驾驶人王某某是否有过错，于某某在庭审中曾自认因王某某看其车辆与前车快要接触上，所以采取倒车操作，而且倒车行为直接导致王某某车辆尾翼遭到正在运行的洗车机的损坏。之后其陈述改变，因其陈述前后矛盾，又不能提供合理理由和证据，因此王某某应对损害事故的发生承担一定责任。故对于某某车辆的损害赔偿责任应由某某一分公司承担60%，蒋某某承担20%，于某某自行承担20%为宜。侵害他人财产的，财产损失按照损失发生时的市场价格或者其他合理方式计算，于某某提供了车辆的维修明细及付款记录，三被告虽对维修项目和价格不认可但并未提出相反证据，故对于某某要求支付车辆维修费的诉求法院按照过错比例予以部分支持。对于某某要求替代交通费，因其未提交相应证据，但因其修理车辆确会发生替代性交通费用支出，故法院按照过错比例对该诉求酌情予以支持。根据《中华人民共和国公司法》第十四条规定，分公司不具有法人资格，其民事责任由公司承担。故某某一分公司民事责任应当由某某公司承担。

北京市丰台区人民法院依照《中华人民共和国民法典》第一千一百六十五条、第一千一百七十三条、第一千一百八十四条，《中华人民共和国消费者权益保护法》第七条第一款、第十一条，《中华人民共和国公司法》第十四条规定，判决如下：

一、某某公司于本判决生效之日起七日内赔偿于某某车辆维修费用8052.6元、替代交通费300元；

二、蒋某某于本判决生效之日起七日内赔偿于某某车辆维修费用2684.2元、替代交通费100元；

三、驳回于某某的其他诉讼请求。

某某公司、某某一分公司不服一审判决，提起上诉。

北京市第二中级人民法院经审理认为：本案的争议焦点为一审法院对某某一分公司侵权责任的认定是否适当的问题。行为人因过错侵害他人民事权益造成损害的，应当承担侵权责任。本案中，于某某所有的车辆在某某一分公司经营的洗车场洗车时遭受损害。就某某一分公司责任，其作为洗车服务的提供者和经营场所管理人，应尽到审慎管理义务，以保障消费者在接受服务时的人身和财产权利不受侵害。根据案发时的现场视频，某某一分公司并无工作人员在现场进行指挥管理，对于蒋某某车辆右转的标识提示灯显示时间较短且显示节点与前车有明显不同。故此某某一分公司存在管理缺位及服务瑕疵，且与蒋某某车辆未能及时驶离及之后于某某车辆留滞、车辆与洗车设备发生接触导致损坏之间具有因果关系，故一审法院认定某某一分公司承担相应赔偿责任并无不当，予以确认。某某一分公司及某某公司主张其已尽到提示义务和管理责任，对此次事故不存在过错，不应承担损害赔偿责任与查明事实不符，对其上述主张不予支持。根据本案各主体过错情况及原因力，一审法院对某某一分公司责任比例的认定亦是适当的，予以确认。对于蒋某某及王某某责任，因二人均未就各自责任承担提起上诉，对一审法院确定的上述两主体的责任比例，法院不持异议。

北京市第二中级人民法院依照《中华人民共和国民事诉讼法》第一百七十七条第一款第一项规定，判决如下：

驳回上诉，维持原判。

【法官后语】

随着我国汽车产业不断发展，机动车作为家庭出行必备品走进千家万户。据统计，2021 年北京市机动车保有量达到 685 万辆①，私人小微型客车保有量达到 483.6 万辆，如此大体量的机动车数量直接推动了洗车行业的蓬勃发展。传统洗车行业对水资源需求量较大且大多依靠人力清洗，洗车成本较高，自动洗车机的出现以其节水、高效、大幅降低人力成本等缘由而备受青睐，自动洗

---

① 《【年报解读】北京市机动车保有量及使用特征分析》，载北京交通发展研究院微信公众号，https：//mp. weixin. qq. com/s? _ _ biz = MzA5NTE4OTUzMg = = &mid = 2456499855&idx = 2&sn = 6355920affd1e5e18f24c4344b95baf8&chksm = 87dcb9fcb0ab30eafa22f1136179f46dfc7028bd439d32e17d3dc0da6e349d47db5b32e7fd92&scene = 27，最后访问时间：2024 年 4 月 15 日。

车机得以快速普及。与此同时，也带来了新的问题，如自动洗车机选址布局不合理、设备操作不当导致机动车损坏、自动洗车机相配套的指引和设置不完善等导致消费者和洗车公司的争议时有发生。本案的核心为洗车服务的提供者某某一分公司是否尽到经营者对消费者的安全保障义务，是否应承担车辆损坏的损害赔偿责任。

一、何谓经营者的安全保障义务

经营者的安全保障义务是指经营者应当保证其提供的商品或者服务符合保障人身、财产安全的要求。要求义务人必须采取一定的行为来维护他人的人身或者财产免受侵害，对可能危及人身、财产安全的商品和服务，应当向消费者作出真实的说明和明确的警示，并说明和标明正确使用商品或者接受服务的方法以及防止危害发生的方法。理论上，经营者的安全保障义务包括两类：安全告知义务和危险控制或消除义务。两类义务的强度不同，对经营者的要求也不同。针对第一类义务，危险为特定设施所固有而无法直接排除，比如高压变电设施，义务人的安全保障义务表现为以适当方式及时告知危险。经营者需要及时发出警告和告知，并对潜在的受害风险予以提示，使相对人对危险的存在引起高度注意，否则将自行承担危险带来的损害。针对第二类义务，危险直接产生自经营者所提供的设施本身，因而处在经营者控制范围内，且经营者有能力和条件直接排除危险。方法有两个：一是消除设施中的危险，二是直接排除危险设施本身。本案中，某某一分公司所应承担的安全保障义务属于第二类义务。自助洗车机是经营者提供洗车服务的设施本身，处于经营者的控制范围内，经营者可以通过工作人员及时引导或合理设置洗车出口等方法消除自动洗车机存在的危险。

二、经营者违反安全保障义务致消费者损害的赔偿责任认定

根据《中华人民共和国消费者权益保护法》的规定，经营者未履行安全保障义务致消费者损害的，要承担损害赔偿责任。经营者存在疏于履行安全保障义务的过错可以使其赔偿责任成立，但其所应承担的责任范围要看该不作为行为与受害人损害结果之间的因果关系程度。如果不存在该不作为就可以完全避

免损害结果发生，安全保障义务人应当承担全部的赔偿责任。如果不作为行为只是导致损害后果的加重，则安全保障义务人应当按加重的比例承担责任。

此外，是否有第三人介入也会影响经营者侵权责任的承担。主要分两种情况，其一，在无第三人介入侵权的情况下，经营者未尽安全保障义务应承担直接赔偿责任。直接责任需满足以下条件：（1）经营者的经营活动引起正当信赖，例如信赖其环境设施的正常使用符合安全性要求；（2）损害发生于经营者的危险控制范围；（3）发生损害的潜在危险产生自经营者的设施，且经营者能够合理予以控制并直接排除；（4）损害结果的发生没有第三者责任的介入。其二，在有第三人介入侵权的情况下，则需根据经营者未履行安全保障义务的程度及第三人过错行为导致损害结果发生的因果关系程度，来确定各自承担的责任比例。

三、本案中洗车服务提供者是否尽到安全保障义务的判断

本案中，某某一分公司为于某某所有的车辆提供自助洗车服务，双方形成服务合同关系。作为服务的提供者其应保证服务的质量，以满足车辆所有人对洗车服务的正当需求。首先，消费者基于对经营者经营活动的信赖，信赖洗车公司的设施符合安全性要求；其次，损害发生在洗车过程中，属于经营者的危险控制范围；最后，作为提供洗车服务的提供者，其提供的洗车服务不仅局限于自动洗车机的洗车事项，还包括工作人员引导车辆进出、突发状况的处理、洗车机出入口设置的合理性、告知洗车风险提示的充分性和完备程度等可能存在潜在危险的安全保障义务。

对于服务类行业，如果双方缺乏书面的合同约定，则要依据一般标准来判断其是否尽到了安全保障义务。以本案情形为例，一般而言，自助洗车机对于出口的设置，如果不能直行离开，也要尽量设计成让司机向左打轮离开，这样转弯半径相对较小。如果必须向右打轮才能离开，则要留出更大的转弯半径，以提高出车时的通过性，避免危险发生。如场地空间有限则应设置专门人员或设置相应洗车程序控制车辆的有序出入。此外，洗车服务者还要在洗车区域明显位置张贴、放置安全提示、标识及其他用于警示安全的设施，向消费者说明

自助洗车设备的使用要求和规范，及时制止消费者使用中的危险行为，以此尽到合理的安全提示义务。

本案中，某某一分公司的洗车机出口处绿灯显示时间非常短且显示时间节点与前车有明显不同，出口设置又无法直行开出，需要右打轮才能离开，但转弯半径设置较窄，加之无工作人员现场指挥，从而在前车未及时驶离的情况下，后车应急操作不当，引发损害后果。在该公司未提供充分证据证明其尽到了充分的审慎管理义务和提示义务的情况下，法院根据现有证据认定某某一分公司存在管理缺位及服务瑕疵，故依法确定其承担60%的损害赔偿责任。

编写人：北京市丰台区人民法院　王鹏

20

小区内树木倾倒致财产损害的责任认定

——张某诉北京某某物业管理有限公司财产损害赔偿案

【案件基本信息】

1. 裁判书字号

北京市海淀区人民法院（2021）京0108民初48113号民事判决书

2. 案由：财产损害赔偿纠纷

3. 当事人

原告：张某

被告：北京某某物业管理有限公司（以下简称某公司）

【基本案情】

张某父亲系涉案小区业主，其与父母共同居住在涉案小区内。某公司系涉案小区物业管理公司。张某所有车辆停放在涉案小区内时被倾倒的树木砸损，目前车辆维修费用已经通过保险报销。其起诉某公司，要求某公司作为树木的管理者承担车辆维修的费用、替代性交通费以及折旧费用。某公司称涉案小区为非经营性资产，其不收取物业费和停车费，只提供最低的基础保障，其也并非树木的所有权人以及管理人，园林部门规定不可私自处理树木，故即使之前出现了树根鼓出地面的情况其也无法处理。且当天夜间暴雨属于不可抗力，而且张某的汽车已经通过保险维修完毕，无法再次获得赔偿，故不同意其诉讼请求。

【案件焦点】

小区内树木倾倒造成他人财产损害，物业管理者以其不收取管理费且无权私自处理树木为由拒绝承担赔偿责任的，是否应予以支持。

【法院裁判要旨】

北京市海淀区人民法院经审理认为：因林木折断、倾倒或者果实坠落等造成他人损害，林木的所有人或者管理人不能证明自己没有过错的，应当承担侵权责任。《北京市绿化条例》第三十九条规定："……绿地、树木的管护责任按照下列规定确定：（一）公共绿地由园林绿化部门负责落实。其中，城市道路、公路、河道用地范围内的绿地分别由各有关主管部门或者区园林绿化部门负责；（二）单位所属绿地，由该单位负责；（三）居住区、居住小区内依法属于业主所有的绿地由业主负责，业主可以委托物业服务企业进行管护；（四）建设工程范围内保留的树木，在建设期间由建设单位负责；（五）铁路、湖泊、水库等用地范围内的绿地由各有关主管部门负责；（六）村庄绿地由村民委员会或者村集体经济组织负责。前款规定以外的绿地或者零星树木及管护责任不清或者有争议的，由所在区园林绿化部门确定管护责任。"本案中，对于折断的树木的所有人，双方均未提交相应证据，而该树木位于诉争小区内，并非位于公共绿地，亦无证据证明属于相关部门管理，某公司系诉争小区的物业服务企业，其虽未收取业主交纳的物业服务费或停车费，但仍负有对小区内设备、设施及各项事务的管理职责，故综合上述情况，可以认定某公司系本案中折断的树木的管理人。某公司虽主张其对于树木折断不存在过错，但其提交的证据并不足以证明对涉案树木尽到了合理的管理和养护义务，且双方均认可事发前涉案树木已经出现树根鼓出地面的情形，但某公司并未予以处理。另外，事发当晚虽有大雨，但仍属一般自然力，某公司抗辩称属于不可抗力不能成立。故对于张某因车辆损坏产生的合理损失，某公司应当承担相应责任。

因第三者对保险标的的损害而造成保险事故的，保险人自向被保险人赔偿保险金之日起，在赔偿金额范围内代位行使被保险人对第三者请求赔偿的权利。保险人行使代位请求赔偿的权利，不影响被保险人就未取得赔偿的部分向第三者请求赔偿的权利。本案中，某公司虽应对张某的合理损失承担责任，但张某自认其所主张的车辆维修费已经获得保险赔付。故张某的损失已经得以填补，对于张某要求某公司向其支付该部分费用的诉请，无法予以支持。对于张某主张的交通费，于法有据，且未获得保险人赔付，某公司应当予以赔偿，但张某主张数额过高，法院酌定为 200 元。对于张某主张的车辆折旧费，缺乏依据，不予支持。

北京市海淀区人民法院依照《中华人民共和国民法典》第一千二百五十七条，《中华人民共和国保险法》第六十条及《北京市绿化条例》第三十九条规定，判决如下：

一、某公司于本判决生效后七日内向张某赔偿交通费 200 元；

二、驳回张某的其他诉讼请求。

宣判后，双方当事人均未上诉，一审判决已经生效。

【法官后语】

本案涉及小区内林木倾倒造成他人财产损害，物业管理者是否应当承担赔偿责任的问题。《中华人民共和国民法典》第一千二百五十七条规定，因林木折断、倾倒或者果实坠落等造成他人损害，林木的所有人或者管理人不能证明自己没有过错的，应当承担侵权责任。故在小区内因树木倾倒导致财产损害的赔偿责任认定应当从以下几个方面考虑。

一、林木所有人或者管理人的确定

关于林木所有人或者管理人的确定，应当依法进行。根据《中华人民共和国森林法》的规定，森林资源属于国家所有，由法律规定属于集体所有的除外。国有企业事业单位、机关、团体、部队营造的林木，由营造单位管护并按照国家规定支配林木收益。农村居民在房前屋后、自留地、自留山种植的林木，归个人所有。城镇居民在自有房屋的庭院内种植的林木，归个人所有。集体或者个人承包国家所有和集体所有的宜林荒山荒地荒滩营造的林木，归承包的集体或者个人所有；合同另有约定的从其约定。各地根据上述法律规定，结合自身实际，细化关于林木所有者以及管理者的规定。具体到个案中，还应当以相关地方性法规为依据。比如，《北京市绿化条例》第三十九条规定："加强对绿地、树木的管理和保护（以下简称管护）。绿地、树木的管护责任按照下列规定确定：（一）公共绿地由园林绿化部门负责落实。其中，城市道路、公路、河道用地范围内的绿地分别由各有关主管部门或者区园林绿化部门负责；（二）单位所属绿地，由该单位负责；（三）居住区、居住小区内依法属于业主所有的绿地由业主负责，业主可以委托物业服务企业进行管护；（四）建设工程范围内保留的树木，在建设期间由建设单位负责；（五）铁路、湖泊、水库等用地范围内的绿地由各有关主管部门负责；（六）村庄绿地由村民委员会或者村集体经济组织负责。前款规定以外的绿地或者零星树木及管护责任不清或者有争议的，由所在区园林绿化部门确定管护责任。"《天津市绿化条例》关于小区内树木所有者和管理者也作出了类似的规定，进一步细分了商品住宅小区和非商品住宅小区，商品住宅小区内的绿地由业主共同负责，业主可以委托物业管理单位或者其他单位进行养护管理。非商品住宅小区内的绿地，养护管理责任由区政府确定。养护管理责任人应当按照有关技术管理规范修剪树木，及时修剪、扶正影响交通、管线、房屋和人身安全的树木。

涉案小区性质较为特殊，小区内房屋原本为国有企业所有房屋，但经过房改房政策实施，部分房屋已经出售给业主个人所有，部分房屋仍为企业公租房，双方当事人也未向法院提交关于树木所有者的证据，故涉案小区树木的所有者不明。但因涉案小区由企业移交某集团管辖，由某集团下属某公司进行物业管理，故小区内树木的管理者可以明确，应当为某公司。

二、林木所有人或者管理人的过错认定

《中华人民共和国民法典》第一千二百五十七条规定的林木折断、倾倒或者果实坠落等致人损害的侵权责任为过错推定责任，即应当由树木的所有者或者管理者证明其对于树木倾倒不存在过错方可不承担责任。

在明确涉案林木的所有人或者管理人的前提下，应当认定其对林木负有管理责任，并承担相应的注意义务。本案中，某公司提出其未收取管理费且无权对树木进行砍伐的抗辩，但是，是否收取管理费与是否负有管理职责没有直接关联，也不能以未收取管理费免除管理者相应的注意义务。同时，根据相关法律规定，如《北京市绿化条例》第五十八条、第五十九条规定①了必要情形下砍伐或者移植城市树木审批程序，故某公司在发现小区内的树木存在安全风险时，可以报经园林局审批后对树木进行砍伐或者移植。且北京夏季多大雨，某公司作为树木管理者更应当尽到养护义务，在雨季对树木倾倒风险进行充分注意和预防。再者，对于本案中已经出现倾倒风险的树木，除了砍伐或者移植之外，尚有其他措施可以采取，防止倾倒。因某公司未能证明其在发现涉案树木存在安全隐患后及时采取措施避免损害发生，也就是未能证明其对于本案的损害不存在过错，故应当认定其存在过错，对于原告因财产受损导致的合理损失且未能从保险获赔的部分，应当承担赔偿责任。

三、关于林木折断、倾倒或者果实坠落致损免责事由的审查

此类案件审理中，认定行为人构成侵权的，还应当审查行为人主张的免责

---

① 《北京市绿化条例》第五十八条规定，严格限制移植树木。因城市建设、居住安全和设施安全等特殊原因确需移植树木的，应当经园林绿化部门批准。移植许可证应当在移植现场公示，接受公众监督。同一建设项目移植树木不满50株的，由区园林绿化部门批准；一次或者累计移植树木50株以上的，由市园林绿化部门批准。第五十九条规定，严格控制砍伐树木。符合下列情形之一的树木，经批准可以砍伐：（一）已经死亡的；（二）发生检疫性病虫害无保留价值或者发生其他严重病虫害的；（三）因抚育或者更新改造需要且无移植价值的；（四）因城市建设、居住安全和设施安全等特殊原因确需移植但无法移植或者无移植价值的。同一建设项目砍伐树木胸径小于30厘米并且不满20株的，由区园林绿化部门批准；砍伐树木胸径30厘米以上的，以及一次或者累计砍伐树木20株以上不满50株的，由市园林绿化部门批准；一次或者累计砍伐树木50株以上的，由市园林绿化部门报市人民政府批准。砍伐许可证应当在砍伐现场公示，接受公众监督。

抗辩是否成立。免责事由一般包括：受害者过错、第三人原因、不可抗力、正当防卫、紧急避险、意外事故等。结合实务情况，在与本案类似的案件中，常见的免责事由抗辩为：(1) 天气因素不可抗力；(2) 第三人原因，如第三人行为导致本无倾倒风险的树木倾倒；(3) 受害人过错，如受害人明知树木有倾倒风险仍然放任损害后果的发生，此种情况下应当由受害人与树木所有者或管理者按照各自过错比例承担责任。本案中，某公司提出的免责事由为天气因素导致的不可抗力。不可抗力是不能预见、不能避免且不能克服的客观情况。一般而言，暴雨、大风等若未达到自然灾害级别的，不属于不可抗力范畴，不能作为免责事由。

综上，本案中，某公司作为涉案倾倒树木的管理者，应当对树木倾倒造成的损失进行赔偿，但由于涉案车辆维修费用已经通过保险得到赔偿，只能支持张某主张的替代性交通费等合理损失的赔偿请求。

编写人：北京市海淀区人民法院　王丹

21

试驾过程中导致车辆损毁的责任认定与承担

——某汽车销售公司诉某传媒公司财产损害赔偿案

【案件基本信息】

1. 裁判书字号

福建省厦门市湖里区人民法院（2021）闽0206民初13719号民事判决书

2. 案由：财产损害赔偿纠纷

3. 当事人

原告：某汽车销售公司

被告：某传媒公司

第三人：张某某

【基本案情】

2021年1月26日，某汽车销售公司（甲方）与某传媒公司（乙方）签订《试驾协议书》，约定：甲方提供全新汽车给乙方试驾，由于乙方过错造成甲方汽车损坏或导致他人财产损失或造成人身伤害以及对公共设施建筑物损毁的，乙方应承担损害后果，同时应先行垫付甲方车辆之维修费用（此维修费用金额由甲方判定），并承担保险公司不予理赔部分的赔偿责任，该赔偿责任中，应包括甲方汽车损坏后价值降低的损失。

2021年1月26日13时11分，某传媒公司员工张某某驾驶涉案试驾车辆在途中发生交通事故，负事故全部责任。5月10日，该试驾车辆定损为338634元（含施救金额300元）。

涉案试驾车辆在2020年10月19日价税合计338334元，不含税价299410.62元；购置税29941.06元；交强险及商业险13098.78元；车船税90元。

某汽车销售公司主张某传媒公司应赔付差额损失25466元，某传媒公司抗辩某汽车销售公司已理赔338334元，与涉案试驾车辆购置价格一致，某汽车销售公司并不存在差额损失，某汽车销售公司关于该试驾车辆市场价为363800元的主张没有事实依据。

【案件焦点】

1. 涉案试驾车辆的价值如何确定；2. 对于涉案试驾车辆的税费及保险费用、折让损失等，某传媒公司是否应当赔偿。

【法院裁判要旨】

福建省厦门市湖里区人民法院经审理认为：某汽车销售公司与某传媒公司签订的《试驾协议书》系双方当事人真实意思表示，合同内容未违反法律、行政法规的强制性规定，应认定有效。因某传媒公司员工张某某驾驶涉案试驾车辆发生交通事故，负事故全部责任，故某传媒公司作为用人单位对其员工张某某执行工作任务造成的损害应承担侵权责任。某汽车销售公司提供的《汽车销售合同》并不能证明涉案试驾车辆的市场价值为 363800 元，且这与其提供的发票显示购车价格为 338334 元并不一致，相反，某传媒公司关于参照车辆购置价认定财产损失为 338334 元的抗辩，符合法律规定，予以采信，故某汽车销售公司关于赔付差价的诉求，没有事实依据，不予支持。

某汽车销售公司诉求某传媒公司赔偿车辆购置税损失 29941.06 元、交强险及商业险保费损失 13098.78 元、车船税损失 90 元，合计 43129.84 元，因这些费用的发生并不是某传媒公司过错造成的损害后果，且与《试驾协议书》约定的赔偿责任不符，故不予支持。

某汽车销售公司诉求某传媒公司赔偿折让损失 70941 元，因某汽车销售公司提供的证据并不足以证明该损失已实际发生，且该些损失也不应属于事前可预见的间接损失，故不予支持。

福建省厦门市湖里区人民法院依照《中华人民共和国民法典》第一千一百六十五条、第一千一百九十一条，《最高人民法院关于适用〈中华人民共和国民法典〉时间效力的若干规定》第一条，《中华人民共和国民事诉讼法》第六十七条第一款，《最高人民法院关于适用〈中华人民共和国民事诉讼法〉的解释》第二百四十条规定，判决如下：

驳回某汽车销售公司的全部诉讼请求。

宣判后，双方当事人均未提起上诉，判决已经生效。

【法官后语】

试乘试驾引发的机动车交通事故案件在近年来机动车交通事故责任纠纷中较为新型且数量呈现上升之势，亟待有关各方关注、反思及防范。审理此类案件需要明确以下几个问题。

一、试驾者与汽车销售商之间的法律关系

试驾者与汽车销售商双方进行试乘试驾活动，旨在最终达成汽车销售合同或者对试驾车进行宣传，该活动是双方缔约过程中的一个环节。汽车销售商将车辆交与试驾者驾驶，非系基于汽车销售合同之交付行为，车辆所有权尚未转移。试驾者系试驾车辆的实际操控人，汽车销售商系试驾车辆的所有权人。《中华人民共和国民法典》第一千二百零九条规定："因租赁、借用等情形机动车所有人、管理人与使用人不是同一人时，发生交通事故造成损害，属于该机动车一方责任的，由机动车使用人承担赔偿责任；机动车所有人、管理人对损害的发生有过错的，承担相应的赔偿责任。"试乘试驾与该条规定的机动车所有人、管理人与使用人相分离的情形有所区别，主要体现在以下两点：

第一，占有转移之要件认定。租赁、借用等情形导致权属分离，均发生占有转移。占有是对物有事实上管领之力，即对物的支配，排除他人的干涉。占有为法律事实，认定占有是否成立需考虑空间与时间因素。空间关系是指人与物在场合上须有一定的结合关系，足以认定该物为某人事实上所管领。时间关系是指人与物在时间上须有相当的继续性，足以认定该物为某人事实上所管领，如其仅具短暂性，不成立占有。就试驾者而言，其与试驾车辆在空间上具有密切联系，足以认定其对该车有事实上的管领。然而，汽车销售商对试驾时间、路线等方面往往会作出一定的限制与规定，特别是试驾时间较为短暂，故试驾者与试驾车辆在时间因素上显然缺乏继续性。因此，试驾者对试驾车辆并不构成占有，继而不享有基于占有的使用及收益权。就汽车销售商而言，其通常会指派相关工作人员作为陪驾人，试驾车辆并未脱离其实际占有与控制。为此，陪驾人因受雇并被指派陪驾可视为汽车销售商之占有辅助人，所以试驾车辆的占有并未由汽车销售商转移至试驾者。

第二，占有状态的目的性不同。借用、租赁等法律关系产生占有转移的目的是体现标的物的使用价值。而在试乘试驾活动中，试驾者更多的是借助试驾行为来了解车辆的性能情况，认识试驾车辆作为待售商品本身的交换价值，从汽车销售商来说，也是对试驾车辆本身进行宣传。

综上，某汽车销售公司与某传媒公司签订的《试驾协议书》，本质上系双方达成的提供或接受试乘试驾服务的无名合同关系，该试乘试驾活动引发的道路交通事故损害赔偿责任并不适用《中华人民共和国民法典》第一千二百零九条之规定。某汽车销售公司向某传媒公司提供的试驾服务是市场营销的一种手段，某汽车销售公司对试驾车辆拥有运行权利，可以从中赢得商业利益，亦应对试驾活动承担相应的风险，如果将风险全部转嫁给作为试驾的某传媒公司，有失公平。

二、试乘试驾协议之效力认定

格式条款是指当事人为重复使用而预先拟订并在订立合同时未与对方协商的条款。其有两个突出特点：一是均由提供商品或服务的一方当事人预先拟定；二是不与合同对方当事人进行磋商。汽车销售商为控制风险往往与试驾者签订试驾试乘协议，并约定对试驾造成的事故责任由试驾者自行承担。汽车销售商所拟定的试乘试驾协议大多刻意回避自身责任，加重了试驾者的责任，系属“霸王条款”，应属无效。表面上看，消费者在自由意志主导下签署该协议属于对该条款的默认，是对自身权利的放弃，基于对合同自由的尊重，似应认可该协议条款的有效性。然而，对于格式条款，消费者多未注意；或虽知其存在，但因此种条款多冗长，不易阅读；或虽加阅读，因文义艰涩，难以理解其真意；纵能理解，知悉是对其不利的条款，但又因无讨价还价的余地，只能在接受与拒绝之间加以选择。处于相对弱势地位的试车消费者因急于了解自己心仪车辆的性能情况，一般并不注意协议的具体内容；即使注意到该不合理条款的存在，为了能享受到试车服务亦无他法。因此，此免责条款应认定为无效，且不能对抗交通事故中的受害人，以避免汽车销售商故意逃避于责任之外，同时保护试驾者及第三人之合法权益。本案中，《试驾协议书》中的相关条款系某汽车销售公司为控制风险与某传媒公司签订的，其是否适用本就应考虑到格式条款的可能性，更何况该条款已经对某传媒公司因其过错造成汽车损坏的责任作出了极其详细的约定，现某汽车销售公司仍然要求某传媒公司对该条款约定外的所谓差额损失及税费损失等承担责任，明显有失公允。且保险公司已参照涉案试驾车辆的购置价格进行了理赔，事实上也不存在所谓的差额损失及税费等损失。同理，关于折让损失，因某汽车销售公司提供的证据并不足以证明该损失已实际发生，且该些损失也不应属于事前可预见的间接损失，故对于某汽车销售公司的诉讼请求均不应予以支持。

编写人：福建省厦门市湖里区人民法院　范功怡

22

建筑物、构筑物倒塌之损害赔偿责任认定

——周某某诉某银行建始支行等财产损害赔偿案

【案件基本信息】

1. 裁判书字号

湖北省恩施土家族苗族自治州中级人民法院（2023）鄂28民终53号判决书

2. 案由：财产损害赔偿纠纷

3. 当事人

原告（被上诉人）：周某某

被告（上诉人）：某银行建始支行、湖北某某项目管理咨询有限公司建始县分公司（以下简称某咨询公司建始分公司）

被告（被上诉人）：某工程公司、万某、胡某某、张某某

【基本案情】

2017年8月28日，万某在无建筑工程施工资质的情况下借用某工程公司的资质，并经该公司法定代表人谭某的书面委托，以某工程公司的名义与某银行建始支行签订《某银行建始支行原办公楼（危房）拆除工程施工合同》。万某承接上述工程后，邀约同样无建筑工程施工资质的胡某某合伙承包该工程。后万某、胡某某将该工程钢管脚手架安装拆除分包给周某某，将该工程四层至

七层的房屋人工拆除工程分包给张某某。周某某具有架子工证书，具备搭建脚手架的合法资质。后张某某开工拆房，施工工人由其自行雇请，万某、胡某某在施工现场直接指挥张某某施工。11 月 1 日，某银行建始支行与某咨询公司建始分公司签订《建设工程监理合同》，由黄某某担任总监理工程师，后黄某某到施工现场开展监理工作。周某某承包上述钢管脚手架安装拆除工程后，与建始县业州镇某某建筑设备服务部签订《建筑器材租赁合同》，租赁脚手架搭建所需材料并约定了单价。11 月 22 日 16 时 46 分，案涉工程拆除过程中，因拆除作业时堆积在第五层外走廊板的建筑垃圾未及时清理，使得该层外走廊板负荷严重超载发生坍塌，造成五名行人死亡，一人重伤。事故发生后，现场被紧急封锁，建始县住建部门启动应急救援预案，由恩施州某某建筑安装有限公司对现场进行抢险救援。

2018 年 12 月 25 日，建始县人民法院作出刑事判决，认定万某、胡某某、张某某、谭某、黄某某在生产、作业中因违反有关安全管理规定发生重大安全事故，其行为均已构成重大责任事故罪，均应受刑罚处罚；认定周某某不负事故责任。

2019 年 8 月，建始县业州镇某某建筑设备服务部向法院起诉，要求解除与周某某签订的《建筑器材租赁合同》，并由周某某支付 2017 年 9 月 18 日至 2018 年 1 月 26 日的租金、赔偿钢管款和扣件款，合计 341648 元。诉讼中周某某承认建始县业州镇某某建筑设备服务部的全部诉讼请求，法院作出民事判决书（2019 年），该判决已发生法律效力，该案已进入执行程序。

2022 年 7 月，周某某向法院起诉，要求判令某银行建始支行赔偿周某某上述判决中应承担的各项损失、周某某在“11·22”事故中损失的竹跳板等材料损失，返还代扣的已由周某某借支给工人的生活费，支付周某某的劳务费。

【案件焦点】

1. 周某某搭建的钢管脚手架坍塌后被清理，其损失如何确定；2. 周某某的损失应由谁赔偿。

【法院裁判要旨】

湖北省建始县人民法院经审理认为：

1. 周某某的损失如何确定。关于损失的脚手架的具体数额，因投入工程的脚手架已经灭失，不具备实物鉴定的可能，而周某某提交的《某银行危楼拆除钢管脚手架计算报告书》能够反映该工程脚手架的用量情况，某银行建始支行并未提交足以反驳前述报告书的证据。故采信前述报告书对脚手架损失数量作出认定，并结合双方当事人的陈述认定竹跳板的价格为 18 元/张。周某某起诉赔偿租金损失 179476.52 元系自 2017 年 9 月 18 日起至 2018 年 1 月 26 日止的租金，但该脚手架于 2017 年 11 月 22 日坍塌后全部清除，当租赁物不能达到租赁目的时，周某某应及时主张解除租赁合同，同时赔偿租赁方损失，避免租赁损失扩大。周某某同意给付出租人全部租金，扩大了租赁损失，其扩大的损失应由其自行承担。因此，确定自 2017 年 9 月 18 日至 11 月 30 日期间的租赁费为周某某的合理损失。

2. 周某某的损失应由谁赔偿。本案中，某银行建始支行作为发包方，某工程公司作为建设单位，万某作为施工单位，周某某按照某工程公司的要求搭建脚手架，并经施工单位、建设单位验收合格，责任事故的发生排除脚手架直接坍塌的可能。因此，周某某搭建的脚手架损失属建筑物、构筑物倒塌造成，根据《中华人民共和国侵权责任法》第八十六条第一款规定，其损失应由某银行建始支行、某工程公司承担连带赔偿责任。政府作出的《某银行建始支行“11·22”危楼拆除坍塌事故调查报告》、湖北省建始县人民法院作出的刑事判决，湖北省恩施州中级人民法院民事终审判决均对某银行建始支行等内部的责任比例认定为 2∶4∶2∶1.2∶0.8，建设单位某银行建始支行和施工单位某工程公司赔偿后，可按此责任比例向其他责任人追偿。

湖北省建始县人民法院根据《中华人民共和国侵权责任法》第二条、第四条、第六条、第十条、第十二条、第十九条、第八十六条，《中华人民共和国民事诉讼法》第六十七条，《最高人民法院关于适用〈中华人民共和国民法典〉时间效力的若干规定》第一条第二款规定，判决如下：

一、某银行建始支行、某工程公司于本判决生效后二十日内连带赔偿周某某脚手架损失人民币 380322.51 元；某银行建始支行、某工程公司赔偿后，可按某银行建始支行 20%、万某和胡某某 40%、张某某 20%、某工程公司 12%、某咨询公司建始分公司 8%的比例追偿；

二、驳回周某某的其他诉讼请求。

某银行建始支行、某咨询公司建始分公司不服一审判决，提起上诉。

湖北省恩施土家族苗族自治州中级人民法院经审理认为：同意一审法院裁判意见，同时认为周某某租赁脚手架参与案涉工程，在工程事故发生后，现场被紧急封锁，住建部门启动应急救援预案对现场进行抢险救援。此时，周某某不具备进入现场清理脚手架的客观可能，其租赁的脚手架在现场清理完毕后已经灭失，该部分损失不能归咎于周某某。故周某某损失的脚手架系本案事故造成的损害后果，应由侵权人承担赔偿责任。关于周某某损失的脚手架的具体数额，因投入工程的脚手架已经灭失，不具备实物鉴定的可能，而周某某提交的《某银行危楼拆除钢管脚手架计算报告书》能够反映该工程脚手架的用量情况，周某某与建始县业州镇某某建筑设备服务部租赁合同纠纷一案的判决虽然认定周某某向该租赁服务部返还了部分脚手架，但是周某某未返还部分的数量仍大于前述报告书认定的用量。并且某银行建始支行并未提交足以反驳前述报告书的证据。故一审法院采信前述报告书对脚手架损失数量作出认定，并结合双方当事人的陈述认定竹跳板的价格为 18 元/张，并无不当。周某某租赁脚手架参与工程建设，因案涉事故导致租赁目的未能实现并遭受损失，一审法院据此对其租金损失范围作出的认定在合理范围内，予以确认。

湖北省恩施土家族苗族自治州中级人民法院依照《中华人民共和国民事诉讼法》第一百七十七条第一款第一项、第一百八十二条之规定，判决如下：

驳回上诉，维持原判。

【法官后语】

《中华人民共和国民法典》第一千二百五十二条第一款规定：“建筑物、

构筑物或者其他设施倒塌、塌陷造成他人损害的，由建设单位与施工单位承担连带责任，但是建设单位与施工单位能够证明不存在质量缺陷的除外。建设单位、施工单位赔偿后，有其他责任人的，有权向其他责任人追偿。”该条规定了建筑物、构筑物损害赔偿责任的构成要件、责任承担的主体和方式以及追偿权的行使。具体而言，在严格责任原则的语境下，受害人只需证明自己受到的损害与倒塌、塌陷事故之间存在因果关系，建设单位与施工单位不能证明不存在质量瑕疵的情形下即应承担法定的连带责任。建筑物、构筑物倒塌问题严重危害人民群众的生命和财产安全，关乎民生。基于此，在弱势地位的受害人与强势一方的建设单位和施工单位之间，法律以严格责任的归责模式、连带责任以及先行赔偿责任承担方式赋予后者更高的责任和更大的义务，使得人民群众的生命财产安全获得了最周延的保护。其第一千二百五十二条第二款规定：“因所有人、管理人、使用人或者第三人的原因，建筑物、构筑物或者其他设施倒塌、塌陷造成他人损害的，由所有人、管理人、使用人或者第三人承担侵权责任。”该款采用过错责任原则，如果建筑物倒塌除质量缺陷外另有原因，损害的发生是所有人、管理人、使用人或者第三人原因所致，那么谁的原因造成损害由谁来承担赔偿责任。本案中，周某某租赁脚手架参与案涉工程，在事故发生后，现场被紧急封锁，此时，周某某不具备进入现场清理脚手架的客观可能，其租赁的脚手架在现场清理完毕后已经灭失，该部分损失不能归咎于原告。故，周某某损失的脚手架系本案事故造成的损害后果，应由侵权人承担赔偿责任。

判断建设单位是否与施工单位承担共同侵权责任，主要应从建设单位是否实施侵权行为、施工单位是否使用建设单位名义实施侵权行为、施工单位是否尽到管理义务三个方面分析，若符合其中一个要件，建设单位将面临承担共同侵权责任的风险。就一般的侵权行为而言，实施侵权行为的主体为责任主体，但在很多涉及建设工程的侵权纠纷中，施工单位实施了侵权行为，施工单位是实际侵权人，建设单位也要承担连带责任，原因在于建设单位和施工单位间对外存在管理和被管理的关系，若建设单位未尽到管理义务，会被认定为建设单位对施工单位的侵权行为及造成的损失存在间接过错，应当承担连带责任。因此，在建设工程侵权纠纷中，非行为主体也可能是责任主体。

损失发生时被侵害财产的价格如何认定。依据《中华人民共和国民法典》第一千一百八十四条规定："侵害他人财产的，财产损失按照损失发生时的市场价格或者其他合理方式计算。"审判实务中，对于财产损失的认定，需要兼顾数量与价格两方面，在侵权行为发生时，首先需要明确受损财产的数量，进而认定受损财产的价格，最终认定受损价值。认定受损财产的价格最有效的方法系通过司法技术手段明确，但具体案件中往往出现标的物已经灭失，无法通过司法审查直接认定其损失，也无法通过司法技术手段明确损失的情况。此时，如果当事人的损失客观存在，不能简单地根据举证规则认为当事人举证不利，应引导当事人认可某一时间段的市场价格或依据证人证言、专业人士意见等证实受损财产的价格，进而明确受损财产的总价值。如本案中，因标的物已灭失，无法通过司法技术手段对标的物价值作出准确判断，但各当事人均具体参与了案涉工程的建设，对被损害财产价值确定奠定了基础，且周某某有证据证实相应的损失数量，故一审法院采用了双方均认可的市场价格。

针对建筑物施工过程中造成的财产损害或者人身损害，依法认定侵权责任，有利于促进建筑行业按照建筑标准建造施工，从而保障广大人民群众的生命财产安全。为避免侵权行为和损害事实的发生，在日常的施工作业当中，项目负责人及现场工作人员应当积极排查安全隐患，主动发现并及时排除风险，避免侵权行为和结果的发生。

编写人：湖北省建始县人民法院　张晓玥

23

添附行为中强迫得利与恶意添附行为的认定和处理

——某洗浴公司诉某机械公司财产损害赔偿案

【案件基本信息】

1. 裁判书字号

浙江省宁海县人民法院（2022）浙0226民初1823号民事判决书

2. 案由：财产损害赔偿纠纷

3. 当事人

原告：某洗浴公司

被告：某机械公司

【基本案情】

自2014年10月17日起，原宁波市江东区人民法院在某网上交易平台先后三次发布司法拍卖公告，拍卖被执行人宁海县某某金属有限公司名下的工业房地产，但均流拍。2016年9月8日，该院在某网上交易平台发布司法变卖公告，变卖上述房地产，某机械公司于2016年9月27日以75.4万元购得该房产。上述拍卖及变卖公告均载明：标的物情况介绍摘录自《房地产估价报告》。

2015年6月8日，某洗浴公司为在上述房产处经营浴场，由宁海县某某金属公司的法定代表人暨某洗浴公司的实际控制人魏某甲、案外人魏某乙将该房产的装修工程发包给案外人宁波某某建设有限公司施工，后因欠付工程款，宁波某某建设有限公司向法院起诉某洗浴公司、魏某甲、魏某乙，法院判决认定上述装修工程的成果由某洗浴公司享有。

2021年5月21日，某洗浴公司的管理人对某机械公司作了一份询问笔录，某机械公司表示愿以 24 万元购买应返还的设备。10 月 1 日，某机械公司将案涉房产出租给宁海某某生态旅游开发有限公司作为公寓等使用，承租人对该房产进行施工改造。

经法院委托进行资产评估，确认上述房产的装修及设备的评估值为 3250740 元，其中装修价值 2930900 元。

某机械公司经营范围为机械设备、金属制品、模具制造、加工。

【案件焦点】

涉案房产进入司法拍卖程序后，房产使用人对房产进行装修的，能否向房屋买受人主张赔偿或补偿装修损失。

【法院裁判要旨】

浙江省宁海县人民法院经审理认为：关于某洗浴公司主张的装修损失。一方面，某洗浴公司在明知人民法院已查封案涉房产并启动司法拍卖程序的情况下，擅自对该房产进行装修，存在故意或重大过失的情形，对于存在过错的某洗浴公司应当给予法律上的不利益；另一方面，人民法院自 2014 年起发布的多份司法拍卖及变卖公告均未载明某洗浴公司所主张的有关"洗浴"的装修物，而且某机械公司的经营范围为模具制造、加工，并未包括洗浴服务，某机械公司依据上述公告购买案涉房产后，即使因某洗浴公司的添附而取得装修物所有权，但此种添附行为所产生的客观价值既偏离某机械公司的预期需求，也不符合某机械公司的主观利益，而且某洗浴公司也未提供有效证据证明某机械公司因此而获利，故应当认定某机械公司并未取得利益。综上，某机械公司对于案涉房产的装修物不负有赔偿或者补偿的义务。

浙江省宁海县人民法院依照《中华人民共和国民法典》第七条、第二百三十八条，《中华人民共和国民事诉讼法》第六十七条规定，判决如下：

一、某机械公司于本判决生效之日起十日内支付某洗浴公司设备折价款 240000 元；

二、驳回某洗浴公司的其他诉讼请求。

一审宣判后，双方均未提出上诉，该判决已经生效。

【法官后语】

当事人对房屋进行装修，如装修物、增设物成为房屋重要组成部分，构成添附中的动产与不动产附合。构成添附的部分，因添附规则丧失动产所有权者，可基于不当得利向对方主张补偿请求权，但添附之补偿请求权，于强迫得利及恶意添附情况下应作区别处理。

一、动产与不动产附合的识别

装修行为人对不动产的改善或增设，只有那些不经毁损或变更其性质而不能分离的改善或增设物，才属于动产与不动产的附合。另外，社会观念中是否分属于相互独立的物，也是判断标准之一。那些能够拆除，又不影响其自身价值的设备、设施，与附合的构成要件不符，不属于动产与不动产的附合。根据上述附合原理，附合于房屋并与房屋融为一体、不可分离，或分离后大大降低装修物、增设物以及房屋本身价值的，方能构成添附，如砖、瓦、木材、涂料、管线等。本案中，某洗浴公司为经营洗浴业而将装修工程发包给其他公司施工，其中装修材料已与案涉房屋不可分割并构成其重要成分，形成动产和不动产的附合，可适用添附的法律规则予以处理，而能够拆除的设备，诸如挂式空调、热泵机组、电梯等，不构成添附，不能适用添附的法律规则。

二、添附补偿请求权的性质

《中华人民共和国民法典》第三百二十二条规定，“……因一方当事人的过错或者确定物的归属造成另一方当事人损害的，应当给予赔偿或者补偿”。添附作为所有权的原始取得方式之一，无论附合，还是加工、混合，均属非因法律行为引起的物权变动，添附制度旨在解决基于侵权行为、无因管理、不当得利、不可抗力等自然因素结合在一起的添附物的所有权归属问题。根据上述条款规定，因一方当事人的过错而丧失所有权或付出劳动者，享有相应的添附赔偿请求权，其请求权基础系侵权行为；非因对方过错而丧失所有权或付出劳动者，享有相应的添附补偿请求权，传统民法对此均采不当得利说，即一方得利、他方受有损失、得利与受有损失之间存在因果关系、无法律上的原因，较有争议的是该请求权是否满足“无法律上的原因”，但通说认为，受益人的获利是否具有法律上的原因应从法律规定的目的加以考察，“因添附之所有权取得，法律上以一个物上不容有两个所有权之并存，亦不以其共有为适当，以之属于一方，并非以财产价值转移为目的，故仍许其发生不当得利之请求权”。本案中，某洗浴公司对案涉房屋装修后，因司法拍卖行为，该装修物因已添附至房屋上而不可分割，其所有权一并归买受人即某机械公司享有，因某机械公司系通过参与司法竞拍合法购得案涉房屋，成为房屋装修物的所有权人，并不存在侵权行为，故应适用添附补偿请求权而非赔偿请求权予以审查处理。

三、添附补偿请求权的范围

装修行为极具主观性与个人审美以及实用性，若添附者违背不动产所有权人意愿，是否还可享有添附补偿请求权？再者，对于明知或应知无权从事附合行为而为者，是否也享有添附补偿请求权。

（一）强迫得利

强迫得利是指因添附而取得添附物所有权的客观价值不符合受益人主观利益。此种对被添附人主观意愿的根本性违背，即便客观上提升了原物价值，也应认为被添附人的利益不存在，添附者不仅不应享有补偿请求权，当为添附者存有故意或过失时，还需向被添附者承担相应的侵权责任，被添附人得以请求排除妨害、恢复原状或赔偿损失。本案中，某洗浴公司在明知人民法院已查封案涉房产并启动司法拍卖程序的情况下，擅自对该房产进行装修，存在故意或重大过失的情形，对其应当给予法律上的不利益。此外，人民法院自2014年起发布的多份司法拍卖及变卖公告均未载明某洗浴公司所主张的有关“洗浴”装修物，而且某机械公司的经营范围为模具制造、加工，并未包括洗浴服务，其依据上述公告购买案涉房产后，即使因某洗浴公司的添附而取得装修物所有权，但此种添附行为所产生的客观价值既偏离其预期需求，也不符合其主观利益，故应当认定某机械公司并未取得利益。因此，某洗浴公司对其装修物不应享有添附补偿请求权。

（二）恶意添附

所谓恶意添附，即指明知或应知无权从事附合等行为而为添附者。善意、恶意是对无权状态是否知道或者是否应该知道，为主观意思问题，无关道德上善恶的评判和认定。对于恶意添附者，其因自身添附行为而丧失对添附物的所有权，因其明知无权而为之，已属对他人财产权的侵权，此时基于公平原则及处分原则，该恶意添附者不应享有补偿请求权。本案中，某洗浴公司在对案涉房屋采取装修行为时，该房屋虽然尚未被某机械公司购得，但已被人民法院查封控制，并已进入司法拍卖程序，某洗浴公司已处于无权处分人的地位，其对此应当明知，其装修行为表明其主观意思属于恶意状态，民法不保护恶意行为。因此，某洗浴公司作为恶意的一方当事人不应从添附行为中获利。

编写人：浙江省宁海县人民法院　魏巍

二、所有权纠纷

（一）侵害集体经济组织成员权益纠纷

24

集体经济组织成员行使查阅、复制权是否具有限制

——黄某甲、黄某乙诉甲县某乡某村委员会
侵害集体经济组织成员权益案

【案件基本信息】

1. 裁判书字号

湖南省张家界市中级人民法院（2021）湘08民终617号民事判决书

2. 案由：侵害集体经济组织成员权益纠纷

3. 当事人

原告（上诉人）：黄某甲、黄某乙

被告（被上诉人）：甲县某乡某村委员会（以下简称某村委）

【基本案情】

黄某甲、黄某乙系某村村民。2018年6月18日，黄某乙等多人曾联名向某乡财政所要求查阅某村委的村级财务账目。

2018 年 10 月 29 日，某乡人民政府作出关于沙某某等 8 人反映冯某某问题的答复，其中对某村 2015—2017 年的村账进行了审计，并对某村 2014—2015 年新建、改造、维修水池中存在虚假套取财政资金的现象进行了处理，对相关违规违纪人员给予了严重警告处分等。10 月 30 日，乡人民政府作出关于某村委黄某某信访事项的答复意见书，其中对某村委侵占扶贫款、套取水池资金的问题作出回复。

2017 年 3 月 20 日，甲县农村经营服务站作出审计决定，对某乡人民政府于 2017 年 2 月 21 日就某村委 2014 年至 2016 年财务账目进行的审计报告作出处理决定。

2019 年 4 月 21 日，甲县农民权益维护和农民负担监督管理领导小组办公室、甲县农村经营服务站作出通知书，决定于 2019 年 4 月 29 日起对某村委 2014 年至 2018 年的财务收支等情况进行就地审计。10 月 24 日，某会计师事务所作出专项审计报告。12 月 16 日，甲县农村经营服务站作出审计决定，要求某村委对相关问题作出整改。

2020 年 9 月 21 日，甲县农业农村局作出审计决定，依据某乡人民政府于 2020 年 8 月 12 日至 9 月 15 日对某村委 2017 年至 2020 年财务账目进行审计作出的审计报告，要求某村委对相关问题作出整改。9 月 25 日，某村委作出整改情况汇报。

【案件焦点】

黄某甲、黄某乙要求查阅、复制村集体特定期间的全部财务相关账目的诉讼请求是否应得到支持。

【法院裁判要旨】

湖南省慈利县人民法院经审理认为：根据《中华人民共和国村民委员会组织法》的相关规定，村民委员会是村民自我管理、自我教育、自我服务的基层群众性自治组织，实行民主选举、民主决策、民主管理、民主监督，而村民自治是指村民自己处理自己村内的事务，公权力一般不予参与，因此，对本案所涉及纠纷的处理应当在尊重村民自治的大前提下，充分运用村民自治的制度体系来保障集体成员的查阅复制权，才符合相关行政法规关于村民自治的立法宗旨。

回归本案，双方当事人争议的焦点在于对《中华人民共和国民法典》第二百六十四条的理解与适用。《中华人民共和国民法典》自 2021 年 1 月 1 日实施，黄某甲、黄某乙认为根据《最高人民法院关于适用〈中华人民共和国民法典〉时间效力的若干规定》第一条第三款的规定，应当适用《中华人民共和国民法典》第二百六十四条新增之规定保障黄某甲、黄某乙的查阅复制权。在法律适用上，本案黄某甲、黄某乙与某村委之间的法律事实自《中华人民共和国民法典》生效前便已发生，黄某甲、黄某乙要求查阅复制的亦是《中华人民共和国民法典》生效前的村委会财务账目，因在《中华人民共和国民法典》生效前，《中华人民共和国村民委员会组织法》以及其他行政法规已经对公开查阅财务信息的监督主体、救济渠道进行了规定，故根据《最高人民法院关于适用〈中华人民共和国民法典〉时间效力的若干规定》第一条“法律、司法解释另有规定的除外”的“但书”条款，本案应当适用《中华人民共和国民法典》生效前的法律规定，何况依据法的溯及力法理，遵循实体从旧、程序从新原则，《中华人民共和国民法典》新增民事权利系实体法内容，亦应采取从旧原则，因此，黄某甲、黄某乙的诉求所依据的法律规定在本案中不具有溯及力。反之，若黄某甲、黄某乙主张的内容范围在《中华人民共和国民法典》生效后至诉讼之日，则应当适用《中华人民共和国民法典》的规定。在法条理解上，《中华人民共和国民法典》第二百六十四条相较于《中华人民共和国物权法》第六十二条在要求集体财产状况公开的基础上新增了“集体成员有权查阅、复制相关资料”的规定，故集体财产公开与村民查阅复制相关资料属于递进关系，黄某甲、黄某乙应当依据相关法律法规对村委会公开的财产信息行使查阅复制权。根据《农村集体经济组织财务公开规定》的规定，财务公开以真实为原则，对公开信息的载体未作形式上的要求，本案相关行政单位已经对某村委的部分账目进行了详细的审计和公开，某村委当庭提交了相关证据亦是履行公开义务的表现，黄某甲、黄某乙可以查阅复制，而黄某甲、黄某乙的诉讼请求不具体、不明确，其无权跨越法律、行政法规以及章程、村规民约对财务公开制度的规定而直接要求查阅复制所有的财务账目。综上所述，黄某甲、黄某乙的诉讼请求无法律依据，依法予以驳回。另本案属于民事诉讼，黄某甲、黄某乙若对已经公开的内容存疑或者认为某村委有未公开事实的，属于对行政程序的异议，应当根据相关法律法规申请行政机关依法行使监督权。

湖南省慈利县人民法院依照《最高人民法院关于适用〈中华人民共和国民法典〉时间效力的若干规定》第一条，《中华人民共和国物权法》第六十二条，《中华人民共和国村民委员会组织法》第二条、第三十一条，《中华人民共和国民事诉讼法》第六十四条规定，判决如下：

驳回黄某甲、黄某乙的诉讼请求。

黄某甲、黄某乙不服一审判决，提起上诉。

湖南省张家界市中级人民法院经审理认为：《中华人民共和国民法典》第二百六十四条规定："农村集体经济组织或者村民委员会、村民小组应当依照法律、行政法规以及章程、村规民约向本集体成员公布集体财产的状况。集体成员有权查阅、复制相关资料。"从上述规定可知，法律保障集体成员对集体财产的知情权，赋予了集体成员查阅、复制相关资料的权利，村民委员会有义务最大限度地保障集体成员的知情权以及获得救济的权利，应确保集体财产不受非法侵犯。但是，集体成员查阅、复制权并非没有限制，相关材料应限定在村民委员会按照法律、行政法规、章程、村规民约的要求应当公布的事项之内，对于不宜公开，法律、行政法规、章程、村规民约亦未规定村民委员会应公布的事项，集体成员要求查阅、复制相关材料的依据并不充分。而对集体成员查阅、复制权的保障，基于《中华人民共和国村民委员会组织法》第二条规定的村民委员会村民自治的本质特征，应充分运用村民自治的制度体系来保障，在村民自治的框架内解决。该法对与此相关的监督机制及救济机制作出了规定，对村民委员会未按照法律、行政法规、章程、村规民约的要求公布应公布的事项或公布事项不真实的，集体成员可依照该法第三十一条"村民委员会不及时公布应当公布的事项或者公布的事项不真实的，村民有权向乡、民族乡、镇的人民政府或者县级人民政府及其有关主管部门反映，有关人民政府或者主管部门应当负责调查核实，责令依法公布；经查证确有违法行为的，有关人员应当依法承担责任”的规定向乡、民族乡、镇人民政府或者县级人民政府及其有关主管部门反映，且在有关部门不作为时，村民可以政府为被告提起行政诉讼。本案中，黄某甲、黄某乙作为某村集体成员，有权按照法律规定程序在法定范围内查阅复制相关材料，但其要求查阅、复制某村委 2010—2020 年财务账目，因所要求查阅、复制的资料并非全部属于应依规定公开的内容，且对于其中可能涉及某村委未按相关规定公布或未真实公布的事项，应依法向乡民政府或者县级人民政府及其有关主管部门反映，在公开的情况下查阅、复制。故黄某甲、黄某乙提起本案诉讼要求查阅复制某村委 2010—2020 年财务账目，虽包括其可以查阅、复印的材料，但其未明确具体事项，人民法院亦不能予以确定，一审法院驳回其诉求的裁判并无不当，符合法律规定。

湖南省张家界市中级人民法院依照《中华人民共和国民事诉讼法》第一百七十条第一款第一项规定，判决如下：

驳回上诉，维持原判。

【法官后语】

《中华人民共和国民法典》物权编新增集体成员对农村集体经济组织或者村民委员会、村民小组财产情况行使查阅、复制权的内容，本案属于《中华人民共和国民法典》生效以来的新类型案件。从以往案件检索来看，该类型案件均以不属于民事案件受理范围予以驳回起诉。但自《中华人民共和国民法典》颁布实施以来，陆续出现以该新增法律条款为依据向法院提起民事诉讼的案例，对此类案件纠纷的处理亦存在较大争议，其焦点问题有二：(1) 是否属于民事案件受理范围；(2) 该项权利的行使是否具有限制。

对于焦点一。集体经济组织成员的合法权益应当得到法律保护。集体经济组织或者村民委员会、村民小组的财产属于全体集体成员所有，每个集体成员都应当有权知道和了解集体财产的存在和使用情况。故集体成员对集体财产的查阅复制权来源于对集体财产的共有，《中华人民共和国民法典》亦将该权利归纳在物权编的范畴，即赋予了集体成员就集体财产公开情况在民事领域的权利，因此，原告的起诉只要满足民事诉讼的起诉条件：(1) 原告是与本案有直接利害关系的公民、法人和其他组织；(2) 有明确的被告；(3) 有具体的诉讼请求和事实、理由；(4) 属于受诉人民法院管辖，相关纠纷则应当作为民事案件予以受理。

对于焦点二。村民委员会是村民自我管理、自我教育、自我服务的基层群众性自治组织，实行民主选举、民主决策、民主管理、民主监督。村民自治是指村民自己处理自己村内的事务，公权力一般不予参与，因此，在行使权利时应当充分尊重自治组织的“民主”要义，结合当事人的身份、原因、目的、效益等多方面考虑，对集体成员的查阅复制权进行合理限制。

首先，结合实际情况来看，村民委员会与集体经济组织多数存在混同的情况，因此村务公开的内容包含了集体财产的状况，由村民加以监督，对不公布或公布信息不真实的，村民可以向行政主管部门进行反映，相关部门不作为的，可以提起行政诉讼，这是过去村民行使监督权的办法。《中华人民共和国民法典》赋予集体成员查阅复制集体财产状况的民事权利，集体成员据此可直接向集体组织提起民事诉讼，是为了依法保障集体成员的知情权，从而增进集体组织与成员之间的相互信任，集体可以获得成员的支持，成员可以各种形式参与集体经济的运行决策中，从而达到基层群众民主、自治的理想效果，其最终目的是最大限度地维护集体及集体成员的利益，防止集体成员的合法权益受到侵害。根据《中华人民共和国村民委员会组织法》第三十条、第三十一条，《农村集体经济组织财务公开规定》第十二条、第十五条，《湖南省农村集体经济组织财务公开办法》第十四条等规章制度的规定，集体成员要求查阅、复制集体财产相关资料应以保护集体财产为目的，因此，集体成员虽获得了民事领域的权利外观，在具备立案条件的情况下，法院在实体审理中仍应当通过当事人举证充分审查当事人的诉讼目的，要求其对集体财产是否受到侵害进行初步举证。若支持无缘由的知情权诉讼，势必导致村务公开制度被架空，任何集体成员都可随意对村集体组织主动履行公开义务的内容质疑并进行诉讼，无疑将花费巨大的人力与物力资源，更不利于村集体的正常运转。

其次，由于该类案件主要诉讼请求多为查阅复制相关财务账目，而账簿作为最能真实反映经济业务往来的信息，一旦泄露可能会给村集体经济组织带来无法挽回的损失，因此对该类信息的查阅复制权主体应当严格限制，对《中华人民共和国民法典》第二百六十四条在未有具体司法解释前应当作出限缩解释，即主体资格应当满足两点要素：一是在该村委会所在地生活，且户籍地归属于村委会管辖范围内；二是以集体所有的土地利益作为社会保障的基础，即村委会的财产利益与该村民基本生活密切相关①。故在类似案件中当事人亦应当对自己的主体资格进行初步举证，即其要求查阅复制的内容是否与其利益直接相关联。在必要的时候，也可以通过签署保密协议对当事人进行合理的约束。

最后，《中华人民共和国民法典》在原《中华人民共和国物权法》要求集体财产状况公开的基础上新增集体成员的查阅复制权，其仍离不开依据法律、行政法规、章程、村规民约对财务公开的要求来确定查询内容，这意味着不仅要通过立法确定财务公开的项目，同时也要考虑对地方政府或自治组织财务公开的材料、时间有一个较明确的范围，这样才能引导当事人在合理的程序框架下行使权利，依法合理地保障集体成员知情、监督、管理的自主权利和获得救济的权利，否则法定的权利将会失去存在的意义。例如，本案中黄某甲、黄某乙要求倒查10年村集体组织的所有财务账目，在无法界定是否都与集体成员的利益息息相关或者符合法律规定的可公开项目时，其相应诉求不应当得到支持，否则可能造成诉讼权利的滥用。

当然，《中华人民共和国民法典》该条内容的增加，是在原《中华人民共和国物权法》没有相关规定的情况下，对过去合理经验做法的立法确认，而当事人合理预期的要求也当然要符合公平正义和人们日常经验法则的认知。故类

---

① 最高人民法院民法典贯彻实施工作领导小组主编：《中华人民共和国民法典物权编理解与适用》（上），人民法院出版社2020年版，第309页。

似案件的处理既要满足当事人的合理预期，还要起到统一裁判尺度、保护信赖利益、稳定社会经济秩序的作用，需要汲取过去合理的经验做法，在程序上予以保障。从《中华人民共和国民法典》的新增内容来看，在民事诉讼程序上对其救济途径并未进行明确，因此，当集体成员该项权利受到侵害时应当从整个法律体系中寻找救济方法，不能排除通过行政复议或者行政诉讼的途径进行救济，或者说行政救济途径更应当挺在民事救济途径之前，充分发挥指导与监督的行政职能。

综上，集体成员的查阅复制权并非没有限制，对类似纠纷的处理应当在尊重村民自治的大前提下，充分运用村民自治的制度体系来保障集体成员的查阅、复制权，才符合《中华人民共和国村民委员会组织法》关于村民自治的立法宗旨。

编写人：湖南省慈利县人民法院　曾略

25

集体经济组织成员享有查阅、复制集体财务账簿的权利

——王某等十三人诉甲村村民委员会侵害集体经济组织成员权益案

【案件基本信息】

1. 裁判书字号

山东省潍坊市中级人民法院（2022）鲁07民终10055号民事判决书

2. 案由：侵害集体经济组织成员权益纠纷

3. 当事人

原告（被上诉人）：王某等十三人

被告（上诉人）：甲村村民委员会

【基本案情】

王某等十三人为甲村村民委员会村民，2022年5月3日通过邮寄的方式向甲村村民委员会提出申请查阅、复制账簿、票据等，甲村村民委员会对该邮件予以拒收。现王某等十三人起诉甲村村民委员会，请求法院判决甲村村民委员会让王某等十三人查阅、复制《申请书》中的第13项内容，即2022年4月至5月甲村召开党员会议，村民代表会议讨论通过的每户村民发放的被征地失地养老保险约830元的会议纪录、党员同意签字表、村民代表同意签字表、资金来源银行拨款进账凭证票据、拨失地养老保险单据、被征地的亩数、被征地地块、被征地四至、每亩拨付失地养老保险标准、共拨付失地养老保险总金额、征地单位、征地时间、征地批文、《土地征收补偿安置协议》。

【案件焦点】

1. 查阅、复制权是不是村民自治范畴；2. 集体成员是否可以查阅、复制会计账簿等相关财务资料；3. 集体成员的查阅、复制权是否有相应限制。

【法院裁判要旨】

山东省潍坊市坊子区人民法院经审理认为：《中华人民共和国民法典》第二百六十四条规定，“农村集体经济组织或者村民委员会、村民小组应当依照法律、行政法规以及章程、村规民约向本集体成员公布集体财产的状况。集体成员有权查阅、复制相关资料”，集体经济组织或者村民委员会、村民小组的财产属于全体集体成员所有，每个集体成员都应当有权知道和了解集体财产的存在和使用情况。对集体财产所享有的知情、参与、监督、管理和自主决策的权利，是集体成员权利的重要内容，也是集体成员依法律规定或约定对集体财产行使所有权权能的体现和保障。王某等十三人系甲村村民委员会的集体成员，依法享有对集体财产的知情权。

山东省潍坊市坊子区人民法院依照《中华人民共和国民法典》第二百六十四条，《中华人民共和国民事诉讼法》第一百四十五条，《最高人民法院关于适用〈中华人民共和国民事诉讼法〉的解释》第九十条规定，判决如下：

甲村村民委员会依照法律、行政法规以及章程、村规民约向王某等十三人公布集体财产（2022 年 4 月至 5 月甲村召开党员会议，村民代表会议讨论通过的每户村民发放的被征地失地养老保险约 830 元的会议纪录、党员同意签字表、村民代表同意签字表、资金来源银行拨款进账凭证票据、拨失地养老保险单据、被征地的亩数、被征地地块、被征地四至、每亩拨付失地养老保险标准、共拨付失地养老保险总金额、征地单位、征地时间、征地批文、《土地征收补偿安置协议》中与集体财产相关的事项）的状况。王某等十三人有权查阅、复制相关资料。

甲村村民委员会不服一审判决，提出上诉。

山东省潍坊市中级人民法院经审理认为：本案二审争议的焦点问题是王某等十三人申请查阅、复制的事项是否符合法律规定。《中华人民共和国民法典》第二百六十四条规定，农村集体经济组织或者村民委员会、村民小组应当依照法律、行政法规以及章程、村规民约向本集体成员公布集体财产的状况。集体成员有权查阅、复制相关资料。本案中，王某等十三人作为甲村村民委员会的集体经济组织成员，有权查阅、复制甲村村民委员会应当依照法律、行政法规以及章程、村规民约向本集体成员公布的集体财产状况的相关资料。王某等十三人在本案中申请查阅、复制的资料为 2022 年 4 月至 5 月甲村村民委员会关于向村民发放失地养老保险的党员会议资料、村民代表会议资料、资金来源银行拨款进账凭证票据、拨付失地养老保险标准及拨付失地养老保险总金额情况等集体财产状况的相关资料，王某等十三人的申请事项符合《中华人民共和国民法典》第二百六十四条的规定，甲村村民委员会主张召开党员会议记录等事项不属于《中华人民共和国民法典》第二百六十四条规定的事项，法院不予采信，一审法院依法支持王某等十三人的诉讼请求并无不当，应予维持。另外，关于一审诉讼费承担问题，一审已支持王某等十三人的诉讼请求，再判令其承担案件受理费缺乏依据，法院依法予以纠正。综上所述，甲村村民委员会的上诉请求不能成立，应予驳回；一审判决认定事实清楚，适用法律正确，应予维持。但诉讼费承担部分认定不当，法院依法予以纠正。

山东省潍坊市中级人民法院依照《中华人民共和国民事诉讼法》第一百七十七条第一款第一项的规定，判决如下：

驳回上诉，维持原判。

【法官后语】

《中华人民共和国民法典》第二百六十四条新增了农村集体经济组织成员（以下简称集体成员）对集体财产的相关资料享有查阅、复制权，丰富了成员对集体财产状况知情权的内容，进一步保护了集体成员的财产权利。但在司法实践中，因缺少具体的裁判规则，对于该条的法律适用仍然存在诸多争议，导致裁判的不统一。笔者从审判实践中存在的问题出发，对此类案件的裁判规则予以分析。

一、查阅、复制权是不是村民自治范畴

在《中华人民共和国民法典》实施前，对于集体成员查阅权的行使，是可以通过村民自治组织实现的，并未直接赋予集体成员个体查阅、复制的权利。而《中华人民共和国民法典》第二百六十四条在《中华人民共和国物权法》第六十三条规定的基础上增加了"集体成员有权查阅、复制相关资料"的内容，进一步赋予集体成员个体可以查阅并复制财务账目等相关资料的权利。该条正是对村民自治制度体系保障集体成员知情权的补充，所以，若集体成员通过村民自治无法行使查阅、复制权，根据《中华人民共和国民法典》这一新规定，集体成员可以向法院提起诉讼来实现其查阅、复制权。自然，集体成员查阅、复制权纠纷应属于民事管辖范畴，不应以"属村民自治范畴"驳回集体成员的起诉。

二、裁判规则的比照适用

集体成员的查阅复制权于民法上仍是新鲜事物，相关配套司法解释等法律规范还未成型，但从法理分析的角度，裁判者可以思考寻找相类似的"模型"予以参考。农村集体经济组织作为特殊法人，其信息公开和成员查阅、复制权均能在营利法人体系中的股东知情权中找到参考。

《中华人民共和国公司法》第五十七条第一款、第二款规定，股东有权查阅、复制公司章程、股东名册、股东会会议记录、董事会会议决议、监事会会议决议和财务会计报告。股东可以要求查阅公司会计账簿、会计凭证。股东要求查阅公司会计账簿、会计凭证的，应当向公司提出书面请求，说明目的。公司有合理根据认为股东查阅会计账簿、会计凭证有不正当目的，可能损害公司合法利益的，可以拒绝提供查阅，并应当自股东提出书面请求之日起十五日内书面答复股东并说明理由。公司拒绝提供查阅的，股东可以向人民法院提起诉讼。该条是《中华人民共和国公司法》关于股东知情权的条款设计。以此作为参照，审判实践中对于集体成员查阅、复制权的行使可以从以下几个方面进行考量：

（一）主体资格

在形式要件上，集体成员应当以户籍为基础，确认成员在户籍地生活，且归属于集体管辖的范围内。在实质要件上，要求成员提供参与集体经济收益分配的证明，折股量化改革已完成的地区，允许使用股权证证明其主体资格。

（二）查阅、复制的范围

《中华人民共和国民法典》中规定的“相关资料”具体包含哪些？财务账目所涉及的资料无外乎就是会计账簿，《中华人民共和国民法典物权编理解与适用》中关于《中华人民共和国民法典》第二百六十四条的释义对于“相关资料”亦提及“账簿”，当然，除“账簿”外，会议记录、财务报告、审计报告等材料亦应当属于“相关资料”的范围。

（三）正当目的原则的必要限制

赋予集体成员查阅、复制权利的同时，还要防止其对知情权的滥用。农村集体经济组织内部成员之间除财产关系之外，人身、人际关系更为复杂，家族利益、相邻利益乃至选举利益等都会引发私人恩怨，且不易调和，为防止部分集体成员利用知情权解决私仇，对于其查阅、复制的正当性应当予以考察。根据股东知情权的制度设计，集体成员要求查阅、复制账簿等资料的，应当向集体经济组织提出书面请求，并说明目的。集体经济组织有合理根据认为有不正当目的，可能损害集体经济组织合法利益的，可以拒绝提供，并应当作出书面答复且说明理由。对于集体经济组织拒绝提供的，集体成员可以起诉至人民法院要求集体经济组织提供查阅、复制。

结合本案，王某等十三人均属于集体成员，享有对集体财产的知情权，其要求查阅、复制征地发放款项的会议纪录、拨款进账凭证票据等相关资料符合法律规定。王某等十三人以邮寄方式向甲村村民委员会提出查阅、复制的申请，且理由正当，甲村村民委员会拒绝提供相关资料，损害了王某等十三人作为集体成员的知情权，故法院依法支持了王某等十三人的诉讼请求。

编写人：北京市密云区人民法院　孟娜

26

直接要求以唯一继承人身份主张继承房屋拆迁安置补偿权益的正确认定

——商某乙诉某村委会侵害集体经济组织成员权益案

【案件基本信息】

1. 裁判书字号

山东省淄博市临淄区人民法院（2021）鲁0305民初1241号民事判决书

2. 案由：侵害集体经济组织成员权益纠纷

3. 当事人

原告：商某乙

被告：某村委会

【基本案情】

2013年，某村委会组织进行旧村改造，并制定《拆迁安置分配方案》，该方案第二条规定："祖籍是本村，户口在本村，并长期居住的，享受村民待遇的男性公民或妻子，有独立宅基房产，是村集体经济成员的户，及有女无子、已结婚的养老女婿或女儿已满十八周岁，有宅基地的享受安置房、保障房各一套。”2013 年 10 月 11 日，某村委会与本村村民商某甲签订《房屋拆迁补偿安置协议》，载明商某甲宅基地及房屋评估补偿价值共计 117177 元，又载明各户的安置执行《旧村改造房屋拆迁安置分配方案》，新居每户两套，面积一套为 120—130 平方米，二套约 90 平方米，老年公寓 70—80 平方米。该协议另对其他事项进行了约定，但由商某甲、马某某共同签名。

商某甲在某村宅基地为 2 组 150 号，商某甲有兄弟四人，其兄为商某丙，商某丁，其弟为商某戊。商某乙非商某甲生女，其户口在商某乙生母马某某户下。商某乙主张其为商某甲养女。2011 年商某甲诉商某乙赡养纠纷一案，淄博市临淄区人民法院作出民事调解书，双方协议由商某乙自 2010 年 12 月 21 日起对商某甲承担相关赡养义务，商某甲全部家庭财产由商某乙享有。商某乙提供商某甲 2018 年 9 月 8 日遗嘱一份，遗嘱中商某甲表示去世后一切财产由商某乙继承，置换的房屋由商某乙一人继承。商某乙提供的商氏族谱中商某乙为商某甲“嗣女”，商某戊名下商某乙“出嗣”。商某甲于 2018 年 9 月去世。

某村旧村改造，2019 年第一批新房建成并于 2020 年分配，大部分村民已分配完毕。商某甲旧房屋尚未拆除。商某乙结婚后，居住于临淄区，其户口在某村，仍属某村集体经济组织成员。

【案件焦点】

商某乙能否以商某甲的唯一继承人身份享受商某甲生前应该享有的安置房、保障房各一套。

【法院裁判要旨】

山东省淄博市临淄区人民法院经审理认为：商某乙要求由某村委会安置房屋两套，但未与某村委会签订《某村房屋拆迁补偿安置协议》。商某乙直接要求由某村委会履行安置义务，缺少与某村委会之间明确的约定。某村委会制定的《旧村改造房屋拆迁安置分配方案》对签订了协议后新房分配之前被拆迁人死亡的，应如何签订合同、如何分配新房，没有作出详细规定。如果由死者继承人提起诉讼，某村委会作为安置一方不提出异议且同意安置，则属于当事人之间自愿行为。但本案中，某村委会对商某乙直接提起诉讼要求某村委会履行协议、安置房屋提出异议，且对商某乙的继承权提出异议。

1. 关于收养关系的认定。认定商某甲与商某乙有收养关系，是认定商某乙是否具有继承权的基础。《中华人民共和国收养法》第十五条第一款规定："收养应当向县级以上人民政府民政部门登记。收养关系自登记之日起成立。"虽然商某乙提供了民事调解书，但《最高人民法院关于适用〈中华人民共和国民事诉讼法〉的解释》第九十三条规定，已为人民法院发生法律效力的裁判所确认的事实，无须举证证明。但商某乙提供的是民事调解书，不是裁判文书。商某乙另提供的家谱、遗嘱等证据，均不能代替民政部门的登记。且本案尚涉及在上述收养法之前还是之后双方形成的收养问题。因此，商某乙未提供具有法律效力、能认定收养关系成立的有效证据。

2. 商某乙应提供其为商某甲唯一合法继承人的证据。本案商某甲原亲兄弟共四人，商某甲的户口与孙某某同户，商某乙户口与其生母马某某同户，涉案的商某甲的原房屋及以后应分配的房屋，是否还有其他共有人，本案中不能确定。商某乙主张从某村委会处享受两套住房，应提供其系唯一继承人的证据。

3. 商某乙所主张的两套房屋，只有一套安置房已建设完毕，第二批房屋尚未建设。

4. 能否在本案中一并审理继承纠纷。继承纠纷系继承人与被继承人关于遗产继承的纠纷，涉及继承人一人或多人。对于继承人的资格、遗嘱内容的真实性合法性以及遗产如何分配等，需由继承纠纷解决。而本案系由商某乙起诉要求被告履行协议、分配房屋，如果同时审理继承，因当事人不同，案由不同，显属不当。因此，商某乙的诉求证据不足。商某乙可于证据充分后，另行解决。

山东省淄博市临淄区人民法院依照《中华人民共和国合同法》第六十条、

《最高人民法院关于适用〈中华人民共和国民法典〉时间效力的若干规定》第一条、《中华人民共和国民事诉讼法》第六十四条规定，判决如下：

驳回商某乙的诉讼请求。

宣判后，双方当事人均未上诉，一审判决已经生效。

【法官后语】

国家保护自然人的继承权，《中华人民共和国民法典》（以下简称《民法典》）第一千一百二十一条第一款规定，继承从被继承人死亡时开始。第一千一百二十二条规定，遗产是指自然人死亡时遗留的个人合法财产。依照法律规定或者根据其性质不得继承的遗产，不得继承。依照法律规定不能继承的财产权利主要包括自然资源利用权、宅基地使用权、生前租用或借用的他人的财产、指定受益人的保险金等；依据权利性质不得继承的财产主要是指与被继承人人身有关的专属性债权。本案中，商某甲与某村委会签订了《房屋拆迁补偿安置协议》，依据该村《旧村改造房屋拆迁安置分配方案》，商某甲享有的安置房、保障房各一套属于因房屋拆迁补偿安置协议产生的债权（财产权利），商某甲的继承人继承的是该债权，不是合同关系的继承，不属于上述不得继承的情形。

本案中，商某甲与商某乙是否具有收养关系，是认定商某乙是否具有继承权的基础。商某乙以商某甲养女的身份主张权利，对于养子女，《民法典》第一千一百一十一条规定，自收养关系成立之日起，养父母与养子女间的权利义务关系，适用本法关于父母子女关系的规定。第一千一百零五条第一款规定，收养应当向县级以上人民政府民政部门登记。收养关系自登记之日起成立。商某乙未能提交收养登记证明，虽然其提供了民事调解书，但对于民事调解书是否属于《最高人民法院关于适用〈中华人民共和国民事诉讼法〉的解释》第九十三条规定中的“裁判”，相关的法律与司法解释尚未予以明确规定，故司法实践不易对其进行扩大解释。同时，民事调解实质上是当事人对自己私权利的处分，其功能主要是减少诉累、定分止争，与法院判决不同的是其对事实的认定很大程度上偏重于双方当事人的自认，在不违反强制性规定的前提下，调解所确认的事实和法律结果很大程度上取决于双方当事人的合意，调解书的形成过程往往局限于案件的双方当事人，缺乏另案相关当事人的参与，因此，已经生效的民事调解书对另案的事实认定并不当然具有绝对的预决力。商某乙提供的家谱、遗嘱等证据，均不能代替民政部门的登记。且本案尚涉及在收养法之前还是之后双方形成的收养问题。因此，商某乙未提供具有法律效力、能认定收养关系成立的有效证据。

商某甲原亲兄弟共四人，商某甲的户口与孙某某同户，而商某乙户口与其生母马某某同户，涉案的商某甲的原房屋及以后应分配的房屋，是否还有其他共有人，本案中不能确定。商某乙所主张的两套房屋，只有一套安置房已建设完毕，第二批房屋尚未建设。本案还涉及能否在该案一并审理继承纠纷问题。继承纠纷系继承人与被继承人关于遗产继承的纠纷，涉及继承人一人或多人。对于继承人的资格、遗嘱内容的真实性、合法性以及遗产如何分配等，需由继承纠纷解决。对此，《民法典》及《最高人民法院关于适用〈中华人民共和国民法典〉继承编的解释（一）》均作了明确规定。而商某乙主要诉请系要求被告履行协议、分配房屋，因当事人不同，案由不同，故不能同时审理继承纠纷。因此，法院认定商某乙直接起诉主张涉案拆迁补偿安置协议中的权益证据不足，不予支持。商某乙应先通过另案继承纠纷明确其唯一继承人身份后再行解决其本案主张。

编写人：山东省淄博市临淄区人民法院　刘海红

27

“外嫁女”集体经济组织成员资格及其权益起算时间的认定

——朱某某等九人诉甲村民小组侵害集体经济组织成员权益案

【案件基本信息】

1. 裁判书字号

广东省清远市中级人民法院（2021）粤18民终5566-5570、5624-5627号

民事判决书

2. 案由：侵害集体经济组织成员权益纠纷

3. 当事人

原告（上诉人）：朱某某等九人（分别系九件系列案件的原告）

被告（被上诉人）：甲村民小组

【基本案情】

朱某某等九人均为户籍地在甲村民小组的外嫁女。针对2017年征地款分配问题，甲村民小组于2018年11月1日公示，将外嫁女、事实婚姻等其他未确定是否有分配权利的村民作保留，待村集体讨论后确定，名单公示包括朱某某等九人。2018年11月10日，甲村民小组对其他村民每人分配征地款70000元。朱某某等九人因未获得上述款项分配权益，曾于2018年11月12日向甲村所属某街道办事处（以下简称某街道办）提交信访材料，要求甲村民小组分配征地款，但未果，后又于2020年6月26日向某街道办申请确认甲村民小组集体经济组织成员资格。2020年10月12日，某街道办作出行政处理决定，确认朱某某等九人具有甲村民小组集体经济组织成员资格。

2020年1月16日，甲村民小组作出公示："为做好本村小组2017年征地款分配工作，因部分群众患病需大笔治疗费用，生活困难，我村2020年1月15日已召开村民会议，现同意本村村民向村集体借支，规定每人最多可借支10000元，外嫁女等其他未确定是否有分配权利的村民暂不借支，待村集体讨论后确定，借支款在以后村集体的分红中扣除。"

因甲村民小组未向朱某某等九人分配上述款项，引发本系列案件诉讼。

【案件焦点】

朱某某等九人是否有权请求甲村民小组支付其成员资格确认之前的征地补偿款及利息。

【法院裁判要旨】

广东省清远市清城区人民法院经审理认为：朱某某等九人于2018年11月12日首次向某街道办提交信访材料，申请主张分配款项，并经过诉讼程序，2020年6月26日向某街道办申请资格确认，2020年10月12日某街道办作出行政处理决定书，确认朱某某等九人为甲村民小组集体经济组织成员。因此，可认定朱某某等九人自向某街道办首次提交材料主张分配之日（2018年11月12日）起享受甲村民小组集体经济组织成员同等待遇。甲村民小组于2018年11月1日公示分配方案时，朱某某等九人未向某街道办提交材料主张权利，并且2018年11月10日，甲村民小组已对70000元进行了分配，故在没有确认经济组织成员资格前已公示分配方案并已分配了款项，朱某某等九人要求甲村民小组支付70000元的分配款项，不予支持。甲村民小组于2020年1月16日公示的10000元，虽然此时朱某某等九人已申请了资格确认，但公示已明确是群众因患病需要和生活困难，可向村小组借支10000元，该公示并不是对征地款的分配，只是允许困难群众向村集体借支款项，朱某某等九人没有提供分配签收表或分配方案证明已实际分配，故朱某某等九人要求甲村民小组支付10000元，证据不足，不予支持。

广东省清远市清城区人民法院依照《中华人民共和国民法通则》第一百零六条第二款，《最高人民法院关于审理涉及农村土地承包纠纷案件适用法律问题的解释》第二十二条，《中华人民共和国民事诉讼法》第六十四条、第一百四十四条规定，判决如下：

驳回朱某某等九人的诉讼请求。

朱某某等九人均不服一审判决，分别提起上诉。

广东省清远市中级人民法院经审理认为：根据《最高人民法院关于审理涉及农村土地承包纠纷案件适用法律问题的解释》第二十二条“农村集体经济组织或者村民委员会、村民小组，可以依照法律规定的民主议定程序，决定在本集体经济组织内部分配已经收到的土地补偿费。征地补偿安置方案确定时已经具有本集体经济组织成员资格的人，请求支付相应份额的，应予支持。但已报全国人大常委会、国务院备案的地方性法规、自治条例和单行条例、地方政府规章对土地补偿费在农村集体经济组织内部的分配办法另有规定的除外”的规定，征地补偿费用分配权基于集体经济组织成员的身份而产生。现朱某某等九人已经某街道办作出行政处理决定书，确认具有甲村民小组集体经济组织成员资格。而且，根据甲村民小组于2018年11月1日作出的公示及2018年3月23日提交的《关于某村2017年征地款分配问题申请书》，对于2017年征地款的分配问题，甲村民小组对外嫁女、事实婚姻等村民分配款已暂作保留，待集体讨论确定后再处理，现亦无证据证明甲村民小组已对上述人员的分配问题重新进行了讨论并作出决定，可见甲村民小组在朱某某等九人申请确定资格之日前并未否定其享有本次征地款的分配权利。因此，朱某某等九人主张甲村民小组支付2017年征地补偿款70000元于法有据，应予支持。一审认定朱某某等九人应从首次主张分配之日起享受征地补偿款分配的权利，确有不当，应予纠正。关于利息问题，应以70000元为基数，从朱某某等九人提起诉讼之日即2021年5月11日起计算，按全国银行间同业拆借中心公布的贷款市场报价利率标准计算至甲村民小组支付款项之日止。关于借支款10000元问题，根据甲村民小组于2020年1月16日公示的内容，已明确该款项系对部分群众因患病或生活困难等情况的借款，并可在以后的分红中扣除，并非对征地款的分配，一审对该项处理正确，应予确认。

广东省清远市中级人民法院依照《中华人民共和国民事诉讼法》第一百七十条第一款第二项规定，判决如下：

一、撤销一审民事判决；

二、甲村民小组于本判决生效之日起十五日内分别向朱某某等九人支付征地补偿款70000元及利息（以70000元为基数，从2021年5月11日起按全国银行间同业拆借中心公布的贷款市场报价利率标准计算至甲村民小组支付款项之日止）；

三、驳回朱某某等九人的其他诉讼请求。

【法官后语】

城镇化进程的开展需要不断征用集体土地，而基于土地权益带来的利益驱使和受传统观念等因素的影响，一些地区农村制定的村规民约关于“外嫁女”利益的处理存在违法现象，或剥夺“外嫁女”的土地承包权益，或将“外嫁女”的集体分配权益排除在外。实践中，“外嫁女”可否申请分配征地补偿款，需要进一步明确处理规则。

一、案件核心：成员资格的认定

根据《最高人民法院关于审理涉及农村土地承包纠纷案件适用法律问题的解释》的相关规定，“外嫁女”是否具有农村集体经济组织成员资格，决定其是否享有相应的权利并获得法律的平等保护。

我国现行立法对农村集体经济组织成员资格未作明确的界定标准，《最高人民法院关于审理涉及农村土地承包纠纷案件适用法律问题的解释》也仅从程序上排除了农村“外嫁女”土地补偿款分配纠纷案件受理的障碍，并没有具体明确哪类主体才是农村集体经济组织适格的成员。在广大农村，不同村社的成员资格认定规则往往不同，认定标准不仅来自现行的法律、制度，也依赖在乡村社会生活中约定俗成的规范、文化和价值观念基础上形成的社会普遍性认可。为寻求利益最大化，村民往往有意识地选用某种成员资格的认定规则。因此，当纠纷诉至法院，在户籍制度意义、地方共同体意义上的认定规则之外，司法审理意义上的规则成为部分村民（原告）的利益选择。

司法实践中，在集体经济组织成员资格确认标准上，主要采用“户籍+义务”结合模式，该模式比较符合权利义务对等原则，也较为接近基层实践经验，易被集体经济组织及其成员接受，进而可使人民法院的裁判得到尊重和维护。

二、“外嫁女”权利保护的本地司法实践

目前，在村民小组不承认“外嫁女”集体经济组织成员资格的情况下，“外嫁女”经行政程序确认具有集体经济组织成员资格后，其能否主张分配征地补偿款，还需考量其权利起算时间，本地以往的司法实践主要分为以下情况：

行政机关出具的行政处理决定书中明确载明资格或权利起算时间的，以该载明的时间作为权利起算时间，即“外嫁女”当事人主张该起算时间之前的分配权益，不予支持。

行政机关出具的行政处理决定书仅载明确认其具备集体经济组织成员资格或享受同等权利，但是没有明确载明资格或权利起算时间的，权利起算时间溯及至该资格主体/权利主体首次向行政机关提出确认其集体经济组织成员资格之日或者首次向行政机关提出享受集体经济组织成员权益之日。

突破“起算点”限制，更好地保护“外嫁女”合法权益。就本案而言，存在与以往“外嫁女”请求分配征地补偿款案件的不同之处。对于行政机关确认资格前2017年征地款的分配问题，甲村民小组对外嫁女、事实婚姻等村民分配款已决定暂作保留，待集体讨论确定后再处理，即甲村民小组自始至终未明确否认朱某某等九人的征地补偿款分配权益，故朱某某等九人可享受首次向行政机关提出确认申请之日前的集体权益。

综合上述情况，本系列案遵循以往司法实践的同时，又进一步明确：在行政机关的行政处理决定书中未明确“外嫁女”当事人取得集体经济组织成员资格起算点时，对集体经济组织在行政处理决定作出前提出搁置争议并保留“外嫁女”当事人权益的，可以突破“首次提出”起算点的限制，即其在集体经济组织作出收益分配方案后向行政机关提出确认集体经济组织成员资格的，在集体经济组织并不否认其成员资格的情况下，应对“外嫁女”当事人就行政确认资格前集体利益的分配请求予以支持，以更好地保护“外嫁女”依法享有的集体经济组织成员权益，为乡村振兴战略实施提供更好的司法服务和保障。

编写人：广东省清远市中级人民法院　白剑辉

（二）建筑物区分所有权纠纷

28

区分所有建筑共有部分受到损害的维权主体认定及举证责任分配

——某业委会诉某置业公司物权保护案

【案件基本信息】

1. 裁判书字号

湖北省武汉市中级人民法院（2022）鄂01民终12594号民事判决书

2. 案由：物权保护纠纷

3. 当事人

原告（上诉人）：某业委会

被告（上诉人）：某置业公司

第三人：甲物业公司、乙物业公司

【基本案情】

武汉市某小区由某置业公司开发建成，一期于2015年1月1日交付使用，二期于2016年1月1日交付使用，地下室于2016年2月23日办理竣工验收备案。甲物业公司系某置业公司选聘的前期物业。某业委会经某小区业主大会决议成立后召开业主大会，决议解聘甲物业公司，同时授权某业委会选聘物业公司并代表业主大会全权代理一切诉讼事宜。后经选聘，乙物业公司入住某小区。

某小区《商品住宅质量保证书》载明，相应房屋防水、有防水要求的卫生间、厨房和外墙面的防渗漏保修期限均为 5 年，收楼后，由于业主自行装修造成的质量问题等，开发商不负保修责任。

2017 年至 2020 年期间，某业委会、乙物业公司多次就某小区存在的外墙、地下室渗漏水等问题制作函件，向某置业公司主张维修。2018 年 3 月 20 日，武汉市江夏区某建管站对小区五户南北阳台渗漏水认定系业主装修所致。2019 年 12 月，某业委会向法院起诉要求某置业公司、甲物业公司承担维保责任，后撤回起诉。2021 年 12 月 1 日，某业委会再次起诉，请求判令某置业公司立即对开发的某小区 1—6 号楼外墙面、楼顶天面、地下室等处的渗漏水部位进行修复，并承担案件受理费、鉴定费等费用。

2022 年 1 月 9 日，某小区召开业主大会，决议授权业委会代表全体业主通过诉讼向某置业公司主张小区共有部分房屋保修责任。

案件审理过程中，某业委会就其主张渗漏水点位系在保修期内，系因某置业公司原因而存在质量问题申请鉴定。后又以无需鉴定亦可确定系建筑质量问题，没有鉴定必要性及鉴定费用过高无力承担为由，撤回申请。2022 年 5 月 12 日，依某业委会申请，武汉市江夏区人民法院对照其提交的《房屋质量问题明细表》，对某小区部分业主房屋内以及 1—6 号楼地下车库、架空层的相关点位逐一进行现场勘验并制作了勘验笔录。

【案件焦点】

某业委会诉讼主体是否适格，某置业公司是否对小区共有部分渗漏水点位负有修复义务。

【法院裁判要旨】

湖北省武汉市江夏区人民法院经审理认为：

1. 关于某业委会主体是否适格问题。某业委会经某小区业主大会依法选举产生，根据业主大会的授权对外代表业主进行民事活动，所产生的法律后果由全体业主承担。依据《中华人民共和国民法典》第二百七十八条第一款“下列事项由业主共同决定……（九）有关共有和共同管理权利的其他重大事项”及该条第二款“决定前款其他事项，应当经参与表决专有部分面积过半数的业主且参与表决人数过半数的业主同意”之规定，某小区授权业委会代表全体业主通过诉讼向某置业公司主张房屋保修责任的业主大会决议，合法有效。某业委会的诉讼请求后附的《房屋质量问题明细表》，虽以室内点位作标注，但实际系对对应的外部共有部分点位进行权利主张。某业委会依据其管理职能及授权，针对某置业公司的不作为行为，就小区业主共有部分的权利，以诉讼的方式寻求保护和救济，合理合法，具有诉讼主体资格。

2. 关于某置业公司是否应对某业委会诉请的渗漏水点位负有维修义务的问题。《中华人民共和国民法典》第二百三十八条规定：“侵害物权，造成权利人损害的，权利人可以依法请求损害赔偿，也可以依法请求承担其他民事责任。”侵害物权造成权利人损害的，本质上亦属于侵权行为，则其应当符合一般侵权行为的构成要件，须得有侵害物权的行为和损害后果的客观存在，且二者具有因果关系。

关于某业委会主张的外墙、天面、商铺的部分。质量问题明细表系以室内点位定位外墙点位，则某业委会需得证明，其标注的室内渗漏水点位系在质保期内，因外墙渗漏水而导致室内渗漏水。某业委会亦撤回其鉴定申请，某建管站对小区五户南北阳台渗漏水核查结果系业主装修所致，而该五户内容，仍包含在前述问题明细表中。再结合现场勘验，存在诉称点位墙面系卫生间与卧室之间，或客厅与厨房之间的间隔墙的情况，现有证据无法确认某业委会主张的室内点位渗漏水系因外墙渗漏水导致，某业委会应承担举证不能的法律后果。

关于某业委会主张的地下室（含架空层）部分。《中华人民共和国民法典》第七百九十九条第二款规定：“建设工程竣工经验收合格后，方可交付使用；未经验收或者验收不合格的，不得交付使用。”案涉小区地下室于2016年2月23日办理竣工验收备案，某置业公司未举证证明双方就地下室的质保期另有约定，则自此时间起算，某业委会提起诉讼主张权利时，地下室尚未超过质保期。结合现场勘验情况，地下室（含架空层）存在较明显的、大量的渗漏水痕迹，痕迹颜色深、面积大、点位多，且无明显个人装修、使用痕迹。根据一般生活常识、常理，结合某业委会在先已有的渗漏水照片、记录等情况，渗漏水发生已经过了一定时间，则某置业公司应对地下室渗漏水并非发生于质保期内，且不属于建筑质量问题，非其责任导致、其不对修复义务负有举证责任，其未提交证据予以证实，应承担举证不能的法律后果。

但对于地下室部分，属于非封闭点位，因无法排除是雨水浸湿等情形，某业委会仍应就因果关系负举证责任；未见渗漏水痕迹部位，无事实依据，不予支持。对其余部分渗漏水点位，某置业公司应承担相应止漏修复义务。

湖北省武汉市江夏区人民法院依据《中华人民共和国民法典》第二百三十八条、第二百七十一条、第二百七十七条第一款、第二百七十八条、第七百九十九条第二款，《中华人民共和国民事诉讼法》第六十七条第一款规定，判决如下：

一、某置业公司自本判决生效之日起六十日内对武汉市某小区内地下室渗漏水点位（详见附表，附表点位位置确认以勘验笔录为准）进行止漏修复；

二、驳回某业委会其他诉讼请求。

某业委会、某置业公司不服一审判决，提起上诉。

湖北省武汉市中级人民法院经审理认为：本案中案涉小区由某置业公司开发建成，某业委会系案涉小区经业主大会决议成立。现某业委会因案涉小区1—6号楼外墙面、楼顶天面、地下室等处渗漏水问题起诉要求某置业公司进行维修或支付维修费，一审法院结合双方提交的证据并进行现场勘验后作出要求某置业公司对案涉小区地下室渗漏水点位进行止漏修复的裁判并无不当，依法予以维持。现某业委会上诉主张要求某置业公司对其他五户阳台渗漏水部位及楼栋外墙进行修复、某置业公司上诉主张某业委会主体不适格，无权要求某置业公司承担修复责任，但双方均未提供证据予以证明其各自的上诉主张，故对双方的上诉请求均不予支持。

湖北省武汉市中级人民法院依照《中华人民共和国民事诉讼法》第一百七十条第一款第一项规定，作出如下判决：

驳回上诉，维持原判。

【法官后语】

房屋质量问题致渗漏水而引发的纠纷并不罕见。实践中，小范围、小标的的渗漏水问题纠纷，较多采用调解的方式解决，但如果出现大面积、多点位的渗漏水，业主常常面临维权难、维权成本高、权利兑现难的现状，这在本案中体现得较为突出和典型。本案中，案涉渗漏水面积大、点位多，司法鉴定费用高达数百万元，如果处理不当，将扩大当事人的损失，造成矛盾激化。如何降低当事人的诉讼成本，切实解决关乎业主“衣食住行”的“急难愁盼”问题，本案裁判关注了以下两个方面的问题，相应的裁判规则可供类案参考：

一是区分所有建筑共有部分受到损害的维权主体如何认定。《中华人民共和国民法典》第二百七十七条第一款规定：“业主可以设立业主大会，选举业主委员会。业主大会、业主委员会成立的具体条件和程序，依照法律、法规的规定。”第二百八十条第一款规定：“业主大会或者业主委员会的决定，对业主具有法律约束力。”业主委员会依法经由建筑区划内的业主通过业主大会选举产生，按照业主大会的决定履行管理职责，其设立的目的和设置的重要职能即在于通过执行业主大会的决定代表业主的利益，对外反映业主意愿和要求。同时，《中华人民共和国民法典》第二百八十六条第二款规定了业主大会和业主委员会的物业管理权能，即“……对任意遗弃垃圾、排放污染物或者噪声、违反规定饲养动物、违章搭建、侵占通道、拒付物业费等损害他人合法权益的行为，有权依照法律、法规以及管理规约，请求行为人停止侵害、排除妨碍、消除危险、恢复原状、赔偿损失”。但这并不必然等同于业主委员会对于其具体的管理事项享有当然的诉权，可取代全体业主以民事主体身份直接参加民事诉讼活动。即使是在为维护业主共同权益而提起诉讼的情况下，若业主委员会作为诉讼主体进行诉讼，诉讼后果仍将由全体业主承担，仍然将涉及对业主权利的影响和处分。《中华人民共和国民法典》第二百七十一条规定了业主对于建筑物区分共有部分享有共有权和共同管理权，第二百七十八条第一款对业主共同管理权的范围进行了列举式规定，主要涉及规则的制定和修改、业主委员会和物业服务机构的选任、维修基金的筹集和使用、建筑物的改重建以及改变共有部分用途等。其中第九项规定为“有关共有和共同管理权利的其他重大事项”，而代表业主提起诉讼，亦应属此项。故而，业主委员会代表业主提起诉讼，应当经过业主共同决定。

二是区分所有建筑共有部分受到损害，权利主体主张损害赔偿责任时的举证责任如何分配。以本案中出现的共有部分渗漏水问题为例，权利主体向开发商主张损害赔偿责任，就双方的举证责任分配，本案裁判认为，若漏水处存在显著外观表征可以证明漏水事实存在，权利人自质保期内持续主张权利，且漏水处及附近无明显后期装修、添附或人为破坏等痕迹的，可推定相应损害系建筑质量问题且产生于保质期内，应当由开发商对该损害非发生于保质期内、非建筑物质量问题所致承担反证责任。

按照“谁主张，谁举证”的原则，应由权利主张人举证证明房屋渗漏水的时间系发生于质保期内，且与房屋质量问题存在因果关系。而现实中，导致房屋渗漏水的原因较为复杂，可能存在原因力竞合或结合的情况，目前，尚无司法鉴定机构就渗漏水的因果关系鉴定具有相关专业资质，即使当事人均认可指定机构，也存在鉴定费用高昂的问题，甚至高于实际维修的成本。如果直接以未申请鉴定，无法证明因果关系为由径行驳回权利主体的诉讼请求，不利于实质化解矛盾，同时可能对开发商就建筑质量问题形成负面导向。《最高人民法院关于适用〈中华人民共和国民事诉讼法〉的解释》第一百零八条第一款规定：“对负有举证证明责任的当事人提供的证据，人民法院经审查并结合相关事实，确信待证事实的存在具有高度可能性的，应当认定该事实存在。”从常理而言，若区分所有建筑共有部分存在显而易见的渗漏水情形，且相关位置明显无后期装修、添附或人为破坏等痕迹，权利主体在保质期内即开始持续主张存在问题，则认定该渗漏水与工程质量之间可能存在关联性符合一般人的合理推断和正常认知，可达到前述法律规定的高度盖然性标准，故举证责任此时应转移至开发商，由开发商就否认事实或因果关系提供相反证据。同时，开发商相较于业主而言，具备建筑专业上的优势，若保质期内即有问题反映，其有责任在探明、核查原因后，进行必要的修缮和维护，若因其拖延而造成损失扩大的，其亦应就此扩大部分的损失负有责任。

通过举证责任的分配和指引，一方面，可敦促权利主体及时维护自身权益，及时固定、保留证据。另一方面，也可敦促开发商提高建筑质量，正视、解决实际问题，诚信经营，促进社会和谐。

编写人：湖北省武汉市江夏区人民法院　陈竹

29

建设单位有义务在物业管理区域内配备必要的物业管理用房

——某小区业主委员会诉何甲等建筑物区分所有权案

【案件基本信息】

1. 裁判书字号

上海市嘉定区人民法院（2021）沪0114民初9093号民事判决书

2. 案由：建筑物区分所有权纠纷

3. 当事人

原告：某小区业主委员会（以下简称某业委会）

被告：何甲、沈某某、冯某某、翁某某、戴某某、何乙（以下简称何甲等六人）、A房地产开发公司

【基本案情】

2001年8月，A房地产开发公司取得上海市某区某地房地产权证。经政府批复相应规划方案后，A房地产开发公司（乙方）与上海市某区房屋土地管理局（甲方）于2004年4月19日分别签订出让合同第46号和第47号《上海市

国有土地使用权出让合同》(以下简称《出让合同》),约定在甲方以现状出让涉案地块,土地用途分别为住宅、用途住宅(单身公寓式酒店);并约定出让地块房屋安装工程投资完成的工作量达到规定标准后,土地使用权可依法转让,后继的土地使用者都是乙方全部权利义务承受人。2004年1月至7月,A房地产开发公司分别取得上述地块上住宅、商业用途房屋相关建设项目的建设工程规划许可证及坐落于上述地块的房地产权证。

2004年7月7日,A房地产开发公司(甲方)与B房地产开发公司签订《建设项目转让合同》,明确约定甲方以7400万元的总价向乙方转让涉案地块上的房屋建设工程;《出让合同》中的A房地产开发公司的全部权利义务由B房地产开发公司承受。此后,上述建设工程项目由B房地产开发公司完成,分别于2005年、2006年竣工。其中,住宅项目即某小区一期于2005年竣工,公寓项目即某小区二期于2006年竣工。

某小区一期竣工后,B房地产开发公司向物业服务单位C物业公司交付物业管理用房。B房地产开发公司工作联系单(NO:20051101)记载:现将物业管理用房及业委会用房安置在某小区一期2号楼的架空层内,共计3间,其中2间为物业管理用房,建筑面积110平方米;1间为业委会用房,建筑面积约为40平方米,具有独立水电使用功能,于2005年11月移交物业管理公司(C物业公司)使用。

2006年4月6日,B房地产开发公司向区房屋土地管理局出具两份情况说明,其中一份情况说明内容:“由于某小区在一期整体规划中未明确物业管理用房和业委会用房的位置所在,且一期住宅已全部销售完毕,故我司将在某小区二期公寓式办公楼中安排符合规定要求的产权房,作为某小区一期住宅项目的物业管理用房和业委会用房。”另一份情况说明内容:“我司将某小区一期的物业管理用房和业委会用房安置在该小区2号楼的架空层内,共计3间,其中2间为物业管理用房,建筑面积110平方米,1间为业委会用房,建筑面积40平方米,具有独立的水电使用功能,现已交付物业公司使用。”

2006年某小区二期竣工后,B房地产开发公司向二期物业服务单位C物业公司交付物业管理用房。B房地产开发公司工作联系单（N0：20060805）记载：某小区二期办公楼项目顺利竣工，现将物业管理用房及业委会用房安置在办公楼3单元5楼，建筑面积约为226平方米，具有独立水电使用功能，于2006年8月移交物业管理公司使用。

上述B房地产开发公司工作交接单所涉某小区一期2号楼架空层内的3间房屋、二期3单元5楼房屋作为物业管理用房使用至今。某业委会至上海市某区房屋管理局调取某小区一期、二期物业管理区域核定的相关文件，经书面回复该信息已遗失，该政府信息不存在。

另，E公司、D公司系B房地产开发公司股东；D公司系E公司股东；沈某某、何某某、冯某某、何甲、翁某某系D公司股东。2013年10月14日、2013年10月22日、2014年9月15日，B房地产开发公司、E公司、D公司分别注销，股东均在清算报告上签字承诺：公司债务已清偿完毕，若有未了事宜，股东愿意承担责任。戴某某系何某某妻子，何甲、何乙系何某某女儿。2013年8月15日何某某户籍注销（死亡），但2014年9月1日D公司注销清算报告上有何某某签名，翁某某表示该签名可能系何某某女儿何甲所签。

【案件焦点】

1. 某小区一期的物业管理用房应当如何配置；2. B房地产开发公司是否履行向某小区一期提供符合要求的物业管理用房之义务；3. 如B房地产开发公司未履行向某小区一期提供符合要求的物业管理用房之义务，赔偿责任如何承担。

【法院裁判要旨】

上海市嘉定区人民法院经审理认为：

关于争议焦点一，某小区一期于2004年取得建设规划许可证，建设项目在规划时未配置物业管理用房。虽翁某某认为建设规划方案在《上海市住宅物业管理规定》实施前已经职能部门审核通过，但根据上海市的相关规定，在2003年9月1日以后竣工的物业小区，建设单位应当在物业管理区域地面上配置独用成套的物业管理用房，其中物业服务企业用房按照物业管理区域房屋总建筑面积的千分之二配置，但不得低于100平方米；业主委员会用房按照不低于30平方米配置。某小区一期于2005年竣工，因此B房地产开发公司应当按照上述要求，在物业管理区域内地面上配置独用成套的物业管理用房。至于物业管理用房的面积，则与物业管理区域的核定密切相关。本案中，就某小区一期、二期是否属于同一物业管理区域，某业委会与翁某某各执己见，但均未能提供物业管理区域核定意见予以证明。某小区一期、二期系一并请示的修建性规划项目，但先后取得建设工程规划许可证且竣工后，虽由同一物业公司提供物业管理服务，实际系分别管理。在一期已单独成立业主大会，且无一期、二期系同一物业管理区域的核定意见的情况下，某业委会认为应当将一期作为独立物业管理区域来配置物业管理用房之意见，并无不当。综上所述，某小区一期建设单位应当为小区配置100平方米的物业服务企业用房和30平方米的业委会用房，共计130平方米。

关于争议焦点二，第一，B房地产开发公司虽然在某小区一期架空层内提供物业管理用房，但架空层房屋性质不符合作为物业管理用房的要求。第二，某小区一期竣工后，B房地产开发公司虽向上海市某区房屋土地管理局备案，明确将在某小区二期公寓式办公楼中为某小区一期配置物业管理用房，但其在二期交付的物业管理用房面积仅213.56平方米，无法同时满足一期、二期物业管理用房需求，且现由二期作为物业管理用房使用。第三，按照二期的房屋建筑面积计算，213.56平方米的房屋超出了二期物业管理用房需求，但对超出部分的面积无法进行物理分割，即不宜将超出部分作为一期物业管理用房。此外，即便超出部分可以进行物理分割，然超出部分也不便于一期的实际单独使用。综合上述分析，B房地产开发公司在二期提供的物业管理用房不能作为一期物业管理用房，其应当另行提供建筑面积130平方米的物业管理用房。

关于争议焦点三，第一，无论是在某小区一期还是二期，现有情况下，B房地产开发公司均不能提供符合要求的房屋作为物业管理用房使用，故B房地产开发公司应当折价进行赔偿。关于赔偿的标准，在满足一期物业管理用房需求的情况下，综合考虑房屋建设规划时的现实因素、折价损失产生的原因等，酌情按照38500元/平方米计算，即折价款计5005000元。需要说明的是，上述物业管理用房折价款应支付至上海市嘉定区某小区的维修基金专用账户并用于购买物业管理用房。第二，B房地产开发公司及股东E公司、D公司已注销，但公司注销清算时，相关股东承诺对公司未了事宜承担责任，故对翁某某关于公司依法清算注销后股东不应对公司债务承担责任之意见不予采纳。何某某于D公司注销前已经死亡，某业委会要求其继承人在继承遗产范围内承担清偿责任之意见依据不足。第三，某小区一期住宅项目、二期商业公寓项目的房屋建设工程已转让给B房地产开发公司，由B房地产开发公司承受A房地产开发公司的相关权利义务，某业委会要求A房地产开发公司作为房屋建设单位承担提供物业管理用房无相关依据。

上海市嘉定区人民法院依照《中华人民共和国民法典》第二百七十八条，《物业管理条例》第三十条，《最高人民法院关于适用〈中华人民共和国公司法〉若干问题的规定（二）》第二十条第二款，《中华人民共和国民事诉讼法》第六十七条第一款、第一百四十七条及《最高人民法院关于适用〈中华人民共和国民事诉讼法〉的解释》第九十条之规定，判决如下：

一、何甲、沈某某、冯某某、翁某某应于本判决生效之日起十日内给付某业委会物业管理用房折价款5005000元（该款项支付至某小区的维修基金专用账户并用于购买物业管理用房）；

二、驳回某业委会其余诉讼请求。

一审宣判后，原、被告均未提起上诉，本案已发生法律效力。

【法官后语】

一、建设单位负有为物业小区配置物业管理用房的义务

随着物业服务行业在城市的快速发展，物业管理成为一个富有吸引力的话题。为规范物业管理活动，维护业主和物业服务企业的合法权益，促进基层组织管理和自治，相关法律法规等对物业管理以及有关事项进行了明确的规定。《物业管理条例》第三十条规定，建设单位应当按照规定在物业管理区域内配置必要的物业管理用房。《上海市住宅物业管理规定》第四十二条规定，建设

单位应当在物业管理区域地面上配置独用成套的物业管理用房，其中物业服务企业用房按照物业管理区域房屋总建筑面积的千分之二配置，但不得低于一百平方米；业主委员会用房按照不低于三十平方米配置。由此可见，配置必要物业管理用房是建设单位负有的义务，在项目建设规划时，建设单位即应当对物业管理用房进行规划配置。本案所涉某小区建设项目规划时，没有为小区配置物业管理用房，小区建设项目竣工时，物业管理用房的配置标准、要求已经由政府部门进行详细具体的规定。即便建设项目规划时没有预留物业管理用房，建设单位作为有条件、有能力且有义务提供物业管理用房的主体，也应当在小区内根据实际情况配置符合要求的物业管理用房。基于此，B房地产开发公司向行政主管部门出具情况说明，承诺在某小区一期先行提供临时性物业管理用房，待二期竣工后再预留足够面积的房屋作为物业管理用房。另外，建设单位配置的物业管理用房必须是独用成套的地上房屋。虽然B房地产开发公司在小区架空层搭建了临时性房屋作为物业管理用房，但架空层房屋不符合物业管理用房要求。

二、物业管理用房的配置标准应当结合物业管理区域划分确定

根据《物业管理条例》和《上海市住宅物业管理规定》第四十二条的规定，物业管理用房的配置面积需要结合物业管理区域划分情况来确定。物业管理区域也即物业小区的范围，确定物业管理区域是开展物业管理活动的前提。物业管理区域的划分应当考虑物业的共用设施设备、建筑物规模、社区建设等因素。上述规定比较原则化，没有明确物业管理区域划分的具体标准，仅提出参考性的因素。本案双方争执不下，也系因对物业管理区域的划分无法形成一致意见。而由于历史或其他原因，行政主管部门以物业管理区域核定的相关文件遗失，未对某小区一期、二期物业管理区域的核定情况提供意见，致法院无法核实某小区一期、二期是否属于同一物业管理区域。

三、在无直接证明的情况下，可以综合建设项目开发建设情况、物业管理自治实际、业主大会选举等过程，推定物业管理区域情况

物业管理区域的划分，应当有利于业主的生活便利和自治管理。就本案而

言，行政主管部门以物业管理区域核定的相关文件遗失，不对涉案物业是否属于同一物业管理区域提供意见，而针对案件的审理，不宜在不考虑实际的情况下直接以行政主管部门未提供物业管理区域核定的书面意见为由驳回起诉，否则不利于矛盾纠纷的解决。在无直接证据的情况下，如现有证据材料足以推定物业管理区域情况，则应当结合证据作出处理。

物业管理区域的认定，可以综合以下因素考虑：一是小区开发建设情况。一般而言，一个建设项目应当划分为一个物业管理区域。分期开发建设的小区，如果被道路、河道等分割为两个以上自然街坊或者封闭小区，且能明确共用配套设施设备管理、维护责任的，可以分别划分为独立的物业管理区域。本案某小区一期、二期属于分期建设的项目，一期为住宅物业，二期为非住宅物业。一期、二期已经形成独立的封闭小区，居民系分开管理。将一期、二期划分为不同的物业管理区域具有法律上的正当性。二是小区物业管理实际情况。《物业管理条例》第三十三条规定，一个物业管理区域由一个物业服务企业实施物业管理。某小区一期、二期分别与物业服务企业签订了物业服务合同，且目前一期的物业服务企业在架空层房屋办公，二期的物业服务企业在开发商B房地产开发公司配置的房屋内办公，系独立办公。实际上，某小区一期、二期已经各自单独进行物业管理，将一期、二期作为不同的物业管理区域符合物业管理实际。三是业主大会选举过程。《物业管理条例》第九条规定，同一物业管理区域成立一个业主大会。物业管理区域的确定，也是确定业主范围的前提。只有确定了业主的范围，才能在此基础上召开业主大会和选举成立业主委员会，实现对物业小区的自治管理。业主大会召开、业主委员会选举等程序是在居委会、街道办事处等部门指导下完成，并向主管行政部门备案。现某小区一期单独召开业主大会和选举业主委员会，可以认为行政主管部门实际上已经认可某小区一期为独立物业管理区域。综上，本案认定某小区一期为独立的物业管理区域，建设单位应当为其单独提供物业管理用房。虽然建设单位向主管部门出具情况说明，承诺在二期安排符合规定要求的产权房作为一期的物业管理用房，然建设单位在二期预留的房屋不能同时满足一期、二期物业管理用房要求，且二期的物业管理用房也不可分割。在不能提供物业管理用房的情况下，建设单位应当折价进行赔偿。

编写人：上海市嘉定区人民法院　叶莎

30

专项维修资金不得以意定方式进行减免

——某大厦业委会诉甲管理公司建筑物区分所有权案

【案件基本信息】

1. 裁判书字号

福建省厦门市中级人民法院（2022）闽02民终7773号民事判决书

2. 案由：建筑物区分所有权纠纷

3. 当事人

原告（被上诉人）：某大厦业委会

被告（上诉人）：甲管理公司

【基本案情】

厦门市某大厦小区由裙楼与主楼两部分组成，其中裙楼部分为商业用途，主楼部分为住宅，裙楼的业主仅有甲管理公司。甲管理公司2012年4月、7月陆续取得案涉裙楼八个单元的所有权后，即出租给乙公司使用。

2009年5月8日，该小区的建设单位丁公司与丙公司签订一份《某大厦前期物业服务合同》，约定该小区的房屋公共维修金（即专项维修资金）由业主按其拥有物业的建筑面积交纳，标准为0.3元/月/平方米，合同期限自2009年6月19日起至2014年6月18日止。2014年6月18日，双方续订一份《某大厦前期物业服务合同》，约定的专项维修资金的交纳标准不变，合同期限自

2014年6月19日起至2019年6月18日止。

若按0.3元/月/平方米的标准计算，案涉裙楼登记至甲管理公司起至2017年6月30日期间，尚未支付的专项维修资金总额为149139.1元；在此期间，案涉裙楼系乙公司承租使用，乙公司均是按每月1000元的标准向丙公司支付专项维修资金，丙公司对此未提出异议。

2020年8月19日，丙公司（作为甲方）与甲管理公司（作为乙方）签订一份《和解协议书》，其中约定：乙方在2017年7月至2020年7月期间尚欠案涉裙楼的房屋公共维修金102083.9元（备注：系按0.3元/月/平方米进行结算，扣除已支付部分）。

审理中，甲管理公司陈述，案涉裙楼前业主某百货公司、开发商丁公司、物业单位丙公司从裙楼20世纪90年代交付时就达成公维金每月1000元的合意，不清楚是否达成书面合意。2012年甲管理公司取得案涉裙楼所有权，与丙公司一直延续公维金每月1000元的标准，没有达成书面合意。甲管理公司还主张，某大厦业委会要求支付的专项维修资金发生时间为2012年，已过诉讼时效保护期限，其提出的诉讼请求不应得到支持。

【案件焦点】

1. 专项维修资金能否通过意定方式进行减免；2. 要求补交专项维修资金是否受诉讼时效制度限制。

【法院裁判要旨】

福建省厦门市思明区人民法院经审理认为：《中华人民共和国民法典》第二百八十一条规定："建筑物及其附属设施的维修资金，属于业主共有。"《物业管理条例》第七条第四项规定："业主在物业管理活动中，履行下列义务……（四）按照国家有关规定交纳专项维修资金。"该条款确立的法律规则属于义务性规则，且属于强行性规则，即业主作为义务主体必须按照国家有关规定交纳专项维修资金，而不能由业主自主选择是否交纳，亦不能由业主与其他民事主体通过意定方式确定是否交纳或是否减少交纳。本案中，虽然甲管理公司未申请使用专项维修资金，但甲管理公司所交纳的专项维修资金系归全体业主共有，涉及全体业主的合法权益。甲管理公司与丁公司或丙公司约定案涉裙楼2012年4月23日起至2017年6月30日止期间的专项维修资金按减少后的每月1000元标准交纳，违反了前述强行性规则，一定程度上损害了全体业主的合法权益。因此，现某大厦业委会要求甲管理公司补交前述期间的专项维修资金差额具有事实及法律依据，应当予以支持。专项维修资金涉及全体业主的合法权益，结合专项维修资金的交纳亦属于逐渐完善的客观实际，故甲管理公司提出的有关诉讼时效期间的抗辩意见，理据不足，法院不予采纳。

福建省厦门市思明区人民法院依照《物业管理条例》第七条第四项、《中华人民共和国民事诉讼法》第六十七条第一款规定，判决如下：

甲管理公司于本判决生效之日起十日内支付某大厦业委会专项维修资金149139.1元。

甲管理公司不服一审判决，提起上诉。

福建省厦门市中级人民经审理认为：基于公共维修金属于业主共有的性质，某大厦业委会请求甲管理公司支付拖欠的公共维修金具有物权请求权的性质，甲管理公司提出的诉讼时效抗辩意见法院不予采纳。丙公司作为物业公司，仅有代为收取、管理、使用公共维修金的义务，无擅自变更公共维修金交纳标准的权利，丙公司按照每月1000元的标准收取案涉裙楼的公共维修金与《某大厦前期物业服务合同》不符。且甲管理公司对其主张的相关当事人就案涉裙楼公共维修金每月1000元交纳标准达成合意并无证据予以证明。故甲管理公司主张案涉裙楼应按照每月1000元的标准计取公共维修金依据不足，法院不予采纳。一审判决认定事实清楚，适用法律正确。

福建省厦门市中级人民法院依照《中华人民共和国民事诉讼法》第一百七十七条第一款第一项规定，判决如下：

驳回上诉，维持原判。

【法官后语】

建设单位或物业服务企业能否与业主约定减免专项维修资金，专项维修资金的支付能否适用诉讼时效，属于近年来审判实践活动中的热点和难点。本案即为一起新型典型案例。

一、专项维修资金的法律属性

《中华人民共和国民法典》第二百八十一条规定，“建筑物及其附属设施的维修资金，属于业主共有”。《住宅专项维修资金管理办法》第二条第二款规定：“本办法所称住宅专项维修资金，是指专项用于住宅共用部位、共用设施设备保修期满后的维修和更新、改造的资金。”可见，专项维修资金归属全体业主共有，其使用范围及用途有明确限定，不得挪作他用，专项维修资金因用途、管理方式等被特定化从而具备了物的属性。此外，区分所有建筑物区划内共有部分的维修、更新及改造会影响所有业主的居住体验，甚至对该小区的保值增值等起到显著影响。因此，专项维修资金也具有公共基金的法律属性。

二、专项维修资金交纳义务的法律属性

《物业管理条例》第七条第四项规定，业主在物业管理活动中，履行按照国家有关规定交纳专项维修资金的义务。该条款确立的法律规则属于义务性规则，且属于强行性规则，所谓义务性规则，指的是直接要求人们作为或不作为的规则。义务性规则具有三大特征：第一，强制性。义务性规则通常具有强行性，对于不履行义务的人具有压力，违反义务性规则的主体常常要付出代价，即法律会作出否定性反应。第二，必要性。为了维护社会成员的自由和利益，维系社会安全和法的权威，义务性规则是必要的。第三，不利性。义务性规则虽然对他人和社会有利，但对义务人来说却是不利的，是一种负担。显而易见，交纳专项维修资金是一项强制性义务，且专项维修资金是为了全体业主的共同利益而设立，单个业主作为共同利益享有者之一，应履行交纳专项维修资金的义务。专项维修资金不能由业主与其他民事主体通过意定方式确定是否交纳或是否减少交纳。正因如此，本案认定，甲管理公司与丁公司或丙公司约定案涉裙楼的专项维修资金按减少后的每月1000元标准交纳，违反了前述强行性规则，一定程度上损害了全体业主的合法权益。

三、请求支付专项维修资金是否适用诉讼时效制度

《中华人民共和国民法典》在物权编规定了专项维修资金，其第二百八十六条第二款规定了业委会对拒付物业费等损害他人合法权益的行为有权请求行为人停止侵害、排除妨碍，业主未依约支付专项维修资金的行为属于该条款规定的“损害他人合法权益的行为”。因此，业主委员会要求业主支付欠付的专项维修资金，具有物权请求权的性质；而且专项维修资金涉及全体业主的合法权益，结合专项维修资金的交纳亦属于逐渐完善的客观实际，故专项维修资金的支付不能适用诉讼时效制度。基于此，对甲管理公司在本案中提出的诉讼时效抗辩意见，未予以支持。

本案的审理，明确支付专项维修资金属于业主应当履行的强制性义务，不能由业主与其他民事主体通过意定方式确定是否交纳或是否减少交纳。而且，专项维修资金的支付不能适用诉讼时效制度。本案的判决，起到了良好的法律效果和社会效果，具有新颖性和前瞻性。对今后此类型案件的审理具有一定的借鉴意义。

编写人：福建省厦门市思明区人民法院　刘宪昌　赖芷沅

31

地上停车位、地下停车位与屋顶停车位权属的区分认定

——某业主委员会诉甲公司、乙公司建筑物区分所有权案

【案件基本信息】

1. 裁判书字号

山东省威海市中级人民法院（2022）鲁10民终871号民事判决书

2. 案由：建筑物区分所有权纠纷

3. 当事人

原告（上诉人、再审申请人）：某业主委员会

被告（被上诉人、再审被申请人）：甲公司、乙公司

【基本案情】

乙公司系丙公司更名而来。2007年12月8日，市规划局向丙公司发放《建设工程规划许可证》，许可其对案涉某世界建材城的建设规划，并注明“海滨南路××号：3451.71平方米用途人防、3319.02平方米仓储、34687.12平方米商业、2479.09平方米食堂餐厅及商务中心、16151.56平方米办公”，附图中标明总用地技术经济指标：用地面积13669平方米、总建筑面积58976平方米，其中商业建筑面积31207平方米、办公建筑面积15564平方米、地下车库层建筑面积7405平方米，建筑占地面积7405平方米、建筑密度54.2%、容积率3.96、绿化率23.8%、绿地面积3264平方米，机动车停车位290个（地面停车位15个、屋顶停车位127个、地下停车位148个）。

2008年，市房地产管理局向丙公司发放房屋所有权证书，按用途记载的面积与《建设工程规划许可证》记载的一致。丙公司在出售案涉房屋时，与买受人签订的《商品房预售合同》中约定：地下停车位、地下仓库、屋面停车位、地面停车位的产权均属出卖人所有，买受人如使用必须有偿。

除规划车位外，建筑区划内还设有59个无规划的地上停车位，乙公司认可该59个停车位属于业主共有。

海滨南路××号物业项目的某业主委员会起诉要求确认案涉建筑区划内的地面停车位、屋顶停车位及地下停车位属于全体业主共有。

【案件焦点】

案涉地下停车位、地面停车位、屋顶停车位的区分与归属认定。

【法院裁判要旨】

山东省威海经济技术开发区法院经审理认为：

首先，关于地下停车位的权属。根据《中华人民共和国人民防空法》第

五条第二款规定，国家鼓励、支持企业事业组织、社会团体和个人，通过多种途径，投资进行人民防空工程建设；人民防空工程平时由投资者使用管理，收益归投资者所有。即谁投资、谁使用、谁收益。案涉地下停车位属于人防工程，从乙公司提供的房产证能够认定，案涉人防工程登记在其名下，且并未计算在容积率内，应当认定地下车库由乙公司投资建设，相应的使用、收益权应由其享有，现某业主委员会要求确认该地下车库归其所有，理由不当，不予支持。

其次，关于地面停车位、屋顶停车位的权属。《中华人民共和国民法典》第二百七十五条规定，建筑区划内，规划用于停放汽车的车位、车库的归属，由当事人通过出售、附赠或者出租等方式约定；占用业主共有的道路或者其他场地用于停放汽车的车位，属于业主共有。本案中，地上 15 个停车位及屋顶停车位均经过规划审批，且乙公司在与业主签订的商品房预售合同中亦明确约定由乙公司享有权益，买受人如使用必须有偿。现某业主委员会主张规划范围内的地面停车位、屋顶停车位归业主共有，理由不当，不予支持。建筑区划内无规划审批手续，但占用业主共有道路或其他场所增设的 59 个地面停车位，应当属于业主共有。

山东省威海经济技术开发区法院依照《最高人民法院关于适用〈中华人民共和国民法典〉时间效力的若干规定》第一条第三款、《中华人民共和国民法典》第二百七十五条、《中华人民共和国人民防空法》第五条规定，判决如下：

一、威海市海滨南路××号的 59 个地面停车位（无规划审批手续）归全体业主共有；

二、驳回某业主委员会的其他诉讼请求。

某业主委员会不服一审判决，提起上诉。

山东省威海市中级人民法院同意一审法院裁判意见，判决驳回上诉，维持原判。

某业主委员会不服一、二审判决，申请再审，山东省高级人民法院裁定驳回某业主委员会的再审申请。

【法官后语】

近年来，随着私家车数量的不断增长，小区内停车位归属和使用已经成为群众日益关注的民生问题。根据《中华人民共和国民法典》的规定，小区车位归属，应根据车位是否在小区建筑规划内进行分析认定，但是该规定比较原则和笼统，尤其是对于地上、地下和楼顶小区的车位到底归属业主所有，还是归属开发商所有，需要进一步作出区分与认定。

1. 关于地下停车位的权属。根据《中华人民共和国人民防空法》第五条第二款规定，国家鼓励、支持企业事业组织、社会团体和个人，通过多种途径，投资进行人民防空工程建设；人民防空工程平时由投资者使用管理，收益归投资者所有。即谁投资、谁使用、谁收益。案涉地下停车位属于人防工程，从乙公司提供的房产证能够认定，案涉人防工程登记在其名下，且并未计算在容积率内，应当认定地下车库由乙公司投资建设，相应的使用、收益权应由其享有。

2. 关于地面停车位的权属。《中华人民共和国民法典》第二百七十五条规定，建筑区划内，规划用于停放汽车的车位、车库的归属，由当事人通过出售、附赠或者出租等方式约定；占用业主共有的道路或者其他场地用于停放汽车的车位，属于业主共有。该条的立法目的在于协调兼顾业主和开发商两者的利益，通过合同方式约定车位、车库的归属，有利于提高开发商修建车位的积极性，改善停车难的社会问题，增加居民的生活便利。认定地面停车位归属，应当从有无规划许可以及当事人约定两方面考量。本案中，地上15个停车位均经过规划审批，且乙公司在与业主签订的商品房预售合同中亦明确约定由乙公司享有权益，买受人如使用必须有偿。在认定规划范围内的地面停车位的权利归属时应当尊重当事人的意思自治，根据当事人的约定确定权属。对于建筑区划内无规划审批手续，但占用业主共有道路或其他场所增设的59个地面停车位，因改变了原规划的用途，则应当认定该部分车位属于业主共有。

3. 关于屋顶停车位的权属。屋顶停车位与地面停车位的共同点在于占用了小区的公共部位，但屋顶停车位的建设需要投入大量的资金，屋顶需要进行加厚、抗压等处理，建筑做法与一般屋顶不同，还需要修建通往屋顶的车道及相关配套设施，且屋顶停车位还涉及后续维护维修等情况，故对于该种类型的停车位应当考虑谁分摊了建设费用等情况，如该部分费用是由开发企业承担，且双方在购房时对于其权利归属有明确约定，则应当由开发企业享有相关权利，并由其承担屋顶停车位的维护等义务，更有利于兼顾业主与企业的权利。

综上，在同一小区之内，不同位置的停车位所有权归属并不完全相同，法院在处理此类案件时，应当认真审核规划建筑图纸等档案，综合考虑各方利益，既要保护广大业主的合法权益，也要保护企业的经营利益，鼓励企业积极投入建设公共设施，促使社会公共设施建设良性发展。

编写人：山东省威海经济技术开发区人民法院　朱晓文

32

车位、车库权属的认定

——甲业委会诉某房地产公司车位案

【案件基本信息】

1. 裁判书字号

四川省宜宾市中级人民法院（2022）川15民终335号民事判决书

2. 案由：车位纠纷

3. 当事人

原告（被上诉人）：甲业委会

被告（上诉人）：某房地产公司

【基本案情】

甲小区系由某房地产公司开发建设，于2012年9月底通过竣工验收，后陆续交付业主使用。

2012 年 9 月初，某房地产公司向住建局申请调整地下室设计方案。住建局接到申请后，将原设计平面图及总体技术经济指标、调整后平面图及总体技术经济指标分别在当地门户网、小区附近进行公告。在调整后地下室轮廓图上标注的总体技术经济指标中载明：地面停车位 87 个、地下停车位 182 个。

案涉编号为 34、36、37、38、39 号的 5 个车位属于小区建造之初经规划建设的地面车位。某房地产公司认可案涉车位由其一直使用，且不能办理产权登记手续。2020 年 10 月 31 日，甲业委会作出《甲业委会告全体业主书》，决定从 2020 年 11 月 2 日起封闭停止使用案涉 5 个停车位。

根据甲业委会提供的某物业服务公司制作的小区业主共有公共部位收支统计表，及甲业委会的当庭陈述，某房地产公司支付了 2013 年部分停车费及 2016 年全年停车费（2016 年每个车位按 165 元收取）。

在买受人与某房地产公司签订的《商品房买卖合同补充协议》第十三条第四项中约定："根据规划建设的地面停车位归出卖人所有，出卖人享有其所有权、收益权及处分权，地面停车位由出卖人统一管理、规划，买受人对此不持异议；出卖人在售房时根据实际需要确定上述车位给相应的业主专有使用并收取相应使用费，其他业主不得对此提出异议……"该内容未加黑、加粗或者以其他字体与合同其他内容予以区别。

【案件焦点】

如何确定案涉车位的权属。

【法院裁判要旨】

四川省宜宾市南溪区人民法院经审理认为：车位是小区业主共同生活的辅助设施，属于小区的配套设施。根据《中华人民共和国民法典》第二百七十五条规定："建筑区划内，规划用于停放汽车的车位、车库的归属，由当事人通过出售、附赠或者出租等方式约定。占用业主共有的道路或者其他场地用于停放汽车的车位，属于业主共有。"

规划内车位车库是建筑单位在开始建造之初经规划部门批准，并于建造完成后可以办理产权登记的车位。这种车位具有独立性、可分性，建设单位可以通过出售、附赠或出租等方式，对车位车库所有权的归属作出明确约定。非规划内车位是占用业主共有的道路或其他场地用于停车形成的车位，没有在最初批准的项目建设规划中，所占用的道路或场地属于业主共有。案涉 5 个地面车位虽在小区建造之初经过规划，但这是为了满足全体业主日常生活及公共使用需要的停车设施，规划的初衷并非让开发商获利，且案涉车位未计入建筑面积，不能办理产权登记手续。地面车位与地下车位不同，未形成新的使用独立空间，开发公司也无额外成本投入，实质上是占用建筑区划内业主共有道路或其他场地，应认定属于业主共有。

根据法律规定，采用格式条款订立合同的，提供格式条款的一方应当遵循公平原则确定当事人之间的权利义务，并采取合理方式提请对方注意免除或者限制其责任的条款，并对该条款予以说明。提供格式条款一方免除其责任、加重对方责任、排除对方主要权利的，没有对格式条款进行提示说明的，该格式条款无效。本案中，某房地产公司与业主方签订的《商品房买卖合同补充协议》第十三条中关于地面车位的约定内容属于对买受方合理享受业主主要权利的排除，条款字体并未加黑加粗，且某房地产公司也未提供证据证明对该条款尽到合理提示及说明义务，故该格式条款无效。

甲业委会于 2020 年 12 月递交本案反诉状，其主张的停车费损失应从 2017 年 12 月起算，结合某房地产公司 2016 年支付停车费的情况，认定按每个车位 165 元的标准计算停车费损失，并计算至 2020 年 10 月甲业委会作出《甲业委会告全体业主书》时止。经计算，某房地产公司应支付甲业委会的停车费损失为 28875 元（165 元/月/个×5 个车位×5 月）。

四川省宜宾市南溪区人民法院依照《中华人民共和国侵权责任法》第六条、第十五条，《中华人民共和国民法典》第二百七十四条、第二百七十五条，《最高人民法院关于适用〈中华人民共和国民法典〉时间效力的若干规定》第一条第二款规定，判决如下：

一、甲小区内涉案 5 个车位归甲小区全体业主共有；

二、某房地产公司于判决生效之日起二十日内支付甲业委会停车费损失28875元；

三、驳回某房地产公司的诉讼请求；

四、驳回甲业委会的其他诉讼请求。

某房地产公司不服一审判决，提起上诉。

四川省宜宾市中级人民法院经审理认为：案涉车位应属甲小区全体业主共有。《中华人民共和国物权法》第七十四条规定："建筑区划内，规划用于停放汽车的车位、车库应当首先满足业主的需要。建筑区划内，规划用于停放汽车的车位、车库的归属，由当事人通过出售、附赠或者出租等方式约定。占用业主共有的道路或者其他场地用于停放汽车的车位，属于业主共有。"根据上述法律规定，实际上包括两种不同类型和性质的车位，相应地，其权利归属也各不相同。第一种是建筑区划内，规划用于停放汽车的车位，第二种是占用业主共有的道路或者其他场地用于停放汽车的车位。本案的争议焦点即应明确案涉车位属上述哪一种类型。规划内车位，是建设单位在开始建造之初经规划部门批准，并于建造完成后可以办理产权登记的车位。《最高人民法院关于审理建筑物区分所有权纠纷案件具体应用法律若干问题的解释》（法释〔2009〕7号）第二条第一款规定："建筑区划内符合下列条件的房屋，以及车位、摊位等特定空间，应当认定为物权法第六章所称的专有部分：（一）具有构造上的独立性，能够明确区分；（二）具有利用上的独立性，可以排他使用；（三）能够登记成为特定业主所有权的客体。"因案涉车位无法办理不动产权属证书，因此，其不能成为享有专有权的专有部分，也就不属于"建筑区划内，规划用于停放汽车的车位"。同时，根据区自然资源与规划局明确案涉车位所占面积未纳入计容积率地上建筑面积，其实质仍然是建设用地使用权。某房地产公司在建造甲小区时支付了建筑区划内的土地使用权出让金，成为建设用地使用权人，但是在小区建设完成后，随着小区内房屋的出售，小区建筑区划内的土地使用权也随之转移，小区的共有部分土地使用权归小区业主共有。因此，应认定为案涉车位属占用业主共有的道路或者其他场地用于停放汽车的车位。则此类型的车位法定属全体业主共有，某房地产公司通过与业主签订《商品房买卖合同补充协议》的格式条款排除对方法定权利，且没有进行提示说明，应认定该格式条款无效。综上，某房地产公司因对案涉车位不享有所有权以及其他物权，其主张享有收益权和处分权，不予支持。同时，其主张《甲业委会告全体业主书》无效亦无事实和法律依据，不能成立。

四川省宜宾市中级人民法院依照《中华人民共和国民事诉讼法》第一百七十七条第一款第一项规定，判决如下：

驳回上诉，维持原判。

【法官后语】

车位、车库（以下统称车位）是小区业主共同生活的重要辅助设施，性质上属于小区的配套设施。车位权属事关人民的正常生活和经济利益，关乎全体业主和开发商的利益衡平，如何认定其权利归属成为此类案件的重点和难点问题。目前，我国对于车位归属问题主要有以下四种观点：（1）小区业主所有说。该说又分为三种意见：第一种意见认为，业主基于对其所购房屋的专有权，而对车位拥有共有部分持有权，车位的费用在开发商销售商品房时已加入售房成本，由业主共同承担；第二种意见认为，开发商在销售商品房时应当为业主提供停车场所，作为小区的配套设施，业主享有车位专有部分的所有权；第三种意见认为，根据房随地走原则，在商品房销售完毕后，房屋所占的地下空间利用权也随之转移给业主，地下车位不可能脱离土地使用权单独存在，理应随之转移给业主所有。（2）开发商所有说。此种观点认为根据“谁投资谁受益”原则，小区业主分摊的是国有土地使用权，分摊面积仅仅限于地表的使用权，地下车位是利用该土地的地下空间而建造的，系开发商投资，且未做分摊面积分到各业主头上，同时，地下车位是具有相对独立的封闭空间的，故应为开发商所有。需补充一点，在实际中不计算容积率的地下建筑不参与土地面积分摊。（3）国家所有说。该观点认为部分地下车位属于人防工程，根据《中华人民共和国人民防空法》相关规定，应推定为国家所有。（4）约定归属说。在法律没有明确规定的前提下，遵循私法意思自治原则，地下车位归属应由开发商和业主通过约定来确定其归属。

如何认定诉争车位的权属？笔者认为，应结合是否经规划部门批准，当事人之间是否存在权属约定及相关格式条款效力，是否纳入容积率计算和公摊面积、建设成本的分摊，是否属于建筑物的专有部分等因素综合判断。具体而言，可以从以下几个维度进行审查：其一，判定是否属于规划内车位；其二，审查合同当事人之间的具体约定及相关格式条款的效力；其三，判断是否属于建筑物的专有部分；其四，审查容积率、公摊面积以及建设成本等。

首先，对于是否属于规划内车位的判断，可以通过审核最初的规划建设图纸来确定。根据《中华人民共和国民法典》第二百七十五条、第二百七十六条规定，小区内实际上包括两种不同类型和性质的车位，相应地，其权利归属也各不相同。第一种是规划内车位，即建筑区划内，规划用于停放汽车的车位。规划内车位，是建设单位在开始建造之初经规划部门批准，并于建造完成后可以办理产权登记的车位。第二种是非规划车位，即占用业主共有的道路或者其他场地用于停放汽车的车位。

其次，关于合同当事人之间的具体约定及相关格式条款效力的问题，可依据《中华人民共和国民法典》合同编相关规定进行审查判断。《中华人民共和国民法典》第二百七十五条第一款规定的是规划内车位的归属，第二款规定的是规划外车位的归属，应属全体业主共有。对于非规划车位，其权属已然明晰；对于规划内车位，可以通过当事人约定的方式进行权属确定。但对于规划内车位当事人未对权属进行约定或约定不明或约定无效的，又该如何认定其权属？法律法规对此未作规定。笔者认为，可以从以下两个方面进行审查判断：一是是否属于建筑物的专有部分；二是容积率、公摊面积以及建设成本等的审查。

再次，关于是否属于建筑物专有部分的判断标准。根据《最高人民法院关于审理建筑物区分所有权纠纷案件适用法律若干问题的解释》（2020修正）第二条第一款规定，应结合构造上的独立性、利用上的独立性、能否登记产权三个要素判断车位是否属于建筑物的专有部分。如果三要素齐备，则车位属于建筑物的专有部分，属于业主专有；如果三要素不齐备，则车位不属于专有部分，而属于共有部分，归全体业主共有。

最后，关于容积率、公摊面积以及建设成本等的审查判断。如果建设单位与业主之间没有就车位的归属达成明确的合意或约定不明的，最高人民法院倾向认为①，如果车位的建设成本未分摊至业主购房费用中，而是建设单位自行负担的，权属归建设单位；如果建设成本已经分摊至建筑区划内众多业主身上的，即使彼此无约定，权属也应当归全体业主。因此，笔者认为，对于规划内车位当事人未对权属进行约定或约定不明或约定无效的，在以上途径均不能判定的情况下，最终的途径应从容积率、公摊面积以及建设成本等方面进行实质审查，即通过审核最初的规划建设图纸、建造成本等技术档案资料，核查车位的容积率是否纳入小区土地使用权面积内、是否纳入公摊面积、建设成本是否纳入业主分摊的小区建设成本。如果购房时已经纳入公摊面积被分摊或者开发商已将建设成本核算进小区开发成本中，依据"谁投资谁受益"原则，这类车位属于全体业主所有；如果其土地使用面积和建造成本并未纳入小区商品房的分摊，而是开发商投入成本建造的，那么开发商在合同中约定属其所有的，应予支持。

就本案而言，案涉车位属于小区建造之初经规划建设的地面车位。根据上述分析，因案涉车位无法办理不动产权属证书，其不能成为享有专有权的专有部分，也就不属于"建筑区划内，规划用于停放汽车的车位"。且开发商虽然与业主签订的《商品房买卖合同补充协议》约定了地面车位权属的相关条款，但是该条款属于格式条款，根据《中华人民共和国民法典》第四百九十七条第三项"有下列情形之一的，格式条款无效……提供格式条款一方排除对方主要权利"的规定，相关格式条款排除了业主的法定权利，且没有进行提示说明，应认定该格式条款无效。同时，按照小区规划，案涉车位所占面积未纳入计容积率地上建筑面积，其实质仍然是建设用地使用权，在小区建设完成后，随小区内房屋的出售，小区建筑区划内的土地使用权也随之转移，小区的共有部分土地使用权归小区业主共有。故案涉车位属于规划内车位，虽有权属约定，但

---

① 最高人民法院民法典贯彻实施工作领导小组主编：《中华人民共和国民法典物权编理解与适用》（上），人民法院出版社2020年版，第363页。

是该约定条款因违反法律规定而无效。案涉车位不属于建筑物的专有部分、未纳入计容积率地上建筑面积，属占用业主共有的道路或者其他场地用于停放汽车的车位，应属全体业主共有。

编写人：四川省宜宾市中级人民法院 李焕培 翟旭玫

（三）业主撤销权纠纷

33

业主与业主委员会因换届选举中的程序性事项产生的纠纷是否属于人民法院民事诉讼受理范围的认定

——黄某某等诉某小区业主委员会业主撤销权案

【案件基本信息】

1. 裁判书字号

湖北省武汉市中级人民法院（2020）鄂01民终22810号民事判决书

2. 案由：业主撤销权纠纷

3. 当事人

原告（上诉人）：黄某某、雷某某、刘某某、任某某、宋某、王某某、曾某、石某某（以下简称黄某某等八人）

被告（被上诉人）：某小区业主委员会（以下简称某小区业委会）

第三人（被上诉人）：某社区工作服务中心（以下简称某社区中心）

【基本案情】

黄某某等八人均系武汉某小区的业主。2021 年 6 月 7 日，某小区业委会筹备组召开第一次会议，讨论《业主委员会选举办法》和《业委会候选人产生办法》。6 月 18 日至 24 日，筹备组在某小区公告栏、单元楼栋、物业门口、岗亭（以下简称公告栏等）进行了《某小区业委会候选人报名公告》。6 月 30 日至 7 月 6 日，筹备组在案涉小区公告栏等进行了《某小区业委会委员初步候选人考察预告》。7 月 16 日至 22 日，筹备组在某小区公告栏等进行了《第二届业主委员会正式候选人名单公示》。11 月 30 日，筹备组在案涉小区公告栏等进行了《关于某小区第二届业主大会书面征求意见、电子投票延期的通知》，通知投票时间延长。12 月 3 日至 8 日，筹备组向筹备组成员发布《某小区召开业主大会计票的通知》。12 月 8 日，某小区第二届业主大会现场计票。12 月 8 日至 14 日，筹备组在公告栏、单元楼栋、物业门口发布《某小区业委会投票（选举）结果公示》。12 月 29 日，某小区成立第二届业主委员会。

【案件焦点】

小区业主是否有权请求法院撤销业委会作出的业主委员换届选举提名的决议。

【法院裁判要旨】

湖北省武汉市江夏区人民法院经审理认为：业主大会或者业主委员会的决定，对业主具有约束力。业主大会或者业主委员会作出的决定侵害业主合法权益的，受侵害的业主可以请求人民法院予以撤销。黄某某等八人认为在业主大会会议召开前十五日，应由业主委员会将业主大会会议召开的时间、地点、内容等主要事项以书面形式向物业管理区域内全体业主公告，某小区业委会没有履行任何书面的告知义务，直接于 2021 年 12 月 8 日公示委员提名，但根据某小区业委会提交的证据显示第二届业委会的选举进行了公示公告的流程。因此对黄某某等八人的该主张不予认可。黄某某等八人认为某小区第二届业主委员会的选举投票数量存在大量作假，但核实清查是否属于虚假、冒充的作弊票，以重新计票业主的真实选票后宣布表决结果，不属于人民法院受理民事案件的范围，法院对此不予处理。

湖北省武汉市江夏区人民法院依照《中华人民共和国民法典》第二百七十七条、第二百八十条规定，作出如下判决：

驳回黄某某等八人的诉讼请求。

黄某某等八人不服一审判决，提起上诉。

湖北省武汉市中级人民法院经审理认为：业主可以设立业主大会，选举业主委员会。地方人民政府有关部门、居民委员会应当对设立业主大会和选举业主委员会给予指导和协助。可见，选举业主委员会应当在地方人民政府有关部门、居民委员会的指导和协助下进行，系业主行使自治权的方式，属于业主自治范畴，在业主委员会选举中产生的纠纷，不属于人民法院民事诉讼受理及审理的范围，当事人应向有关行政部门申请解决。本案中，黄某某等八人以某小区第二届业主委员会换届选举程序不合法、被选任的委员不符合条件、选票不真实等为由提起诉讼，即属于业主委员会选举中产生的争议，一审以不属于人民法院受理民事案件的范围，并对此不予处理并无不当，法院予以确认。

湖北省武汉市中级人民法院依照《中华人民共和国民事诉讼法》第一百七十七条第一款第一项规定，判决如下：

驳回上诉，维持原判。

【法官后语】

随着我国房地产市场和物业服务行业的迅速发展，因业主撤销权引发的纠纷不断涌现。业主大会或者业主委员会履行职责，代表业主意愿、维护业主利益的决定，对于小区的每一位业主都具有法律约束力。《中华人民共和国民法典》第二百八十条第二款规定，业主大会或者业主委员会作出的决定侵害业主合法权益的，受侵害的业主可以请求人民法院予以撤销。对于业主所享有的合法权益可分为两类，一是实体权益，二是程序性权益。

关于实体权益方面，《中华人民共和国民法典》第二百七十八条规定了业主决定建筑区划内重大事项的共同管理权的范围及表决权的行使等问题，因此，如果业主大会或业主委员会所作的关于上述事项的决定侵害了业主相关的实体合法权益，业主有权请求人民法院予以撤销。此时业主享有撤销权是基于业主所享有的建筑物区分所有权，在业主委员会作出的决定侵害了业主对专有部分以外的共有部分所享有的共有和共同管理的相关权利时，法律赋予业主通过起诉的方式行使撤销权进行救济。

关于程序权益方面，是指业主大会或业主委员会作出的决定内容虽然并未侵害业主基于建筑物区分所有权而享有的实体权益，但其所作决定超越了法定或者约定的权限范围或者违反程序性规定，特别是在业主大会或业主委员会选举过程中产生的纠纷，是否属于人民法院民事案件受理范围，应当进行区分处理。具体如下：

1. 违反法定议事及表决程序的，业主请求人民法院撤销业主大会或业主委员会的决定，属于人民法院民事案件受理范围。就业主应当共同决定的事项，其中包括选举业主委员会或者更换业主委员会成员，《中华人民共和国民法典》第二百七十八条第二款规定了业主参与人数比例及表决人数比例。若选举或者更换业主委员会成员过程中，表决程序违反上述法律规定的，业主有权提起撤销之诉。

2. 业主委员会内部程序性或自治管理范畴事项不属于人民法院民事案件受案范围。业主大会、业主委员会的召开、成立、选举、表决、业主委员会委员资格及选任、罢免等属于业主大会、业主委员会内部程序性或自治范畴决定的事项，不属于业主撤销权和民事案件受理范围。如本案中，以被选任的委员不符合条件、选票不真实等为由提起诉讼，即属于业主委员会选举中产生的争议，不属于人民法院民事案件受理范围。

编写人：湖北省武汉市江夏区人民法院　徐笙　夏伦杰

34

业委会决定存在程序瑕疵影响多数决真实意思形成的应予撤销

——谭某等诉某小区一期第一届业主委员会业主撤销权案

【案件基本信息】

1. 裁判书字号

重庆市第五中级人民法院（2021）渝05民终6840号民事判决书

2. 案由：业主撤销权纠纷

3. 当事人

原告（被上诉人）：谭某、周某某、郑某某、汪某某、胡某某、李甲、李乙、蒋某甲、蒋某乙（以下简称谭某等九人）

被告（上诉人）：某小区一期第一届业主委员会（以下简称某小区业委会）

【基本案情】

谭某等九人系某小区一期的业主，某小区前期物业公司系重庆A物业管理有限公司（以下简称A公司）。2017年11月9日，某小区业主大会筹备组通过了《业主大会议事规则》。2018年10月，某小区业委会成立。2019年9月，某小区业委会就更换物业公司事宜通过发放书面征求意见表的方式召开业主大会，并制作了《物业服务招标方案及物业合同业主大会书面意见征求表》，征求表载明，通过书面征求意见形式召开业主大会，表决以下内容：（1）是否同意按照“物业服务招标方案”进行招投标，选定物业服务企业；（2）是否同意业委会按照公示的“物业服务合同”版本与中标物业公司签订物业服务合同，该征求表中业主意见选择栏（“同意”或“反对”）只有一项。另，征求意见表所附的《招标方案》中载明，评标委员会成员五名，由三名评标专家及业委会选派的二名成员组成。

2020年4月16日，某小区业委会公示投票结果，内容为投票户数和面积均过半数，关于物业服务招标方案及物业合同的决定通过等。10月9日，某小区业委会委托第三方公司进行招标工作。12月22日，某小区业委会公示中标结果，确定重庆B物业服务有限公司（以下简称B公司）为第一中标候选人。2021年1月16日，某小区业委会与B公司签订新的《物业服务合同》。2021年1月7日，某小区业委会通知A公司《前期物业服务合同》终止，并限期办理交接手续等。谭某等九人认为某小区业委会在选聘新物业公司的过程中多处程序违法，包括：（1）采用书面征求意见的形式召开业主大会不符合议事规则；（2）征求意见表签字存在虚假；（3）评标委员会成员组成不合法等。

【案件焦点】

1. 某小区业委会作出选聘B公司等决定是否存在程序违法或者程序瑕疵；2. 若存在程序违法或者程序瑕疵，是否应当判决撤销决定。

【法院裁判要旨】

重庆市巴南区人民法院经审理认为：关于谭某等九人是否是本案适格主体。《中华人民共和国民法典》第二百八十条规定："业主大会或者业主委员会的决定，对业主具有法律约束力。业主大会或者业主委员会作出的决定侵害业主合法权益的，受侵害的业主可以请求人民法院予以撤销。"谭某等九人作为某小区一期的业主以业主委员会的决定侵害其权益为由提起的撤销之诉，系业主的法定权利，且系在知道某小区一期业委会作出决定之日起一年内提起，故谭某等九人系本案适格主体，有权提起本案诉讼。

关于某小区业委会作出的三项决定是违反法定程序。结合谭某等九人诉请理由，评判如下：第一，案涉小区的《业主大会议事规则》第六条规定业主大会会议可以采用书面征求业主意见的形式表决，故某小区一期业委会采用书面征求意见的形式就物业服务招标方案及新物业合同召开业主大会程序符合规定。

第二，案涉小区的《业主大会议事规则》第五条规定业主大会有权选聘、解聘物业管理企业，而某小区一期业委会是业主大会的执行机构，有权选聘新的物业服务公司。第三，关于涉案《物业服务招标方案及物业合同业主大会书面意见征求表》的业主签名是否虚假的问题，谭某等九人未举证证明，相反某小区业委会及某街道办事处发布了异议公告，经过公证复核，在部分异议人重新签字后，同意的业主人数及相应专有部分面积仍然均过半数。第四，关于评标委员会成员组成是否合法的问题，《中华人民共和国招标投标法》第三十七条第二款规定："依法必须进行招标的项目，其评标委员会由招标人的代表和有关技术、经济等方面的专家组成，成员人数为五人以上单数，其中技术、经济等方面的专家不得少于成员总数的三分之二。"《重庆市物业管理招标投标试行办法》第二十六条第一款规定："评委会由招标人代表与有关物业管理相关专业的技术、经济等方面专家组成，成员以 5—9 人为宜，其中招标人代表不得超过评委总数的三分之一。"本案中，某小区业委会通过业主大会表决采用招投标的形式选择物业服务企业，但其《招标方案》明确载明评标委员会成员五名，由三名评标专家、二名业委会成员组成。即专家人数未达到三分之二，招标人代表超过三分之一，评标委员会成员不符合法律规定，谭某等九人的该项理由成立。综上，某小区业委会作出的三项决定，不能认定其程序合法。

重庆市巴南区人民法院依照《中华人民共和国民法典》第二百七十八条、第二百八十条，《中华人民共和国招标投标法》第三十七条第二款规定，判决如下：

一、撤销某小区业委会作出的选聘 B 公司的决定；

二、撤销某小区业委会作出的关于《前期物业服务合同》终止的决定；

三、撤销某小区业委会作出的关于 A 公司限期办理移交手续的决定。

某小区业委会不服一审判决，提起上诉。

重庆市第五中级人民法院经审理认为：某小区业委会决定采取招投标方式选定物业公司，但其所制定的招标方案关于评标委员会的组成不符合《中华人民共和国招标投标法》的规定，可能对广大业主产生一定的误导，该方案存在瑕疵。此外，某小区业委会所制作的物业服务招标方案及物业合同业主大会书面意见征求意见表中表决内容为两项，而业主投票意见选择栏只有一项，违反了一事一议的原则，对于业主是否同意某小区业委会与中标公司签订物业服务合同应当再次征求广大业主的意见，故不能确定某小区业委会凭该次业主大会的投票结果作出的三项决定是否均取得双过半业主的同意，一审判决撤销上述决定结论正确。

重庆市第五中级人民法院依照《中华人民共和国民事诉讼法》第一百七十条第一款第一项规定，判决如下：

驳回上诉，维持原判。

【法官后语】

对业主以程序权益被侵害为由提起的业主撤销权诉讼，由于我国相关法律对于程序正当性如何审查认定等规定不够明确，地方性法规和小区自治规则等规范交织，加大了审理难度。

如何认定业主大会作出的决定程序违法或程序瑕疵？鉴于形成业主大会决定的程序复杂烦琐，而业主提出的具体程序问题类型多样，因此，第一步需要明确法院的审查范围。实质上，决议程序可分为两类，即议事程序和表决程序，常见的议事程序瑕疵包括召集人不适格、召集通知发送遗漏等，常见的表决程序瑕疵包括表决主体不适格、投票虚假、计票错误等。法院对议事程序瑕疵应以原告诉请为限进行被动审查，对表决程序瑕疵应主动审查。理由在于：第一，相比议事程序，表决程序作为社团意思形成的最后阶段和最终体现，对于业主真实意思的最终形成显得更为直接和重要，是有关决议形成是否符合“多数决”规则的核心程序，应当主动审查；第二，虽然议事程序合法也是实现业主大会决议“程序正义”的必然要求，但鉴于其瑕疵的表现形态多样烦琐，出于维护社团自治的民主性及诉讼经济的考虑，法院不应当越俎代庖地对原告并未提出的议事瑕疵事由进行审查。具体到本案，谭某等九人提出的评标委员会成员组成不合法等三项程序问题均属于议事程序范畴，一审法院也仅针对谭某等九人的该三项理由进行了逐一评述，由于某小区业委会制作的招投标方案中评标委员会的专家人数未达到相关法律规定要求，最终认定存在程序违法。而二审法院除了对谭某等九人所提程序问题被动审查外，还就谭某等九人并未提及的关于选票表决栏的意见勾选设置这一重要的表决程序进行了主动审查，发现表决的议题有两项，但意见选择栏只有一项，明显违反一事一议的原则，即表决程序存在明显程序瑕疵。

认定业主大会决议存在程序违法或者程序瑕疵后，是否必然导致决定被撤销的法律后果，并不能一概而论。程序合法是决议对全体业主产生约束力的正当性的重要来源，也是形成法律上认可的结果的必然要求，但是程序合法并非统率决议效力之核心，程序规则的设置也是为了保障决议尽可能接近所有成员的共同意愿，是为实体公正服务的。基于此，业主大会决议的程序问题并非必然导致决定被撤销，一般地，只有影响到多数业主的真实意思形成的严重程序问题，才应予以撤销。如同意业主未达到《中华人民共和国民法典》第二百七十八条“双过半”或者“双过四分之三”标准，已经违反了法律的强制性规定，必然影响大多数业主的真实意思形成；又如大量选票签字存在虚假、伪造等，严重背离了业主意思表示真实性的，当然应予撤销。相反，轻微程序瑕疵并未对决议的形成产生实质性影响的，不应予以撤销，如议事程序中通知会议遗漏了个别业主、业主大会缺少行政部门监督等程序瑕疵虽然存在，但若不存在以上严重程序瑕疵，表决结果也并无二致，就不应对业委会履职太过苛责，而应尽量维持决定的稳定性和公信力。

本案中，虽然某小区业委会在招标新物业公司的过程中，其评标委员会组成违反了《中华人民共和国招标投标法》的相关规定，存在议事程序瑕疵，但法院最后判决撤销决定的理由并不在此，而是在于业主投票栏的设置违反了一事一议的原则，导致无法确定征询的两个议题是否都取得了双过半业主的同意，导致无法证实业主表决意思的真实性，故二审法院判决撤销了相关决定。

编写人：重庆市巴南区人民法院　陈宸　张林

35

对业委会未侵犯业主合法权益的决议要求撤销的诉请不应予以支持

——陈某某诉甲小区第一届业主委员会业主撤销权案

【案件基本信息】

1. 裁判书字号

江苏省无锡市中级人民法院（2022）苏02民终240号民事判决书

2. 案由：业主撤销权纠纷

3. 当事人

原告（上诉人）：陈某某

被告（被上诉人）：甲小区第一届业主委员会（以下简称甲小区业委会）

【基本案情】

陈某某为甲小区的业主。甲小区业委会为甲小区依法成立并备案的业委会。甲小区业委会张贴06号《关于召开甲小区业主大会第三次会议的公告》（以下简称06号公告）、07号《关于召开甲小区业主大会第三次会议的补充公告》（以下简称07号公告），拟将“（1）是否与A物业有限公司续签物业服务合同；（2）如表决解聘现物业公司，是否赞成业委会以招投标方式选聘新物业服务企业”事项提交业主大会表决。业主大会表决方式为使用某公证处“业委会公证投票系统”在线表决，无智能手机或在线投票有困难的业主填写书面表决票进行投票。后经公证在线及线下统计，甲小区业委会发布《甲小区业主大会第三次会议公告》（以下简称第三次会议公告），公布了计票结果：（1）不赞成与现有物业公司（A物业有限公司）续签物业服务合同；（2）赞成业委会以招投标方式召开业主大会选聘新物业服务企业。

陈某某以业主撤销权为由将甲小区业委会诉至法院，请求法院撤销涉案公告。

【案件焦点】

甲小区业委会发布的06号、07号公告、第三次会议公告是否侵犯业主权益，是否应予以撤销。

【法院裁判要旨】

江苏省无锡市梁溪区人民法院经审理认为：业主大会或者业主委员会作出的决定侵害业主合法权益的，受侵害的业主可以请求人民法院予以撤销。本案中，陈某某作为甲小区业主认为本案所涉三公告系甲小区业委会决定，侵犯其合法权益，要求撤销，具有民事诉讼法上赋予的起诉权，但是其诉讼主张甲小区业委会未核对业主身份和房屋建筑面积、误导个别业主投票，案涉三公告侵犯其实体权利和程序权利，要求撤销案涉三公告，缺乏事实依据和法律依据，不予支持。理由如下：

第一，法律赋予业主撤销权的对象和前提是业委会或者业主大会所作出的侵害其合法权益的决定，甲小区业委会发布的06号、07号公告系为准备召开第三次业主大会的通告性文件，并非作出的决定，陈某某主张撤销06号、07号公告并无法律依据。

第二，业主撤销权的前提是业主合法权益受到了业主大会或者业委会决定的侵害，陈某某在本案诉讼中提交的证据不足以证明甲小区业委会或业主大会的决定违反法律、行政法规强制性规定，案涉三公告未侵害陈某某的合法权益。首先，陈某某于诉讼中未能提供案涉三公告决定导致其房屋价值受损，在人身、财产等方面遭受重大利益损害的事实证据，也未能提供甲小区业委会对其作为建筑物区分所有权人限制剥夺其对共有部分所享有的使用、收益等合法权益的相应证据，案涉三公告未侵犯其实体权利。其次，陈某某主张在实际投票过程中甲小区业委会没有核对业主身份信息，造成包括其在内的业主无法投票，侵犯了其作为小区业主享有的平等参与权，但未能证明其由此作为业主无法进行投票表决的事实。最后，甲小区业委会事先发布06、07号公告，告知业主召开业主大会，对是否与现有物业公司续签物业服务合同、以招投标方式选聘新物业服务企业进行投票表决，按照小区议事规则采用公证处“业委会公证投票系统”网络投票和纸质选票可追溯方式进行投票，并事前公告甲小区人数、专有面积和公告核对业主身份的信息，在所在社区居委予以唱票统计，将投票结果予以公告，甲小区业委会的公告程序符合小区议事规则中约定的规则和物业管理条例的行政规章规定，并未违反法律和行政法规强制性规定。

第三，甲小区业委会第三次会议公告符合法律、行政法规强制性规定的程序。甲小区业委会第三次会议公告内容为甲小区第三次业主大会表决议题涉及选聘和解聘物业服务企业内容，系全体小区业主共同管理决定事项。《中华人民共和国民法典》规定，选聘和新聘物业服务企业或者其他管理人的业主共同决定事项，应当由专有部分面积占三分之二的业主，且人数占三分之二以上的业主参与表决，应当经参与表决专有部分面积过半数的业主且参与表决人数过半数的业主同意。本案中，甲小区业委会为召开第三次业主大会表决事项，按照小区议事规则，经过一定程序和形式进行表决投票，邀请第三方组织作出表决事项投票统计，且根据甲小区业委会第三次业主大会表决数据，参与表决投票业主人数占业主总人数的三分之二以上、参与投票的业主的建筑物专有面积占建筑物专有面积三分之二以上，业主大会符合《中华人民共和国民法典》规定的表决的要求，业主共同投票决定事项经参与表决的业主人数、业主专有部分面积的过半数同意，甲小区业委会将第三次业主大会表决数据统计后形成和发布业主大会第三次会议公告，该公告所作程序符合法律、行政法规强制性规定。

第四，甲小区业委会案涉三公告并未逾越法定和约定权限。甲小区业委会召开第三次业主大会发布公告系依法履行职责，代表全体业主对小区物业管理的自治管理活动，其召开第三次业主大会进行表决属于法律、行政法规强制性规定赋予业主共同决定的事项。

综上，陈某某的证据不足以证明甲小区业委会的决定违反法律、行政法规强制性规定，且并未侵犯陈某某的合法权利，对其诉请意见，不予支持。

江苏省无锡市梁溪区人民法院依照《最高人民法院关于适用〈中华人民共和国民法典〉时间效力的若干规定》第一条第一款，《中华人民共和国民法典》第二百七十八条第一款第四项及第二款、第二百八十条第一款规定，判决如下：

驳回陈某某的诉讼请求。

陈某某不服一审判决，提出上诉。

江苏省无锡市中级人民法院经审理认为：业主大会或者业主委员会作出的决定侵害业主合法权益的，受侵害的业主可以请求人民法院予以撤销。业主合法权益包括业主实体权益和业主程序权利。业主实体权益受到侵害，是指作为物业管理区域内区分所有人的业主基于建筑物区分所有的合法权利受到业主大会或者业主委员会决定的侵害，既包括因业主大会或者业主委员会决定而导致房屋价值受损，也包括业主个人在人身、财产等方面遭受到的重大利益损害。业主程序权利受到侵害指的是业主大会或者业主委员会所作出的决定的内容虽然并未侵害业主的合法权益，但其作出决定的程序违反了法律、法规的强制性规定。本案中，甲小区业委会召开第三次业主大会发布公告系依法履行职责，代表全体业主对小区物业管理的自治管理活动，召开第三次业主大会进行表决属于法律规定由业主共同决定的事项，涉案三公告并未侵害业主的合法权益，公告的程序也未违反法律、法规的强制性规定，不存在法律规定应予以撤销的情形。

第一，甲小区业委会06号、07号公告通知了拟召开的业主大会的议题、投票表决日期、地点、表决方式、选票计票统计等事项，系甲小区业委会履行召集业主大会法定职责的通告性文件，未作出任何实质性决定，亦未侵害业主的合法权益，不属于法律规定的业主可行使撤销权的范围，故陈某某无权撤销甲小区业委会06号、07号公告。

第二，甲小区业委会第三次会议公告未侵害陈某某的合法权益，陈某某主张撤销第三次会议公告亦无法律依据。具体理由如下：（1）在实体权益方面，陈某某未举证证明其因业主大会或者业主委员会的决定而导致房屋价值受损，也未举证证明其在人身、财产等方面遭受重大利益损害，故无法认定陈某某的实体权益受到了侵害。（2）在程序权利方面，陈某某认为其已初步举证证明甲小区业委会未核实业主身份、确定专有面积错误，应认定甲小区业委会违反了小区业主大会议事规则、物业管理规约，侵害了业主的知情权、建议权和投票权等程序性权益。对此，甲小区业委会已举证证明其发布的公告程序合法。

江苏省无锡市中级人民法院依照《中华人民共和国民事诉讼法》第一百七十七条第一款第一项规定，判决如下：

驳回上诉，维持原判。

【法官后语】

随着城市社会的发展及业主对维护自身合法权益的需要，以业主大会、业委会所作决定侵害业主合法权益为由提起的业主撤销权诉讼不断涌现，成为审判实践中增长较快的新案件类型，应引起我们的重视和对统一司法裁判尺度的深度思考。对于此类案件的审查，应注意把握以下要点。

一、业主行使撤销权的条件

《中华人民共和国民法典》规定，业主对建筑物内的住宅、经营性用房等专有部分享有所有权，对专有部分以外的共有部分享有共有和共同管理的权利。业主享有的专有权、共有权和成员权受法律同等保护，不受任何单位和个人侵犯。当业主大会或者业委会作出的决定侵害业主合法权益时，业主可以行使撤销权申请人民法院撤销该决定。

也就是说，业主提起撤销权纠纷的条件，必须是业主大会、业委会作出的决定损害了业主基于建筑物区分所有权而享有的合法的专有部分所有权、专有部分以外共有部分的共有和共同管理的权利。审判实践中普遍认为，损害上述业主合法权益的决定包含两种情形：第一，损害了业主实体权益，即作为物业管理区域内区分所有权人的业主，基于建筑物区分所有的合法权利受到业主大会或者业主委员会决定的侵害，既包括因业主大会或者业主委员会的决定而导致房屋价值受损，也包括业主个人在人身、财产等方面遭受重大利益损害。第二，损害了业主程序权利，指业主大会或者业主委员会所作出的决定的内容虽然并未侵害业主的合法权益，但作出决定的程序违反了法律、法规的强制性规定，侵害了建筑物区分所有人组成的共同体成员共同管理的成员权。本案中，甲小区业委会作出的涉案公告系告知全体业主关于召开第三次业主大会及拟进行表决事项、表决方式等的通知，系业委会履行其法定职责的行为，没有实质内容，因此，不会侵害陈某某的实体或程序性权益，不属于法律规定业主可行使撤销权的范围。

二、业主大会、业委会作出未超出其法定职责范围、程序完备的决定，不违反法律、行政法规

小区业主大会和业委会是业主自治管理的两大机构，业主大会是由建筑区划内全体业主参加，依法成立的自治组织，代表和维护物业管理区域内全体业主在物业管理活动中的合法权益。业委会作为业主大会的执行机构，具体实施业主大会作出的决议，是全体业主集中意志的代表者。业委会为维护全体业主的合法权益，在法律框架下形成的决定，只要不违反法律、行政法规的强制性规定，不侵犯业主的合法权益，即对全体小区业主具有法律约束力。《中华人民共和国民法典》在第二分编所有权第六章业主的建筑物区分所有权中对哪些事项应召开业主大会由全体业主共同决定、参与表决的人数及专有部分面积比例的限制、对拟表决事项同意业主的比例等均作出了详细的规定，国务院制定的《物业管理条例》第十五条对业委会的履职范围作出了规定，地方政府制定的实施细则对此也进一步详细规定。体现了在特定物业区域内，充分发挥业主自治精神，尊重全体（绝大部分）业主意志，实现业主共同管理，营造良好生活环境的目的，也对业主大会、业委会的工作职责范围进行限制。本案中，甲小区业委会代表全体业主行使小区物业管理自治管理活动，召开第三次业主大会对解聘、选聘物业服务企业进行表决，参与投票的业主人数符合法律规定出席业主大会的业主人数及业主专有面积比例，因此，甲

小区业委会作出第三次会议公告未超出其职责范围、程序符合法律、行政法规的强制性规定。

三、鼓励业委会在工作中适用更符合信息化时代生活习惯的工作方法

本案中，业主大会表决方式为使用某公证处“业委会公证投票系统”在线表决，无智能手机或在线投票有困难的业主填写书面表决票进行投票，陈某某认为该种表决方式导致其不能投票，侵害了其投票权。但随着城市化进程的深入，智能手机的普及，社区自治实现平台化管理已经成为大趋势，这也成为业主大会召集难、投票达不到法定人数及专有面积从而导致管理落不到实处的破局良策。本案中，业委会采用“在线表决+无智能手机”或在线投票有困难的业主填写书面表决票的方式进行投票表决的可追溯方式工作方法，既不违反法律、行政法规的强制性规定，也顺应了时代发展的需求，是值得鼓励和借鉴的。

编写人：江苏省无锡市梁溪区人民法院　何玉文

（四）业主知情权纠纷

36

业主知情权的范围及限制

——罗某诉佛山某物管公司业主知情权案

【案件基本信息】

1. 裁判书字号

广东省佛山市中级人民法院（2022）粤06民终1231号民事判决书

2. 案由：业主知情权纠纷

3. 当事人

原告（上诉人）：罗某

被告（被上诉人）：佛山某物管公司

【基本案情】

罗某为佛山某小区某房屋的登记产权人。罗某与佛山某物管公司签订《某区（前期）物业管理服务协议书》，约定佛山某物管公司应向全体业主公布物业管理年度计划和物业服务资金年度预决算，并每半年向全体业主公布物业服务资金的收支情况；专项维修资金的使用按政府有关规定执行等。罗某陈述佛山某物管公司有对筹集维修资金、水电分摊进行公示，佛山某物管公司陈述其不确认存在顶楼保安宿舍情形，佛山某物管公司的办公场地都是根据佛山市物业管理条例以及相关规定由建设单位按照一定比例配置给佛山某物管公司无偿使用的，佛山某物管公司主张所公示信息应适用三年的诉讼时效。

【案件焦点】

1. 业主知情权是否受诉讼时效的限制；2. 罗某主张公布的内容是否应予以支持。

【法院裁判要旨】

广东省佛山市顺德区人民法院经审理认为：本案为业主知情权纠纷，罗某作为业主，依法享有了解建筑区划内涉及业主共有权以及共同管理权的权利。围绕争议焦点以及当事人诉辩意见具体分析如下：

1. 对于诉讼时效的问题。业主知情权是基于业主作为建筑区划内的区分所有人在由全体区分所有人组成的共同体中的成员地位所取得、享有的固有权利，是业主基于不动产物权而取得的权利，由于业主知情权系业主基于不动产物权所享有的权利，并非债权请求权，不应适用诉讼时效的规定。

2. 对于业主请求公布、查阅的范围，应当根据公示所涉材料的管理单位、物业服务合同的约定以及实际履行情况予以确定物业管理公司是否作为公示材料的义务人。结合《最高人民法院关于审理建筑物区分所有权纠纷案件适用法律若干问题的解释》第十三条的规定以及诉辩意见，具体分析如下：

（1）对于公共区域的绿化养护记录，楼梯外墙、楼顶防水的养护记录，广告牌收支情况，会所、游泳池、空中花园、观光电梯的维护情况，收费车位收支情况，属于物业管理的职责范围，罗某有权知悉相应情况，故罗某诉请向其公示该部分材料，予以支持。

（2）对于维修资金的筹集、使用情况、物业服务合同、丰巢快递协议，2020年7月至2021年6月的部分车位收费情况，佛山某物管公司已在本案中提交相应材料。对于物业服务用房的使用情况、营业执照、物业主要管理人员的基本情况、职责分工、水电公摊费，佛山某物管公司已实际公示。均无另行判决佛山某物管公司向罗某公示的必要，不予支持。

（3）对于罗某主张佛山某物管公司公示建筑区域总平面图、配套设施和地下管网工程竣工图、竣工验收的资料，标识业主公共区域的详细区域和面积，建筑区划内规划用于停放汽车的车位、车库的处分情况，小区房产的售卖情况，各业主占有专有部分的具体信息、未售房产的信息，佛山某物管公司并非案涉物业建筑物的建设单位。楼梯通道是否属于违建及安全建筑审批等问题，佛山某物管公司不具有职权予以认定。对于小区成立业主委员会及决定业主重大事项的投票程序，罗某可自行查询相关法律规定。佛山某物管公司并非上述材料的公示义务主体，故对罗某主张佛山某物管公司向其公示上述材料，不予支持。

（4）对于罗某所主张的顶楼保安宿舍的水电费缴费明细及宿舍收费情况，罗某未能提供证据证明佛山某物管公司雇请的保安曾居住或使用过顶楼的情形。对于小区的管理规约，罗某未能举证或未能说明案涉物业已订立了管理规约。对于空中花园、观光电梯，罗某未能举证证明且未主张佛山某物管公司存在对外收益情况。故对上述主张均不予支持。

（5）对于车位出租给商铺的协议，涉及他人的身份情况，知情权的行使应当有合理的边界及范围。对于满意度调查表及满意度明细，首先当事人陈述未进行满意度调查，其次罗某要求公示满意度调查表的内容，也侵犯了其他业主的隐私。故对公示上述内容，不予支持。

3. 对于具体公示的时间、范围、方式。结合上述论述，对于公示的范围应有所限制，即仅对涉及业主合法权益有关的信息以及合理的时间范围内披露即为已足，无需事无巨细披露与业主合法权益无关的信息。否则，披露范围过大而致披露主体成本过高，负担过重，并综合考虑到物业管理企业保留相应材料的时间。对于公共区域的绿化、楼梯外墙、楼顶防水的养护记录，会所、游泳池、空中花园、观光电梯的维护情况，佛山某物管公司应当向罗某公示2018年10月至2021年9月期间的相关情况和资料。对于收费车位的收支情况，应当向佛山某物管公司公示2008年1月至2020年6月以及2021年7月至9月期间的收费车位收支情况。对于广告牌的收支情况，应当向罗某公示2008年1月至2021年9月期间的相关情况和资料。为了有效行使查阅权，罗某享有利用摄像、录影或者其他技术手段进行复制的权利。在查阅过程中，佛山某物管公司负有协助义务。对于上述材料公示的内容，均应当张贴于案涉小区物业管理中心的公告栏处，张贴公示时间不少于七天，公示期满后如罗某需复制上述公示内容中的材料的，佛山某物管公司应予以协助，若额外产生复制费用，则由罗某自行承担。

广东省佛山市顺德区人民法院依照《中华人民共和国民法典》第二百七十一条、第二百八十五条第一款，《中华人民共和国民事诉讼法》第六十四条第一款，《最高人民法院关于审理建筑物区分所有权纠纷案件适用法律若干问题的解释》第十三条，《最高人民法院关于适用〈中华人民共和国民法典〉时间效力的若干规定》第一条第三款规定，作出如下判决：

一、佛山某物管公司应于判决生效之日起三十日内向罗某公示2018年10月至2021年9月期间公共区域的绿化、楼梯外墙、楼顶防水的养护记录以及会所、游泳池、空中花园、观光电梯的维护情况；2008年1月至2020年6月以及2021年7月至2021年9月期间的收费车位收支情况；2008年1月至2021年9

月期间广告牌的收支情况；

二、驳回罗某的其他诉讼请求。

罗某不服一审判决，提起上诉。

广东省佛山市中级人民法院经审理认为：

关于涉案小区维修资金的筹集、使用情况公示问题。根据《住宅专项维修资金管理办法》的规定，在业主大会成立之前维修资金的代管单位是物业所在地直辖市、市、县人民政府建设房地产主管部门，且佛山某物管公司提交的证据显示涉案小区维修资金下辖账户清单的户名并非其公司，佛山某物管公司并非维修资金管理的义务主体。佛山某物管公司提交了 2014 年 1 月 2 日之前的维修资金下辖账户清单，可以反映维修资金的筹集情况，也提交了顺德区物业管理公共事务决策平台中关于涉案小区的工程资金划拨情况的公示材料且附有相关维修工程合同反映维修资金的使用情况，一审法院认为不需再行判决佛山某物管公司公示给罗某合理有据，予以维持。

关于涉案小区的物业服务合同、共有部分的使用和收益情况应否公示问题。(1) 关于物业服务合同公示。佛山某物管公司本案中已提交涉案《物业管理合同》，罗某并无证据证明另存在其他合同，故该项诉请无理，不予支持。(2) 关于涉案小区建筑区域总平面图、配套设施和地下管网工程竣工图、竣工验收的资料，标识业主公共区域的详细区域和面积公示。佛山某物管公司并非涉案物业建筑物的建设单位，罗某提交的证据也不足以证明上述资料房产公司已移交予佛山某物管公司，罗某诉请佛山某物管公司向其公示上述材料理据不足，不予支持。至于公共区域的绿化养护记录，对楼梯外墙、楼顶防水的养护记录的公示，一审法院已判令佛山某物管公司公示。(3) 关于涉案物业顶楼保安宿舍的水电费缴费明细及宿舍收费情况公示。该事项并非法律规定佛山某物管公司应公示的内容，如佛山某物管公司擅自占有使用，应基于侵权之事由承担责任，罗某该项诉请理据不足，不予支持。(4) 关于车位、快递协议及收支、广告牌收支、会所、游泳池、空中花园的使用、维护、收益、物业服务用房的使用公示。上述项目部分一审法院已作出详细论析，有关认定合理，予以认可。

关于建筑区划内规划用于停放汽车的车位、车库的处分公示。因建筑区划内规划用于停放汽车的车位、车库系由建设单位或者包销人处分，且佛山某物管公司在本案中提交了车位清单表给罗某，罗某诉请佛山某物管公司公示该材料，不予支持。

关于高层二次供水费的账目、明细，以及小区房产的售卖情况与各业主占有专有部分面积的具体信息、小区成立业主委员会及决定业主重大事项的投票程序公示。经审查，佛山某物管公司已在小区公告栏中公示关于水电公摊费的情况，罗某再主张向其公示缺乏依据。涉案小区房产的售卖由建设单位处分，小区成立业主委员会及决定业主重大事项的投票程序可自行查询相关法律规定，佛山某物管公司作为物业管理公司并非上述事项公示的义务主体，罗某要求佛山某物管公司公示缺乏理据。

广东省佛山市中级人民法院依据《中华人民共和国民事诉讼法》第一百七十七条第一款第一项规定，判决如下：

驳回上诉，维持原判。

【法官后语】

业主知情权是业主所享有的知悉其所在建筑区划内涉及业主共有权以及共同管理权相关事项的权利。本案较为全面地覆盖了业主知情权案件所涉及的法律问题。

一、业主行使知情权的诉讼时效问题

对于业主知情权是否适用诉讼时效制度的问题，实践中存在争议。本案认定，由于业主知情权系业主基于不动产物权所享有的权利，并非债权请求权，不应适用诉讼时效的规定。若存在业主怠于行使权利，导致时间较久的资料已经灭失或者不予保留，可根据该实际情况不予支持公布、查阅，而不应当以超过诉讼时效为由驳回相关诉讼请求。

二、业主行使知情权的范围

实践中，确认业主行使知情权范围的主要依据是《最高人民法院关于审理建筑物区分所有权纠纷案件适用法律若干问题的解释》第十三条规定：“业主请求公布、查阅下列应当向业主公开的情况和资料的，人民法院应予支持：（一）建筑物及其附属设施的维修资金的筹集、使用情况；（二）管理规约、业主大会议事规则，以及业主大会或者业主委员会的决定及会议记录；（三）物业服务合同、共有部分的使用和收益情况；（四）建筑区划内规划用于停放汽车的车位、车库的处分情况；（五）其他应当向业主公开的情况和资料。”其中第五项属于为满足规范的周延性而作出的兜底条款，并非意味着可以公开的范围是没有限制的，是否属于其他应当公开的情况和资料，应以对于行使共同管理权和监督权与前四项情形具有同样的必要性为标准去考量。

三、业主行使知情权的限制

为避免业主行使知情权时无限扩大范围，导致物业管理公司的经营成本增加，对其他业主的合法权益造成实质损害，业主知情权应在合理合法的范围内行使。审判实务中，存在以下情形的，不应再行支持业主公布、查阅的请求：

1. 业主就没有发生的情况起诉义务主体要求行使知情权的。业主行使知情权请求公布或查阅的应当是实际存在的资料或者实际已发生的情况。本案中，业主请求公布的部分事项并没有实际发生或无法证明实际存在，因此被法院判决驳回。

2. 业主在已经知悉或者应当知悉的情况下仍起诉义务主体要求行使知情权的。凡是在物业管理区域内已经公布的事项，应当视为业主已经知情的事项。业主对相关情况和资料已经知情，再行通过诉讼行使知情权，明显加重义务主体的负担。本案中，物业管理公司已经公布过水电公摊费、营业执照等情况，业主再行主张，法院未予支持。

3. 业主要求公布、查阅材料所对应的义务主体错误的。业主知情权的义务主体在实践中一般为业主委员会和物业管理公司，应当结合业主委员会和物业管理公司的职责范围来确定相关内容的公示义务人。本案中，业主主张公布的楼梯通道是否属于违建、安全建筑审批以及小区房产的售卖情况等内容，物业管理公司并非相应的公布主体，故法院对业主的请求未予支持。

4. 业主要求公布、查阅的材料涉及其他业主隐私的。业主在行使知情权时应当有合理边界，特别是某些信息可能涉及其他业主的隐私权时，应当优先保护隐私权，不得任意公布该部分信息。本案中，业主要求公布车位协议等内容，如果公布则侵犯其他业主的隐私权，故不予支持。

四、业主行使知情权的方式

业主行使知情权的方式是请求公布或请求查阅。为了有效行使查阅权，业主享有利用摄像、录影或者其他技术手段进行复制的权利。[①] 在查阅过程中，相应的义务主体负有协助义务。若额外产生复制费用，应当由业主自行承担，不应加重义务主体的负担。在信息技术发达的当下，亦可采用“互联网+”模式保障业主的知情权，用法治思维和科技手段推动业主维权新形式，如利用微信公众号、物业管理小程序等线上平台及时公布信息，降低公示成本并更好、及时地保障业主知情权。

编写人：广东省佛山市顺德区人民法院　胡柔燕

37

业主知情权行使范围、方式和界限的判定

——郭某某、唐某诉某小区业主委员会业主知情权案

【案件基本信息】

1. 裁判书字号

福建省漳州市芗城区人民法院（2022）闽0602民初705号民事判决书

2. 案由：业主知情权纠纷

3. 当事人

原告：郭某某、唐某

① 最高人民法院民一庭编著：《最高人民法院建筑物区分所有权、物业服务司法解释理解与适用》，人民法院出版社2017年版，第192页。

被告：某小区业主委员会（以下简称某业委会）

【基本案情】

郭某某、唐某系某小区业主。2020年9月24日，某小区第四届业主委员会成立并于2020年10月13日备案。郭某某、唐某认为某小区物业管理混乱、财务收支不透明，曾向某业委会提交申请，要求张贴、公布并协助查询、复印本案诉求内容所涉材料，但未得到回复，故诉至法院，请求法院判令某业委会在小区公告栏上或显著位置张贴、公布并协助郭某某、唐某查阅、复印以下材料：（1）管理规约、业主大会议事规则，以及业主大会或者业主委员会的决定及会议记录；（2）自2004年至今，小区公共收益的收支账目及交易明细，相关财务凭证；（3）建筑区划内规划用于停放汽车的车位、车库的处分情况；（4）自2004年起至今，建筑物及其附属设施的维修资金的筹集、使用情况；（5）前期物业服务合同及前期物业服务合同到期后所签订的全部物业服务合同，以及选聘各物业服务企业的相关会议记录、决议、招投标文件资料及业主投票结果等情况（以下分别称材料1、材料2、材料3、材料4、材料5）。

某业委会认为郭某某、唐某的诉讼请求部分不合理且超过诉讼时效，其认为本届业主委员会仅代表本届业主大会行使权利和履行义务，无法履行应由往届业主委员会应履行的义务，且关于某业委会应公布的材料，依法均已经张贴、公布完毕。

【案件焦点】

如何认定小区业主知情权的内容、范围及方式。

【法院裁判要旨】

福建省漳州市芗城区人民法院经审理认为：根据《最高人民法院关于审理建筑物区分所有权纠纷案件适用法律若干问题的解释》第十三条规定，针对本案业主申请公示的项目，分析如下：

关于材料1，管理规约、业主大会议事规则以及业主大会或者业主委员会的决定及会议记录属于法律规定的业主知情权的范围，而该情况亦应属于某业委会管理掌握的内容。根据某业委提供的照片证据，无法体现公示时间、地点和完整的公示情况，证据内容不清，不足以证明其已经公示该项业主知情权的诉求内容，故对于该项内容，应予公开，并提供业主查阅。

关于材料2，小区财务收支与小区业主具体利益息息相关，业主有权知情，但财务凭证、财务账册不适用公布，只适用查阅，业委会应予配合。根据某业委会提供的《关于某业委会财务交接的会议记录说明》的内容，现任某业委会确实存在公示2004年至今全部财务资料的现实困难，但其仍有协助业主查阅小区公共收益的收支账目、交易明细、相关财务凭证等的义务，需要注意的是，账目凭证在财务上有严格的管理规范，客观上不适于公示，业主对账目凭证行使知情权应通过查阅的方式实现。

关于材料3，小区共有停车位，即规划区外的车位，虽由物业公司代管，但归属小区全体业主共有，业主对于小区共有部分停车费的收支分配即停车位处分情况享有知情权，业主委员会应及时联系物业公司，及时公布上述信息。对原告的该项主张，予以支持。

关于材料4，建筑物及其附属设施的维修资金属于业主共有，经业主共同决定，可以用于小区共有部分的维修，维修资金的筹集、使用情况应当公布。某业委会提供了其与物业公司诉讼的材料，但对实际公维金是否按照合同约定收取、使用及具体支出情况并未进行公示，因此，郭某某、唐某要求某业委会予以公示，理由正当。

关于材料5，某业委会提供的张贴物业服务合同的照片显示的张贴地点不便查阅、照片内容不清晰，应在小区公告栏张贴物业服务合同，本案业主亦可通过到业委会办公室查阅上述物业服务合同，该项诉求内容涉及小区公共利益，某业委会应向业主公布。但业主投票结果的公布不应涉及参加投票的业主名单及表决权数清册（含房号或业主个人信息）等涉及业主隐私权的内容，某业委会在公布时应予注意。

福建省漳州市芗城区人民法院依照《最高人民法院关于审理建筑物区分所

有权纠纷案件适用法律若干问题的解释》第十三条以及《中华人民共和国民事诉讼法》第六十七条规定，判决如下：

一、某业委会应于本判决发生法律效力之日起二十日内在某小区显著位置公布并协助郭某某、唐某查阅、复印小区管理规约、业主大会议事规则以及业主大会或者业主委员会的决定及会议记录（复印费用由郭某某、唐某承担）；

二、某业委会应于本判决发生法律效力之日起二十日内协助郭某某、唐某查阅小区自2020年9月24日开始的共有部分公共收益的收支账目、交易明细、财务凭证（账目凭证在客观上不适于公示，业主对账目凭证行使知情权应通过查阅的方式实现），并协助郭某某、唐某查阅自2004年至今的小区共有部分公共收益的收支账目及交易明细、相关财务凭证；

三、某业委会应于本判决发生法律效力之日起二十日内在某小区显著位置公布并协助郭某某、唐某查阅、复印某小区建筑区划内规划用于停放汽车的车位、车库的处分情况（复印费用由郭某某、唐某承担）；

四、某业委会应于本判决发生法律效力之日起二十日内在某小区显著位置公布并协助郭某某、唐某查阅、复印第四届某业委会所掌握的建筑物及其附属设施的维修资金的筹集、使用情况，并协助郭某某、唐某查阅自2004年至今的某小区建筑物及其附属设施的维修资金的筹集、使用情况（复印费用由郭某某、唐某承担）；

五、某业委会应于本判决发生法律效力之日起二十日内在某小区显著位置公布并协助郭某某、唐某查阅、复印小区前期物业服务合同及前期物业服务合同到期后所签订的全部物业服务合同以及选聘各物业服务企业的相关会议记录、决议、招投标文件资料及业主投票结果（不应涉及参加投票的业主名单及表决权数清册、房号或业主个人信息、小区业主投票原件等涉及业主隐私权的内容）；

六、驳回郭某某、唐某的其他诉讼请求。

宣判后，双方当事人均未上诉，一审判决已经生效。

【法官后语】

本案主要涉及小区业主知情权行使的范围、方式和合理界限问题。

关于业主知情权问题，2003年实施的《物业管理条例》规定，业主享有共同管理权和监督权，《最高人民法院关于审理建筑物区分所有权纠纷案件适用法律若干问题的解释》（2020修正）第十三条（以下简称第十三条）对业主知情权首次作出较为明确的规定，为业主知情权的行使提供了相对明确的依据。该条规定："业主请求公布、查阅下列应当向业主公开的情况和资料的，人民法院应予支持：（一）建筑物及其附属设施的维修资金的筹集、使用情况；（二）管理规约、业主大会议事规则，以及业主大会或者业主委员会的决定及会议记录；（三）物业服务合同、共有部分的使用和收益情况；（四）建筑区划内规划用于停放汽车的车位、车库的处分情况；（五）其他应当向业主公开的情况和资料。"该条以列举的方式明确规定了业主知情权的内涵，并以第五项兜底了实践中可能出现的应当允许业主知情的其他内容，但该规定仍存在较为原则的问题，与纷繁复杂的小区管理和业主"知情"需求不相称，在实践认定中不易把握。从目前审判实践中的难点来看，主要问题集中于业主知情权的范围、行使方式和合理限制三方面。

一、业主行使知情权的范围

关于业主知情权的范围，围绕第十三条规定，可以从内涵、外延、溯及范围三部分展开探讨。

（一）业主知情权的内涵

业主知情权的内涵，即第十三条前四项规定的知情权的具体范围，其中较有争议的是关于收益和决议的公开。关于公开收益，是否应允许业主查阅小区公共收益的收支账目及交易明细、相关财务凭证。笔者认为，应允许业主查阅小区相关收支账目、交易明细、财务凭证，如果仅要求业委会提供情况说明，而不允许业主查阅相关报表、明细，就无法发挥业主知情权的监督作用。关于业主投票表决通过管理规约、业主大会议事规则以及业主大会或者业主委员会决定的原始选票资料。该部分资料的查阅系业主行使知情权的合理范围，应予公开，这有利于保障业主投票表决真实有效和投票过程的真实透明，但应注意的是公示的方式，业主投票结果的公布不应涉及参加投票的业主名单及表决权数清册（含房号或业主个人信息）等涉及业主隐私权的内容。

（二）业主知情权的外延

业主知情权的外延，主要指第十三条第五项可能涵摄的范围。第十三条第五项采取兜底条款的方式避免存在规范漏洞，对于“其他”的理解，应当从业主知情权的实质出发，以对于行使共同管理权和监督权并且与前四项情形具有同样必要性为标准去考量。结合司法实践，笔者认为有以下两种情况可以作为“其他”的解读情形：一是除法律、法规和司法解释中明确规定应当向业主公开的情况和资料外，其他合法有效的规范性文件可以作为参考，如《业主大会和业主委员会指导规则》第三十六条将业主大会和业主委员会工作经费的收支情况规定为应当向业主公开的内容；二是物业服务合同中约定的应当向业主公开的情况和资料，如不违反法律、法规和社会公共利益，法院应予尊重。

（三）业主知情权的溯及范围

关于业主知情权的溯及范围，主要有以下几个现实问题：一是业主是否有权查阅其成为业主之前应向业主公开的情况和资料；二是丧失业主身份后，业主是否还有权查阅其作为业主期间应向业主公开的情况；三是租户是否有权行使业主知情权；四是新一届业主委员会是否有义务公开往届业主委员会执掌的材料。

关于第一个问题，在成为业主之前形成的相关管理规约、业主大会议事规则、业主委员会或者业主大会的会议记录、物业服务合同、关于共有部分的使用情况等材料，若在其成为业主之后仍在执行、有效，也就是说对该业主的共有权产生约束，该业主可以对上述情况主张知情权。但是在其成为业主之前发生的建筑物及其附属设施的维修资金的筹集、使用情况，应不属于该业主的查阅范围。

关于第二个问题，原业主若认为其在具备业主身份期间业主利益遭到侵害，基于合理的利益保护，应允许原业主在合理的期限内查阅其作为业主期间的应向业主公开的情况和资料。

关于第三个问题，关于租户是否有权行使业主知情权？应从取得“业主知情权”的身份来分析，《最高人民法院关于审理建筑物区分所有权纠纷案件适用法律若干问题的解释》第一条规定了可以认定为“业主”的两种情况，即依法登记取得或者依据《中华人民共和国民法典》第二百二十九条至第二百三十一条规定取得建筑物专有部分所有权的人，应当认定为《中华人民共和国民法典》第二编第六章所称的业主。取得业主身份是享有业主知情权的大前提，故租户不应享有业主知情权。

关于第四个问题，由于业主行使权利不及时，现业主委员往往会抗辩其并不持有前任资料的情形，针对这种情况，应根据举证责任、举证程度进行具体分析，若现业委会确实存在公开往届材料的客观困难，则相关诉求难以支持。若现业委会以上一届未进行交接为由抗辩，则其仍应负有协助业主查阅相关应公开资料的义务。

二、业主行使知情权的方式

对于第十三条所规定的“请求公布、查阅”，何种情形适用公布，何种情形仅宜查阅？“查阅”的范围包括任何应当向业主公开的情况和资料，但“公布”的范围则应当限于按照小区业主大会议事规则或者小区管理规约应当公布的事项，或者是适合公布的其他情况或资料。例如，对于账目凭证等在财务上有严格管理规范的材料，客观上不适于公示，对于此类知情权的形式，应通过查阅的方式实现。对于业主投票结果的公布亦不应涉及参加投票的业主名单及表决权数清册（含房号或业主个人信息）等涉及业主隐私权的内容。本案即是如此。同时，考虑到业主知情权的裁判结果应便于业委会成员履行义务，结合本案原告诉求公示内容的合理性和必要性，遵循经济原则，裁判对于可以通过张贴在小区公告栏达到公示目的的内容，不必复印传阅，对于确有复印必要的情形，裁判复印费由原告自行承担。此外，因为公布需要花费成本，且公布时间有限，不方便保存，因此，若业主对于已经公布的文件和资料确有正当查阅需要，仍可以向相关义务人申请查阅。

本案结合案情实际、诉请知情内容性质，分别界定业主知情权的行使范围、判定业主知情权的行使方式，对于类案具有一定的参考价值。

编写人：福建省漳州市芗城区人民法院　江晓筠

（五）相邻关系纠纷

38

民法典后生活噪声的认定标准

——陈某诉余某相邻关系案

【案件基本信息】

1. 裁判书字号

广东省江门市中级人民法院（2023）粤 07 民终 277 号民事裁定书

2. 案由：相邻关系纠纷

3. 当事人

原告（被上诉人）：陈某

被告（上诉人）：余某

【基本案情】

陈某与余某为某小区住宅同一户型的上下楼住户。余某一家于 2021 年 3 月 18 日入住 2603 房屋，其房屋主卫装有某品牌的智能马桶。陈某向物业管家反映，在余某一家入住后多次听到有类似摔东西的声音，经了解发现是主卫马桶冲水的声音。陈某分别于 2021 年 12 月 26 日、2022 年 2 月 28 日、2022 年 3 月 1 日以噪音影响其正常生活为由向公安机关报警。2022 年 2 月 28 日的录像设备显示时间分别为 21：45：09、22：18：20、02：09：33 各有一次约一秒钟的声音；2022 年 3 月 1 日的录像设备显示时间分别为 21：53：46、23：49：52、00：23：27 各有一次约一秒钟的声音。

本案在诉前联调阶段，多次组织双方当事人现场测试马桶声音并组织双方进行调解。余某向某品牌的智能马桶卖家客服反馈马桶是否存在问题以及能否对马桶进行调整或安排师傅查看，客服回复马桶冲水声音正常，不能安排师傅。最终双方达不成调解协议。

庭审中，陈某明确产生噪音的马桶是2603房屋主人房厕所的马桶，并陈述马桶发出噪音持续时间为一秒。另外，陈某经法院释明后明确不申请对马桶产生的声音进行鉴定。

【案件焦点】

余某是否构成噪音侵害。

【法院裁判要旨】

广东省江门市新会区人民法院经审理认为：《中华人民共和国民法典》第二百九十四条规定，“不动产权利人不得违反国家规定弃置固体废物，排放大气污染物、水污染物、土壤污染物、噪声、光辐射、电磁辐射等有害物质”。社会生活噪声，是指人为活动产生的除工业噪声、建筑施工噪声和交通运输噪声之外的干扰周围生活环境的声音。噪声污染，是指超过噪声排放标准或者未依法采取防控措施产生噪声，并干扰他人正常生活、工作和学习的现象。本案中，陈某以余某使用马桶制造噪音为由主张其相邻权受到侵害，提供的主要证据为自行录制的视频，该视频显示声音持续约一秒。从录音反映的情况，发出的声响、持续时间长度以及声音出现的频率均并未明显超过家庭生活起居的合理范围。陈某也未能提供专业检测机构的报告等其他证据，证明楼上发出的声响违反《声环境标准》的国家标准规定。陈某经法院释明后不申请对其主张的马桶声音进行鉴定。根据《最高人民法院关于适用〈中华人民共和国民事诉讼法〉的解释》第九十条的规定，“当事人对自己提出的诉讼请求所依据的事实或者反驳对方诉讼请求所依据的事实，应当提供证据加以证明”，否则由负有举证证明责任的当事人承担不利的法律后果。因此，陈某要求拆除产生噪音的马桶，消除噪音影响，赔偿精神抚慰金并赔礼道歉的诉讼请求，缺乏事实依据和法律依据，法院不予支持。

广东省江门市新会区人民法院根据《中华人民共和国民法典》第二百九十四条、《最高人民法院关于适用〈中华人民共和国民事诉讼法〉的解释》第九十条的规定，判决如下：

驳回陈某的诉讼请求。

陈某不服一审判决，提出上诉，后在二审期间申请撤回上诉，广东省江门市中级人民法院裁定予以准许。

【法官后语】

一、相邻噪音侵害的认定标准

相邻噪音侵害行为是指，由于毗连不动产权利人基于对不动产的利用而排放的超过法律规定限度的噪音对其邻人的人身或财产权益造成损害的行为。根据《中华人民共和国噪声污染防治法》第九条规定，任何单位和个人都有保护声环境的义务，同时依法享有获取声环境信息、参与和监督噪声污染防治的权利。排放噪声的单位和个人应当采取有效措施，防止、减轻噪声污染。

为了进一步保护和改善生活环境，保障城乡居民正常生活、工作和学习的声环境质量。《声环境标准》按区域的使用功能特点和环境质量要求，将声环境功能区分为五种不同类型的声环境功能区，并根据各自不同的情况为它们制定了不同的环境噪声等效声级限值。

根据《声环境标准》规定，“城市噪声标准（分贝）0类昼间-夜间50-40；1类昼间-夜间55-45；2类昼间-夜间60-50；3类昼间-夜间65-55；4类昼间-夜间70-55”。其中，0类标准适用于疗养区、高级别墅区、高级宾馆区等特别需要安静的区域。位于城郊和乡村的这一类区域分别按严于0类标准5分贝执行。1类标准适用于以居住、文教机关为主的区域。乡村居住环境可参照执行该类标准。2类标准适用于居住、商业、工业混杂区。3类标准适用于工业区。4类标准适用于城市中的道路交通干线道路两侧区域，穿越城区的内河航道两侧区域。穿越城区的铁路主、次干线两侧区域的背景噪声（指不通过列车时的噪声水平）限值也执行该类标准。据此，在遵照法定的测量方法，运用专业的测量设备的情况下，加害的所有人或使用人排放的噪音如果没有超过相应的环境噪声等效声级限值时，就不构成相邻噪音侵害，反之，则构成相邻噪音侵害。

本案中，陈某认为余某家中的马桶声音造成了噪音侵害，并以此为由提起民事诉讼要求拆除产生噪音的马桶，消除噪音影响，停止对陈某所有权和居住权的侵害。法院判断余某行为是否构成侵权主要通过以下标准进行判断：(1) 必须以“相邻关系”为前提。“相邻关系”包括建筑物相邻关系和土地相邻关系。“相邻关系”中的“相邻”并不以物理意义上的相邻为要求，只要他人对其不动产的使用影响了自己对不动产的使用，或者自己对不动产的使用影响了他人对不动产的使用的整个辐射面积和空间，都可称作相邻。(2) 是否达到相邻噪音侵害的认定标准。即具体应看余某排放噪音持续时长、是否超过环境噪声的等效声级限值，是否超出城市噪声（分贝）的1类标准，昼间55、夜间45。(3) 该相邻噪音的排放是否在相对人的容忍义务限度范围内。

二、相邻噪音侵害的举证责任认定

根据《最高人民法院关于适用〈中华人民共和国民事诉讼法〉的解释》第九十条规定，“当事人对自己提出的诉讼请求所依据的事实或者反驳对方诉讼请求所依据的事实，应当提供证据加以证明”，否则由负有举证证明责任的当事人承担不利的法律后果。相邻侵害作为一种物权纠纷，遵循“谁主张，谁举证”的诉讼规则，受害人应该承担证明侵害人存在加害行为、自己受损害的范围和程度、加害行为与损害之间有因果关系等的证明责任。

在本案中，陈某基于相邻关系提出排除相邻噪音侵害请求，按照举证责任规定，陈某应当对以下法律事实承担举证责任：(1) 证明余某家中马桶所产生的噪音确实存在并达到违反国家规定的标准；(2) 证明自身因为余某家中马桶所产生的噪音而受到损害及损害的程度；(3) 证明余某家中马桶所产生的噪音与自身所受损害之间具有因果关系。

三、相邻噪音中的容忍义务

法院在认定行为是否构成相邻噪音侵害的过程中，应当遵循主客观标准相结合。除了要考虑到客观的标准，如侵害人排放噪音持续时长、是否超过环境噪声的等效声级限值以及是否造成重大损害等以外，还应考虑到被害人的容忍义务这一主观标准。所谓相邻噪音侵害中受害人的容忍义务，是指不动产权利人使用不动产的行为并未违反法律法规的相关规定，或者未超过法律所规定允许的程度时，相对方就应当具有接受义务。根据《中华人民共和国民法典》第二百九十四条规定，“不动产权利人不得违反国家规定弃置固体废物，排放大气污染物、水污染物、土壤污染物、噪声、光辐射、电磁辐射等有害物质”。可见，权利人只要不“违反国家规定的排放”，相对方则对权利人的行为具有容忍的义务。根据《中华人民共和国民法典》第二百八十九条规定，“法律、法规对处理相邻关系有规定的，依据其规定；法律、法规没有规定的，可以按照当地习惯”。可见，容忍义务人负有容忍义务的条件是权利人的行为符合法律、法规的规定或是并不违背当地的习惯。因此，从本质上来说，公民的容忍义务还可以起到平衡当事人双方的责任、维护社会公平、实现共同利益的作用，能够缓和权利之间所引发的摩擦和纠纷。本案中，原、被告双方为住宅楼的上下楼住户，即使通俗所讲的“邻居”，双方的居住生活起居的权利均应予得到保障和尊重，生活起居难免会发出声音，追求绝对寂静的环境既不现实也无法操作，且各家的生活习惯不同，邻里之间的互相包容即上述法律规定的容忍义务。余某及其家人使用马桶属于生活起居的正常行为，并不存在特意制造与生活起居无关的声音，且根据陈某的录音所示，余某家的马桶一晚被使用三次，亦没有超出日常生活经验所认知的“频繁”，而使用马桶所发出的声音仅持续约一秒时间，即余某及其家人因生活起居发出的噪音并没有明显违背日常生活经验的情况，故陈某存在容忍义务。

根据社会主义核心价值观和民法典的平等和公平原则的精神，法官在处理相邻关系纠纷案件过程中，应当遵循有利生产、方便生活、团结互助、公平合理的原则，应针对不同情况，如综合时间、空间、心理等多种因素作出综合性考量。此外，和谐作为社会主义核心价值观，每个公民在实际生活中应自觉践行，相互包容互为谦让，共建和谐邻里关系，创建和谐社会。真诚相处融坚冰，春风化雨促和谐。在相邻关系中，楼上楼下因生活起居难免会产生声响，所以应互相理解，互相包容体谅。虽然楼上楼下在合理限度范围内互负容忍义务，但每个家庭在使用家用电器、乐器或者进行其他家庭场所活动，应当控制音量，注意使用时间或者采取其他有效措施，防止噪声污染，避免楼上楼下遭受困扰，创造和谐居住环境。

编写人：广东省江门市新会区人民法院　林金玲　汤晓茵

39

业主委员会在以业主为被告的相邻关系纠纷中不具有原告主体资格

——甲业主委员会诉乙公司相邻关系案

【案件基本信息】

1. 裁判书字号

上海市第二中级人民法院（2022）沪02民终7071号民事裁定书

2. 案由：相邻关系纠纷

3. 当事人

原告（上诉人）：甲业主委员会

被告（被上诉人）：乙公司

【基本案情】

案涉建筑物由一幢住宅楼和与其相连的五层裙房组成，裙房的使用性质为办公。住宅楼与裙房在底层相邻，各设门禁。甲业主委员会于案涉建筑物成立，乙公司为裙房业主。甲业主委员会主张，乙公司将原本属于案涉小区进入该住宅楼底层大堂的通道纳入其独用部位，导致住宅楼居民被迫经由小区大门外侧破墙通道进出电梯厅，而乙公司后复于该电梯厅所在空间擅自改变建筑物原有隔断布局，拆除楼栋原有通道门，加装带有密码锁的防盗门，供其员工出入，该防盗门与住宅楼门同时开启时会阻塞通道，具有安全隐患，且乙公司人员从该防盗门处出入，亦为住宅楼居民出行和日常生活造成极大不便。

【案件焦点】

业主委员会在以业主为被告的相邻关系纠纷中是否具有原告主体资格？

【法院裁判要旨】

上海市静安区人民法院经审理认为：业主大会或者业主委员会，对任意弃置垃圾、排放污染物或者噪声、违反规定饲养动物、违章搭建、侵占通道、拒付物业费等损害他人合法权益的行为，有权依照法律、法规以及管理规约，请求行为人停止侵害、排除妨碍、消除危险、恢复原状、赔偿损失。业主或者其他行为人拒不履行相关义务的，有关当事人可以向有关行政主管部门报告或者投诉。因此，业主大会和业主委员会虽依法享有物业管理权能，依法对物业管理、物业服务等事项进行监督，可以向有关行政主管部门报告或者投诉，但并不能因此确定业主大会和业主委员会对管理事项享有诉权。甲业主委员会以要求被告拆除案涉防盗门，恢复墙体原状，并停止使用底层居民区大堂为由提起诉讼，不具有相应的民事诉讼主体资格，应予驳回。

上海市静安区人民法院依照《中华人民共和国民法典》第二百八十六条第二款及第三款，《中华人民共和国民事诉讼法》第一百二十二条第一项、第一百五十七条第一款第三项之规定，裁定如下：

驳回甲业主委员会的起诉。

甲业主委员会不服一审裁定，提起上诉。

上海市第二中级人民法院经审理认为：业主委员会依法具有物业管理与监督权能，但并不必然可以因此对其管理事项具有诉权。甲业主委员会上诉主张其对与乙公司之间的相邻关系纠纷具有诉权，而乙公司在一审中曾主张其亦为案涉小区的业主。根据《中华人民共和国民法典》第二百八十六条等规定，甲业主委员会关于其可以作为民事诉讼主体提起本案相邻关系诉讼的上诉请求，并无相应依据。业主委员会对业主等损害他人合法权益的行为，依法可以请求行为人停止侵害、排除妨碍、消除危险、恢复原状、赔偿损失，但不宜认为其可作为民事诉讼主体替代权利受侵害的业主起诉主张权利。一审法院经审查认定甲业主委员会对本案相邻关系纠纷不具有民事诉讼主体资格，据此裁定驳回甲业主委员会的起诉并无不当，法院予以认同。甲业主委员会可以就相关事项向有关行政主管部门报告或者投诉。

上海市第二中级人民法院依照《中华人民共和国民法典》第二百八十六条第二款及第三款，《中华人民共和国民事诉讼法》第一百二十二条第一项、第一百五十七条第一款第三项之规定，裁定如下：

驳回上诉，维持原裁定。

【法官后语】

业主大会和业主委员会是建筑区划内业主行使成员权的重要媒介，通过表决形成决议，体现业主参与和自我管理；通过物业管理和监督，作为业主集体权益代表，参与社区公共秩序管理，维护业主共同利益。

《中华人民共和国民法典》第二百八十六条第二款规定，业主大会或者业主委员会，对任意弃置垃圾、排放污染物或者噪声、违反规定饲养动物、违章搭建、侵占通道、拒付物业费等损害他人合法权益的行为，有权依照法律、法规以及管理规约，请求行为人停止侵害、排除妨碍、消除危险、恢复原状、赔偿损失。该款对社区公共秩序维护方面业主委员会所具有的管理权能作了规定。该条第三款将业主委员会的管理权能与行政机关的管理加以衔接，规定业主或者其他行为人拒不履行相关义务的，有关当事人可以向有关行政主管部门报告或者投诉，有关行政主管部门应当依法处理。

在因部分业主妨害共有部位使用而发生的纠纷中，业主委员会是否具有原告主体资格，理论和实践曾存争议：一方面，业主委员会作为业主集体权利的代表，无法直接替代权益受损业主本人主张权利；另一方面，当因公共部位妨害而权益受损害的业主是楼栋全体业主时，分别诉讼或共同诉讼，均有所不便，借由业主委员会的管理权能，由其代表业主主张权利，具有一定便利。《中华人民共和国民法典》施行后，审判实践中多认为业主委员会对于该类纠纷不具有原告主体资格。

社区基层治理是一项系统工程。《物业管理条例》也对业主自治与行政机关、基层群众自治组织之间的关系作出规定，如业主大会、业主委员会应当配合公安机关，与居民委员会相互协作，共同做好维护物业管理区域内的社会治安等相关工作。在社会基层治理体系中，面对业主妨害公共部位使用等纠纷，行政主管部门的行政行为、基层群众自治组织的指导与调解、业主大会和业主委员会的物业管理与监督等非诉讼解纷途径，与诉讼解纷途径立体协同，共同构成社区矛盾纠纷治理体系。

对于此类案件，可从诉源治理角度做以下思考：

1. 业主应自觉遵守法律法规、管理规约规定，对其专有部分行使权利不应侵害其他业主的权益，并合理使用小区建筑物的业主共有部分。

2. 若因部分业主侵害共有部位使用而发生纠纷，可由业主委员会请求排除妨碍等，亦可由权益受侵害的业主个人向法院提起诉讼或者由权益受侵害的业主进行共同诉讼。

3. 根据《中华人民共和国民法典》第二百八十六条第三款的规定，若业主或者其他行为人拒不履行相关义务的，有关当事人还可以向有关行政主管部门报告或者投诉。

编写人：上海市第二中级人民法院　王晓梅　叶戈

40

处理相邻关系的裁判思路

——刘某某诉邹某某相邻关系案

【案件基本信息】

1. 裁判书字号

湖南省衡阳市中级人民法院（2022）湘04民终2259号民事判决书

2. 案由：相邻关系纠纷

3. 当事人

原告（上诉人）：刘某某

被告（被上诉人）：邹某某

【基本案情】

刘某某于1998年购置坐落于衡阳市某区某乡某坪A号2单元1楼房屋一套，与邹某某于1991年自建房屋相邻。2017年，刘某某全家外出经商，至2019年回家后，发现邹某某在其屋后与刘某某家房屋之间的空地上搭建了雨棚，雨棚紧邻刘某某家防盗网。搭建雨棚后，刘某某因雨滴砸落雨棚的声响、楼上住户扔下的垃圾及太阳光照反射等诸多问题影响其居住和正常生活，经与邹某某协商，双方对各自建筑都做了一定的改善，刘某某在自家防盗网上加装了一圈不锈钢皮，邹某某将其雨棚上的铁皮瓦换成了消音瓦片。后，刘某某认为问题未得到根本改善，要求邹某某拆除雨棚，邹某某不同意，为此双方产生纠纷，诉至法院。

邹某某系衡阳市某区某乡某坪某组居民，其房屋后空地系本集体经济组织土地，刘某某系购买他人开发的一楼套间房屋，双方均办理了房屋产权证，刘某某所购住宅楼房兴建之前，邹某某即在自己屋后搭建有简易雨棚。通过法院现场勘察，刘某某家房屋在一楼，一楼下面架空层为杂物间，刘某某家阳台系在架空层上通过房梁向邹某某屋后方向外延的建筑结构，刘某某在阳台外墙上安装约40厘米宽的防盗网。邹某某房屋后雨棚高度略低于刘某某家防盗网，两者之间的间隙约20厘米。另现场查验邹某某家厨房油烟机系走地下管道排油污，在自家雨棚内晾晒衣服。

【案件焦点】

邹某某搭建的雨棚是否妨害刘某某对其所有房屋的正常使用。

【法院裁判要旨】

湖南省衡阳市雁峰区人民法院经审理认为：本案系因相邻关系引发的纠纷。根据《中华人民共和国民法典》第二百八十八条之规定，处理相邻关系的基本原则是不动产的相邻权利人应当按照有利生产、方便生活、团结互助、公平合理的原则，正确处理相邻关系。本案中，刘某某因邹某某家搭建的雨棚下雨天噪音、溅水，屋顶垃圾，太阳反光，做饭油污等因素影响其正常居住生活，故而要求拆除。为此，双方均秉承与邻为善、和睦共处的原则，积极做了一定的改善，是弘扬社会主义核心价值观的体现。至于屋顶垃圾问题，系因楼上住户不文明行为所致，不可归责于原、被告双方的原因。对于太阳反光和做饭油污问题，因刘某某未提供翔实的证据加以证明，无法予以认定。故刘某某要求拆除邹某某家雨棚的理由不够充分、证据不足，对其该项主张不予支持。但刘某某为防止雨棚雨水外溅在自家防盗网上加装钢皮所花费的材料费、工时费系为处理相邻关系所做的必要、合理开支，邹某某应予赔偿，故对其要求邹某某支付1000元的主张予以支持。刘某某要求邹某某赔偿律师费依据不足，不予支持。

湖南省衡阳市雁峰区人民法院依据《中华人民共和国民法典》第二百八十八条、第二百八十九条，《中华人民共和国民事诉讼法》第六十七条第一款规定，判决如下：

一、邹某某于本判决生效后七日内支付给刘某某材料费、工时费1000元；

二、驳回刘某某的其他诉讼请求。

刘某某不服一审判决，提起上诉。

湖南省衡阳市中级人民法院经审理认为：二审的争议焦点为邹某某搭建的雨棚是否应予拆除。根据《中华人民共和国民法典》第二百八十八条“不动产的相邻权利人应当按照有利生产、方便生活、团结互助、公平合理的原则，正确处理相邻关系”之规定，在相邻的不动产所有人或者使用人之间，任何一方为了合理行使权利，享有要求相邻方提供便利或者接受一定限制的权利。本案邹某某系在刘某某购买其现住房屋前便搭有雨棚，以便降低楼上邻居倾倒垃圾、生活用水的影响，故刘某某购买房屋时应当对雨棚的影响有所预见。另刘某某提供的证据不足以证明邹某某系在其购买房屋之后搭建雨棚且侵占了其土地使用权，及邹某某在雨棚内做饭产生油污等严重影响其生活的事实。邹某某搭建的雨棚即使对刘某某的生活产生一定影响，在此情况下，作为邻居的刘某某亦应给予适当的包容，此举既符合社会主义核心价值观倡导的邻里和谐之内涵，也能体现双方相互理解与宽容之善意，对历史形成状态的尊重，更好地促进社会和谐，故对其要求拆除案涉雨棚的诉请不予支持。

湖南省衡阳市中级人民法院依照《中华人民共和国民事诉讼法》第一百七十六条第一款、第一百七十七条第一款第一项规定，判决如下：

驳回上诉，维持原判。

【法官后语】

相邻关系，是指相互毗邻的不动产权利人之间在行使所有权或者使用权时，因相互间给予便利或者接受限制所发生的权利义务关系。相邻关系的客体是不动产本身或不动产权利行使时体现的利益，包括作为和不作为的行为，具有单一性、特定性。相邻关系的内容十分复杂，不同种类的相邻关系所包含的内容也是不同的，《中华人民共和国民法典》规定了基本类型的相邻关系，但从国外民事立法与社会生活中相邻关系的实践来看，相邻关系的类型呈现出多样性、复杂化的特征。

人民法院在审理相邻关系纠纷案件时，如何正确处理相邻关系问题，根据

《中华人民共和国民法典》第二百八十八条规定："不动产的相邻权利人应当按照有利生产、方便生活、团结互助、公平合理的原则，正确处理相邻关系"；第二百八十九条规定："法律、法规对处理相邻关系有规定的，依照其规定；法律、法规没有规定的，可以按照当地习惯。"可见，《中华人民共和国民法典》分别确立了处理相邻关系的基本原则和法源依据。因此，我们可以按照以下裁判思路审理相邻关系纠纷案件：

第一，是依照法律、法规的规定，即应当坚持按照有利生产、方便生活、团结互助、公平合理的原则进行处理。相邻关系是法定的，不动产权利人对相邻不动产权利人有避免妨害的注意义务；不动产权利人在不使用邻地或者相邻方不提供相应便利就不能对自己的不动产进行正常使用时，有权在以对邻地损害最小或者对相邻方影响最小的范围内使用邻地或者要求相邻方提供相应便利，邻地权利人不能拒绝。

第二，是参照适用约定俗成的习惯，当没有法律和行政法规的规定时，可以适用习惯作为处理相邻关系的依据。习惯，是指在长期的社会实践中逐渐形成的，被人们公认的行为准则，具有普遍性和认同性，一经国家认可，就具有法律效力，成为调整社会关系的行为规范。民间习惯虽然没有上升为法律，但它之所以存在，被人们普遍接受和遵从，有其社会根源、思想根源、文化根源和经济根源，且相邻关系纠纷的产生往往是当地民风民俗的原因所致，因此，民间习惯只要不违反法律的规定和公序良俗，人民法院在民事裁判中应当遵从。

第三，正确运用具体原则处理相邻关系问题。相邻关系纠纷的当事人是相互毗邻或者临近的不动产所有人、占有人或者使用权人，纠纷处理后，一般情况下仍将长期相邻共处，因此，法院在处理相邻关系纠纷案件时，应坚持以下原则：

1. 尊重历史原则。很多情况下，相邻关系纠纷的产生是历史遗留问题所致，尤其是在农村，对于相邻的村民因历史原因实际占用土地使用权引发的纠纷，处理时不能机械地套用法律规定，而是应当尊重既成事实，尊重历史，发挥中华民族"和为贵""远亲不如近邻"的传统文化价值，以社会主义核心价值观赋予其新时代内涵，正确处理相邻关系。

2. 方便生产生活原则。相邻关系从属于相邻的不动产，纠纷解决的主要目的是方便相邻不动产的占有、使用和收益，所以说方便生产生活是解决纠纷的出发点和落脚点。因此，必须从有利于生产生活的角度出发，正确处理相邻权利人之间的纠纷，合理限制或者延伸其权利。

3. 公平合理原则。处理相邻关系时涉及相邻各方的利益，为兼顾相邻各方的合法权益，应当公平合理处理相邻关系，一方权利的延伸和另一方权利的受限都必须在合理、必要的限度之内，并且要求各方在享受权利的同时，也应承担一定的义务，体现权利和义务相一致的原则。

4. 合法和及时原则。在处理相邻关系纠纷时，必须严格按照法律规定，明确双方的权责关系、责任划分，以法理情相融合定分止争。相邻关系纠纷，与人们的生产生活密切相关，往往比较紧迫，如果不及时处理可能会导致严重后果，容易激发矛盾，造成社会影响，因此需要及时处理，确保社会和谐稳定。

第四，要坚持社会主义核心价值观的引领作用。社会主义核心价值观坚持以人为本，尊重群众主体地位，关注人们利益诉求和价值愿望，是对美好社会的生动表述，也是公民的基本道德规范。“公正、法治、诚信、友善、文明、和谐”等社会主义核心价值观的基本内容是人民法院在审理相邻关系纠纷案件时的价值目标、价值取向和价值准则，以此为引领，有利于妥善处理人民群众最关心、最直接、最现实的利益和诉求问题。

此外，作为处理相邻关系纠纷的经验，还应注重街道办事处、居委会、村委会的协调作用。处理相邻关系纠纷通常需要现场勘察、沟通协商和调解，要充分发挥基层组织的沟通协调作用，为法院正确处理相邻关系纠纷提供桥梁纽带作用。

本案中，为最低限度影响双方的生活，法院组织双方分别实施了一定的改善行为，双方均能秉承与邻为善、和睦共处的原则予以配合，也是弘扬社会主义核心价值观的具体表现。对于屋顶垃圾问题，系因他人行为所致，不可归责于原、被告双方。对于太阳反光和做饭油污问题，因原告刘某某未提供翔实的证据加以证明，法院无法认定。故刘某某要求拆除邹某某家雨棚的理由不够充分、证据不足，法院不予支持。但刘某某为防止雨棚雨水飞溅而在自家防盗网上加盖钢皮所花费的材料费、工时费系为处理相邻关系所支出的必要、合理费用，邹某某应予赔偿。

编写人：湖南省衡阳市雁峰区人民法院　吕诗春

41

处理相邻关系要在实地勘验基础上遵从民法典第二百八十八条规定处理相邻关系的原则

——庄某某诉刘某某相邻关系案

【案件基本信息】

1. 裁判书字号

福建省厦门市集美区人民法院（2022）闽0211民初4732号民事判决书

2. 案由：相邻关系纠纷

3. 当事人

原告：庄某某

被告：刘某某

【基本案情】

坐落于厦门市集美区某地A号的房屋所有权人为庄某某，建筑面积138.58平方米，登记日期为2020年2月28日（以下简称3—10A室）。坐落于厦门市集美区某地B号的房屋所有权人为刘某某，建筑面积138.58平方米，登记日期为2020年5月25日（以下简称3—10B室）。

2022年6月13日，厦门甲物业服务有限公司出具《同一地址证明》，载明：兹证明庄某某女士现居住于厦门市甲灌口项目4号地块3#103同集美区某地A号为同一地址。

2017年11月30日，庄某某与厦门乙置业有限公司签订《商品房买卖合同（预售）》，约定，庄某某所购商品房附带有不计入产权登记面积的庭院（面积约为61平方米），界定以庭院边界线为准，其中无界桩的庭院边界标准：若庭院之间设计有实体围界（围墙、栏杆等），以实体围界内沿作为庭院边界线。

郑某（刘某某母亲）与案外人吴某（庄某某陈述系其阿姨，微信名馨某）、铝合金门窗涂某某的微信群聊天记录部分摘录如下：2020年12月，郑："另外我家跟吴总家中间有个隔墙，那个地方可能还要各自都退让一点点，因为这样的话中间才会有一个缝，用来安装的这个缝啊，将来呢也可以，中间我们两家那个地方要装一个轻质隔断也要有的空间吧。其实吴总，我觉得咱俩隔墙那个地方，如果用砖墙把这砌高，我们就各自可以省一面了啊，省一面这个侧面的，这个因为那个地方采什么光啊，只有前面这一块采光。"2020年12月3日，郑："@馨某我们共同的那个隔墙如果用砖砌高，就可以省掉侧边的费用，只有前面采光就好。"103室吴："我的不是已经做好了吗？我的是改不了了，继承40啊（郑某备注意思：既成事实），就是你看你要怎么弄比较好看，但是如果你侧边的话你给他砌墙砌起来会不会很奇怪？反正我的已经是这样子啦。"2021年3月25日，103室吴："下午好，发现一个问题，我们现在不是要砌墙么，这个采光井的位置好像没有预留砌墙的空间。我刚才跟涂总在问，他是没有预留这个砌墙的位置，而且因为他之前已经超出了2厘米，所以，现在中间那根横梁的位置就更不够了，他要移一下，靠边那三片玻璃拿掉，再重新做3片玻璃。"郑："你说的是采光窗吗？之前你否定了中间砌墙啊。倒板的李师傅回来了，我们做梁可以接着让他做。"庭审时，庄某某确认（微信名）馨某系其阿姨，开始具体装修是馨某在沟通的，采光井也是馨某找人做的，后面因为此事庄某某才参与进去的。

郑某（刘某某母亲）在甲3栋微信群聊天记录部分摘录如下：2021年4月10日，郑："@馨某你介绍涂工给我，我省了钱，确实要谢谢你。涂工跟我的聊天记录截图作证，我根本没让他贴着你做，是他自行做过去1.5厘米，他认为工艺如此，我自己没量尺寸，涂工给我的图纸看过了也看不出贴着你做的。这块我也跟涂工说得明白，不是我的责任，我们签了合同。再有，我不明白只涉及你我两家的事情为啥一定在群里一而再再而三地说。你现在要砌墙过去，你又不怕遮阳了吗?”2021年4月12日，郑：“@馨某刚有空看群里的发言。我说明一下我的态度。事情发展到现在你就根本不相信我的诚意。那我惹不起还躲不起吗？在没有图纸标明做法让我了解具体施工做法之前，我是反对让工人单凭经验砌的。我是做工程的，准则就是谋定而后动。避免中间出现麻烦，你不懂却认定很简单你能搞得定，那只好咱井水不犯河水，以两家中心线为界，你那边要怎么做你随意。地上地下不能越界。采光窗是涂工的问题，我会要求他退回中心线1.5厘米。”

2022年11月12日，法院依法组织庄某某以及郑某、刘某某前往现场勘验，确认双方采光窗共边的铝制横梁在双方案涉房产共用的中间横梁上，且均未超出横梁，双方房产的庭院中间位置建有砖墙。

庭审时，经询问，双方均确认：(1) 争议的中心线两边建有采光井；(2) 采光井是开发商移交后另行改建的；(3) 中心线梁上原开发商建有隔断的临时性栏杆，该栏杆由庄某某装修时拆除；(4) 装上采光井的作用，系因底下都有地下室，在保持采光的情况下，防止雨水进入地下室。

【案件焦点】

刘某某是否侵犯庄某某的相邻权益?

【法院裁判要旨】

福建省厦门市集美区人民法院经审理认为：不动产的相邻各方，应按照有利生产、方便生活、团结互助、公平合理的原则，正确处理相邻关系。关于刘某某是否侵犯庄某某的相邻权益。首先，双方采光窗均系事后搭建，且庄某某装修搭建在先，刘某某搭建在后。其次，刘某某搭建采光窗时已提前和庄某某一方协商，根据庄某某阿姨于2020年12月3日的微信聊天记录“我的不是已经做好了吗？我的是改不了了，继承40啊（郑某备注意思：既成事实），就是你看你要怎么弄比较好看，但是如果你侧边的话你给他砌墙砌起来会不会很奇怪？反正我的已经是这样子啦。”再次，从现场勘验来看，双方采光窗共边的铝制横梁搭建在双方案涉房产共用的中间横梁上，且均未超出横梁。最后，双方庭审时确认“装上采光井的作用，系因底下都有地下室，在保持采光的情况下，防止雨水进入地下室”。根据前述事实认定，刘某某一方在制作采光窗时系在庄某某已经制作好采光窗的基础上进行拼接，拼接处在共用的横梁上，即使刘某某一边搭建的采光窗超过中间线1—2厘米，该空间也属于共用空间，且刘某某系在庄某某已经制作好相邻采光窗的情况下所进行的拼接，该拼接符合防水等现实安装要求，并未给庄某某造成相邻妨碍，现庄某某要求刘某某采光窗退后2厘米的要求，依法不予支持。另，由于双方采光窗搭建都属于交房后加搭，该加搭行为是否合法不在本案审查范围。

另，本案双方发生纠纷系源于隔墙制作问题。该问题本应该在双方装修采光窗前进行协商，但双方在并未就隔墙问题达成一致意见情况下各自进行了搭建采光窗才引发纠纷，目前，双方就将来隔墙建设问题仍未有一致意见，双方仍需要结合现有情况友好协商处理。

关于赔偿问题，根据前述认定，刘某某搭建采光窗行为并未侵害庄某某的相邻权，现其要求赔偿损失，缺乏依据，依法予以驳回。

福建省厦门市集美区人民法院依照《中华人民共和国民法典》第二百八十八条、第二百八十九条、第二百七十一条，《最高人民法院关于适用〈中华人民共和国民法典〉时间效力的若干规定》第一条第三款，《中华人民共和国民事诉讼法》第六十七条第一款规定，判决如下：

驳回庄某某的诉讼请求。

一审宣判后，双方均未上诉，判决已生效。

【法官后语】

相邻关系是指两个或两个以上相互毗邻不动产的所有人或使用人，在行使不动产的所有权或使用权时，相邻各方形成的相互给予便利和接受限制而产生的权利义务关系。相邻关系纠纷在人民法院受理全部民事案件中所占比重小，争议标的也较小，但由于相邻关系与当事人生活息息相关，且不动产作为人民最基本、最重要的生产生活资料，相邻关系处理过程中当事人矛盾大，在处理上存在一定难度，处理不好甚至容易出现民转刑案件。结合本案纠纷发展和处理过程，给予我们在处理相邻关系纠纷一定启发，也通过该纠纷对于今后审理类似纠纷能够提出一定建议和对策。

本案庄某某诉刘某某相邻关系纠纷争议在起诉前物业公司、社区、派出所以及城管等相关单位人员都曾参与纠纷调解，在过程中，因行政拆违而又衍生了一件行政案件。但在起诉前调解中，未有法院人员介入调解，各调解单位未全部合力调解。本案诉讼过程中，承办法官也试图通过相关单位调解力量参与调解，但最终仍未果。为此，承办法官组织双方前往实地勘验，通过实地勘验获得作为普通人对于此案的判断。最后，在调解无果情况下，依法作出裁判，双方均未上诉。虽然这起案件最终未能调解结案，但在案件处理上未将矛盾上交，也基本可平息双方眼前矛盾。在案件处理方法上，一是借助调解力量参与调解；二是通过实地勘验了解事实，获得评判的内心确信。

关于相邻关系纠纷的处理原则。《中华人民共和国民法典》第二百八十八条规定："不动产的相邻权利人应当按照有利生产、方便生活、团结互助、公平合理的原则，正确处理相邻关系。"该条规定的原则实际上对应相邻不动产之间在行使权利中规定的限制。(1) 有利生产原则，就是有利于生产建设，要把有利于生产建设摆在重要位置，既要化解矛盾也要把对生产影响降到最小，充分进行风险评估。(2) 方便生活原则，由于相邻关系与当事人生活息息相关，要坚持以人为本，充分考虑相邻权利人的生活方便，尤其要关注相邻权利人的生存、健康，合理延伸不动产权利人的权利，对于权利行使的限制限定在合理限度内，尽量减少给相邻权利人生活带来不便，不应该把一方的方便建立在相邻权利人的不便之上。(3) 团结互助原则。这原则属于社会主义核心价值观的重要内容，贯彻该原则，要坚持互利共赢，反对损人利己，处理好相邻关系有利于各方的生产生活，也有利于社会的和谐稳定。要换位思考，给予对方应有的方便和力所能及的帮助。要保持忍让和克制，对于发生的矛盾积极沟通，加强协商化解。(4) 公平合理原则。这是处理相邻关系的基本原则，贯彻于其他原则之中。在贯彻该原则时，要坚持权利义务平等，相邻方既有行使的权利，也有要承担的义务。行使权利应保持在合理限度内，不能超过普通人的容忍范围。要尊重历史形成的客观状况和先后顺序。相邻一方行使权利时不得损害另一方的合法权益，避免给对方造成损害，已经造成妨害的，行为人应当给予排除。

前述原则，不仅是相邻关系方在生产、生活中应遵从的原则，也是审判实践中应遵循的评判标准。

关于相邻关系的处理方法。相邻关系处理不同于其他民事案件，并未有明确的评判依据，甚至一些来源于当事人的主观感受，这类纠纷单靠庭审不容易对是非作出准确判断。再者，不动产相邻双方生产、生活在时空上联系紧密，如果矛盾激化容易发生民转刑事件，现实生活中甚至因此引发重大恶性事件。因此，处理相邻关系要特别注意方式方法，防止矛盾激化。在方法处理上，要坚持调解优先，实地勘验的方法。

关于调解优先方法。不同案件有不同处理方法。作为案件审判评判标准包括效率和质量，两者有时难以做到有机统一。在相邻关系纠纷处理中，案件标的不大，法官作出一个判决也不是特别困难，难在是否可以将当事人的矛盾化解，如果无法将矛盾化解，导致案结事未了，双方矛盾甚至可能进一步激化。所以，在相邻关系处理的价值选择上应调解优先，调解优先应该贯彻纠纷全过程，该价值选择不仅适用于诉前，也适用于诉中、诉后。在贯彻该调解方法过程中，不是为调而调，而是充分调动相关各方参与调解。如在城市商品房相邻关系纠纷中，要借助物业人员、社区网格员或调解员参与调解，在农村相邻关系纠纷中要借助村干部或者老人协会人员参与调解，对于行业单位的可以借助行业协会参与调解。

关于实地勘验方法。实地勘验方法和调解优先的方法往往合并使用。通过实地勘验可以了解历史形成情况以及现状，也可以让法官通过实地勘验获得最真实的感知，能够跳出法律思维，从相邻关系处理原则入手，对于相邻关系进行评判。同时，通过实地勘验，也容易取得当事人信任，防止当事人片面怀疑法官坐堂问案。如在本案审理过程中，通过现场勘验，可以了解到庄某某在相邻处建设在前，相邻处位于公共区域，刘某某在庄某某已建设情况下并且也提前征询了对方意见，现状建设情况遵循了相邻关系处理原则，庄某某再要求刘某某拆除其建设玻璃，违背了相邻管辖处理原则，故在调解不能情况下，驳回了庄某某诉讼请求。

编写人：福建省厦门市集美区人民法院　钟乾华

（六）共有纠纷

42

分家析产协议的效力认定与整体分析

——刘某甲、刘某乙诉刘某丙分家析产案

【案件基本信息】

1. 裁判书字号

黑龙江省农垦中级人民法院（2022）黑 81 民终 120 号民事判决书

2. 案由：分家析产纠纷

3. 当事人

原告（上诉人）：刘某甲、刘某乙

被告（上诉人）：刘某丙

【基本案情】

刘某某与衣某甲为夫妻关系，共育有四个子女，其中长女刘某丁于1989年去世，未婚无子女。刘某某与衣某甲现有三个子女，次女刘某甲、长子刘某丙、次子刘某乙。刘某某与衣某甲生前共有两处房屋，一处为位于黑龙江省虎林市某社区的平房，房权证号为第××号，面积60.97平方米，现价值20000元；另一处为位于黑龙江省虎林市某农场某某小区一楼房，现价值80000元，该房屋是衣某甲、刘某某于2012年3月4日从郑某处购买，至今未办理产权登记。以上两处房屋现由刘某丙占有、使用。2012年4月6日，衣某甲因道路交通事故去世，后肇事方赔偿145000元。4月9日，在刘某丙的召集下，刘某某、刘某甲、刘某乙、刘某丙及舅舅衣某乙共同签名，由衣某乙书写题目为“遗嘱”的文件，内容为：“刘某某因老伴去世后对家里三个子女刘某甲、刘某丙、刘某乙，对房屋、经济、赡养老人特立以下遗嘱：(1) 房屋处理，现有楼一栋、平房一栋由刘某某居住。刘某某百年之后两栋房屋产权归刘某甲、刘某乙所有；(2) 家里现有经济资金、赔偿款由刘某甲保管，老人因病因事需要资金由此款支付，老人百年之后，此款不足兄妹三人平均支付。如结余的情况此款归刘某甲、刘某乙二人；(3) 从现在起老人由刘某丙终身赡养，老人工资由刘某丙使用支付。特立以上遗嘱。刘某某、刘某甲、刘某丙、刘某乙、衣某乙（签字），2012年4月9日（注名时间）。”2018年1月8日，刘某某在某公证处立下公证书、公证遗嘱，内容为：“立遗嘱人：刘某某……我的老伴衣某甲于2012年4月6日死亡……我和老伴于2012年3月4日购买了郑某的房屋……由于房屋暂时办理不了过户，所以该房屋的产权还在郑某名下。我和老伴还有一栋平房……我共有三个子女，他们都已成家立业，生活也不用我操心，我年事已高，特立下遗嘱，内容如下：(1) 现在是我的大儿子刘某丙照顾我的生活，剩下的两个子女对我不好，所以在我去世后，上述两栋房屋由我的大儿子刘某丙继承，他人不得干涉；(2) 我的退休金用于我的日常生活及吃药看病，在我去世后，如有剩余，由我的大儿子刘某丙继承；(3) 公证员已告知我丧葬费、抚恤金不在遗嘱范围之内，但是我还要在遗嘱里说明一下，我的后事希望由我的大儿子刘某丙办理，办理完我的后事，丧葬费如有剩余，由我的大儿子刘某丙支配。至于抚恤金，我希望由刘某丙来领取及支配，并建议增加刘某丙所得到的份额。”刘某某于2019年9月去世。

【案件焦点】

1. 2012年4月9日，由全部家庭成员签署的题目为“遗嘱”的文件性质是“遗嘱”还是“协议”，该文件的效力如何；2. 2018年1月8日公证遗嘱是否有效；3. 诉争房屋应归谁所有或使用。

【法院裁判要旨】

黑龙江省红兴隆人民法院经审理认为：分家析产协议是将共同的家庭财产分属各共有人所有的民事法律行为，分割的是家庭成员的共有财产部分，属于个人财产部分不是分家析产的对象，而遗嘱是遗嘱人对其个人财产的处分。遗嘱人刘某某将两处房屋指定由刘某丙一人继承，将先其去世的妻子衣某甲的遗产即两处房屋的一半也进行了处分，超越了权限，且该部分已在分家析产协议中进行了分割，故超出部分的遗嘱无效。该超出部分应继续按分家析产协议履行，结合案件的具体事实，再予判定。

关于焦点一。遗嘱是遗嘱人生前在法律允许的范围内按照法律规定的方式对其个人财产或其他事务的处分，在遗嘱人死亡时发生效力的法律行为。遗嘱的形式分为口头遗嘱、自书遗嘱、代书遗嘱、公证遗嘱等。其中，自书遗嘱、代书遗嘱只需遗嘱人、见证人（两人以上）签名即可，无需继承人签名确认，且继承人不能为见证人。

本案中，2012年4月9日签署的题目为“遗嘱”的文件，从形式上看，既有“遗嘱”人刘某某、见证人衣某乙签名，又有文件内容涉及人刘某甲、刘某乙、刘某丙签名，不符合“遗嘱”的形式要求。从内容上看，既处分了刘某某个人财产，又分割了刘某某、刘某甲、刘某乙、刘某丙的共同财产。且刘某丙在庭审中也自认签署文件目的是“分家”，因此该文件的性质应认定为“协议”而非“遗嘱”。该协议从内容看，既有“分家析产协议”内容，又有“赠与协议”内容。所谓分家析产协议，是将一个较大的家庭分成几个较小的家庭，财产共有人通过协议的方式，将共同的家庭财产分属各共有人所有的民事法律行为。它分割的是家庭成员的共有财产部分，属于个人财产部分不是分家析产的对象，不能对属于个人财产进行分割。赠与合同是赠与人将自己的财产无偿给予受赠人，受赠人表示接受赠与的合同。因此，“协议”中对共有财产的分割为分家析产行为；刘某某对个人财产进行的处分为赠与行为。上述“协议”为当事人的真实意思表示，没有原《中华人民共和国合同法》第五十二条、第五十三条、第五十四条规定的情形，故为有效协议。

根据 2012 年 4 月 9 日所有家庭成员签名的“协议”内容看，家庭成员共同财产应为：（1）衣某甲死亡赔偿金；（2）衣某甲的遗产即与刘某某共有的价值 100000 元的两处房屋的一半。刘某某的个人财产应为：（1）刘某某在衣某甲去世后的工资；（2）刘某某与衣某甲共有的价值 100000 元的两处房屋的一半。关于家庭成员的共有财产应按上述“协议”中分家析产内容履行。协议中关于刘某某个人财产部分的处分，即刘某某将工资赠与刘某丙，将自有的房屋的一半赠与刘某甲、刘某乙，其中刘某某的工资应按协议履行。但刘某某将房屋的一半赠与刘某甲、刘某乙后，因房屋没有交付，且未办理变更登记手续，2018 年 1 月 8 日刘某某立下公证遗嘱，又将该财产以遗嘱的方式变更为由刘某丙继承，此变更可视为刘某某行使了任意撤销权。任意撤销权是法律赋予赠与人单方享有的权利，赠与人行使撤销权的时间是在赠与财产权利转移之前，财产权利转移需办理登记手续的，为办理登记手续前。赠与人行使撤销权后，当事人之间的权利义务关系消灭，赠与人不负给付义务。我国原《中华人民共和国合同法》及现《中华人民共和国民法典》均规定“赠与人在赠与财产的权利转移之前可以撤销赠与”。因“赠与”已撤销，故“协议”中关于刘某某个人房屋部分不应继续履行，即刘某甲、刘某乙不能依据“协议”取得刘某某个人房屋份额。

关于焦点二。公证遗嘱是遗嘱人生前订立并经公证机关依据法律规定的公证形式证明的遗嘱，是遗嘱的一种形式，和其他形式的遗嘱要求一致，依然是遗嘱人对其个人财产的处分，在遗嘱中将个人财产指定由法定继承人中的一人或数人继承，遗嘱继承所指向的客体为被继承人指定的遗产份额。案涉公证遗嘱主要内容共三条，其中第二条、第三条与本案争议无关，法院对其效力不作评判。关于第一条，遗嘱人刘某某将两处房屋指定由刘某丙一人继承，因刘某某将先其去世的妻子衣某甲的遗产即两处房屋的一半也进行了处分，超越了权限，且该部分已在“协议”中进行了分割，超出部分遗嘱无效，该超出部分应继续按“协议”履行。刘某丙应按公证遗嘱的有效部分继承属于刘某某遗产（价值100000元房屋一半）的份额，即50000元。

关于焦点三。2012年4月9日“协议”中已约定在“刘某某百年之后两栋房屋产权归刘某甲、刘某乙所有”，刘某丙亦签名同意，在庭审中刘某丙也表示，在父亲刘某某去世后，即准备搬出案涉房屋。且刘某丙依据公证遗嘱继承也只能继承遗产份额，并不当然获得房屋所有权、使用权。因诉争平房刘某某、衣某甲生前具有所有权，故平房应归刘某甲、刘某乙所有。又因诉争楼房由于历史原因至今不能办理产权登记，但该楼房为衣某甲、刘某某生前出资购买并居住使用多年，属于其二人生前取得的合法财产，其能够为权利人占有、使用、收益，故诉争楼房应归刘某甲、刘某乙占有、使用。

黑龙江省红兴隆人民法院依据《中华人民共和国民法总则》第一百四十三条，《中华人民共和国合同法》第六十条第一款、第一百零七条、第一百八十六条，《中华人民共和国继承法》第十六条、第十七条，《最高人民法院关于适用〈中华人民共和国民法典〉时间效力的若干规定》第一条第二款，《最高人民法院关于贯彻执行〈中华人民共和国民法通则〉若干问题的意见（试行）》第九十条规定，作出如下判决：

一、位于黑龙江省虎林市某社区涉案平房归刘某甲、刘某乙共同所有；

二、位于黑龙江省虎林市某农场某某小区涉案楼房归刘某甲、刘某乙占有、使用；

三、刘某丙于本判决生效后三十日内将上述房屋交付给刘某甲、刘某乙；

四、刘某甲、刘某乙给付刘某丙50000元，于本判决生效后十日内履行完毕。

刘某甲、刘某乙、刘某丙不服一审判决，提出上诉。

黑龙江省农垦中级人民法院经审理认为：关于 2012 年 4 月 9 日的书面文件是分家析产协议还是遗嘱，一审对于该书面文件第一项关于赠与的认定是否正确问题。遗嘱是一种单方民事法律行为，案涉 2012 年 4 月 9 日遗嘱中，有刘某某、衣某乙及案涉当事人签字，而案涉当事人作为继承人，不能作为遗嘱见证人。衣某乙虽可以作为见证人，但因见证人仅为一人，亦不符合《中华人民共和国继承法》关于遗嘱见证人人数的规定，故 2012 年 4 月 9 日遗嘱不具有遗嘱的形式要件，根据当事人陈述，该遗嘱系因刘某某妻子去世，刘某甲、刘某乙提出分家后而形成的，故应认定该遗嘱系具有分家析产内容的协议。

关于 2018 年 1 月 8 日遗嘱是否有效问题。首先就遗嘱内容而言，遗嘱人应当依法处分自己的财产，刘某某在公证遗嘱中处分的房屋系共有的房屋，即处分了共有人的财产，因此对于共有人的财产处分属于无权处分，导致该公证遗嘱效力存在瑕疵。而鉴于案涉争议房屋仅涉及公证遗嘱中部分内容，对于刘某某处分衣某甲遗产，因属于无权处分，故该部分内容无效。本案争议的财产虽部分涉及遗嘱内容，但对于公证遗嘱的整体效力评价并不影响本案争议房屋的认定。故一审对于公证遗嘱效力未作评价并无不当。刘某甲、刘某乙对于公证遗嘱所提出的异议，应当向公证机关提出，由公证机关调查核实，作出处理。

黑龙江省农垦中级人民法院依据《中华人民共和国民事诉讼法》第一百七十七条第一款第一项规定，判决如下：

驳回上诉，维持原判。

【法官后语】

分家析产主要是分财产。财产中，一般包括不动产和货币。俗话说："树大分杈，子大分家。"父母主持为子女分家是一种习惯，尤其在农村地区，"分家"是常见的现象。分家析产是指将一个较大的家庭根据分家协议而分成几个较小的家庭，同时对共有的家庭财产进行分割，并确定各个成员的财产份额的行为。[1] 所分割的是家庭成员的共有财产部分，属于个人财产部分不是分家析产的对象，不能进行分割。遗嘱是遗嘱人对其个人财产的处分，客体为被继承人指定的遗产份额。本案涉及遗嘱与分家析产协议的区别以及分家析产协议的效力问题，双方当事人诉争主要焦点在于由全部家庭成员签署的名为“遗嘱”的文件，是“遗嘱”还是“分家协议”，其效力如何等问题。

一、分家析产的法律性质

分家析产一直是我国财产代际传承的重要方式[2]，兼顾法理、人情、风俗习惯等。分家析产的核心是对家庭共有财产的分割和处分。目前的家庭共同共有关系主要包括夫妻共有、家庭共有以及遗产分割前的共有三种形式。关于分家的法律性质，有赠与说、分割说两种观点。赠与说认为，分家主要是一种赠与，即父母将自己所有的财产赠与子女，子女表示接受，从而使父母个人财产减少，子女财产增加的行为。分割说认为，分家是对家庭共同财产的分割。笔者认为这两种观点都失之偏颇，分家不仅涉及家庭共有财产，也涉及家庭成员个人财产、夫妻共同财产等，是一种包括赠与、共有财产分割行为在内的特殊类型的无名合同。本案中，所有家庭成员共同签署的涉案协议对家庭成员共同财产的约定，应视为分家协议。

二、分家析产协议和继承的区别

继承与分家析产既有联系又有区别，继承一般会涉及析产问题，但是，继承与分家析产具有严格的区别，表现在：

1. 性质不同。继承是指在被继承人死亡后，财产所有权从被继承人转移给继承人，它依据的首先是生活事实；而分家析产是家庭成员对共有财产的分割和明确，进一步明确家庭共有财产的各共有人具体对哪一部分共有财产享有独立所有权，是一种建立在意思表示一致基础上的合同行为。

2. 财产基础不同。继承的财产基础是被继承人遗留的生前个人财产，而分

---

① 最高人民法院研究室编著：《最高人民法院新民事案件案由规定理解与适用》，人民法院出版社 2021 年版，第 127 页。

② 费孝通：《江村经济》，江苏人民出版社 1986 年版，第 47 页。

家析产的财产基础是家庭成员共同享有所有权的共有财产，至于家庭成员个人所有的财产则不属于分家析产的对象。

3. 两种法律关系的法律事实不同。引起继承法律关系产生的法律事实只能是被继承人死亡；而分家析产法律关系产生的法律事实通常是各共有人的合意。

4. 适用的法律不同。处理财产继承事宜的法律依据主要是《中华人民共和国民法典》继承编；而分家析产的法律依据主要是《中华人民共和国民法典》物权编和合同编，同时，在很多情况下需要参照风俗习惯。

5. 发生时间不同。继承只能始于被继承人死亡时，被继承人生前是不可能发生继承问题的；而分家析产一般发生于被继承人生前，家庭成员离世，首先要发生继承，其次才是分家析产。

6. 所涉赠与的性质和效力不同。继承中的遗赠是遗嘱人通过遗嘱将财产无偿给予法定继承人以外的人，遗赠财产只能是个人财产，行为具有无偿性。而分家析产中的赠与则多包含赡养父母、承担债务等附随义务，赠与财产可能是个人财产和共有财产的混合体，往往很难区分，且任何家庭成员不同意协议，则分家协议不具有法律效力。

三、名为遗嘱实为分家协议的认定

名为遗嘱实为分家协议往往涉及分家析产、继承、赠与等多种法律关系。首先，从财产权属情况看，分家析产所涉财产应为共有财产，继承和赠与涉及的是个人财产。其次，再从法律要件上看，遗嘱继承是一种单方民事法律行为，赠与和分家析产都需要双方合意。最后，从形式要件上看，遗嘱需要有与遗嘱没有利害关系的见证人见证等特殊形式要件，分家协议只需各方当事人达成合意（见表1）。

表1　分家析产、继承与赠与的区分

	分家析产	继承	赠与
财产权属	共有财产	个人财产	个人财产
法律要件	需要双方合意	单方民事法律行为	需要双方合意
形式要件	遗嘱需要无利害关系的见证人等特殊形式要件		

从本案证据看，案涉两处房屋为刘某某与衣某甲共有，在衣某甲去世后，两处房屋中一半份额实际为衣某甲的继承人共同共有，且该协议上有所有继承人签字，体现了所有继承人具有分家析产的合意。同时，案涉2012年4月9日遗嘱似为代书遗嘱，即由遗嘱人口述，他人代为书写的遗嘱。但是在该遗嘱上签字的刘某某、衣某乙等人中，只有衣某乙一人可以作为见证人，不符合继承法关于遗嘱见证人人数的规定，故该遗嘱不符合代书遗嘱的形式要件，不是有效遗嘱。

四、遗嘱改变协议内容时的效力认定

司法实践中，在分家析产协议中，当事人可能会在分割共有财产的同时，对个人财产进行处分，从而发生分家析产与赠与、继承法律关系的耦合问题。此时，首先要对财产的性质进行区分，在此基础上根据协议的法律要件和当事人真实意思表示综合判定协议的效力。

本案中，2012年4月9日分家协议与2018年1月8日公证遗嘱在涉案房屋的处分上存在效力冲突。首先，公证遗嘱是最为严格，也是具有最强证明力的遗嘱方式，但是也应当审查其真实性、合法性。就案涉遗嘱内容而言，遗嘱人应当依法处分自己的财产，刘某某在公证遗嘱中处分的房屋系共有房屋，即处分了其他共有人的财产，因此该处分属于无权处分，导致该公证遗嘱效力存在瑕疵。而鉴于案涉争议房屋仅涉及公证遗嘱中部分内容，即对于刘某某处分衣某甲遗产，因属于无权处分，故该部分内容无效。本案争议的财产虽部分涉及遗嘱内容，但对于公证遗嘱的整体效力评价并不影响本案争议房屋的认定。对于公证遗嘱所提出的异议，应当向公证机关提出，由公证机关调查核实，作出处理。

编写人：黑龙江省农垦中级人民法院　周志强
黑龙江省红兴隆人民法院　范晓波

43

死亡抚恤金及丧葬补助费的司法分配规则

——刘某甲诉刘某乙等共有物分割案

【案件基本信息】

1. 裁判书字号

北京市丰台区人民法院（2022）京0106民初3666号民事判决书

2. 案由：共有物分割纠纷

3. 当事人

原告：刘某甲

被告：刘某乙、王某某、王某、刘某

【基本案情】

刘某丙与李某某原系夫妻，生有一子刘某甲、一女刘某。1982年6月，刘某丙与李某某经法院调解离婚。1990年1月，刘某丙与刘某乙登记结婚，二人未生育子女。王某某、王某系刘某乙与前夫所生，刘某乙和刘某丙再婚后，王某某、王某与刘某丙和刘某乙一起共同生活。2022年1月，刘某丙去世。各方认可因刘某丙死亡获得的丧葬费13586元、抚恤金61137元现在王某某处。

【案件焦点】

如何确定死亡抚恤金[①]和丧葬补助费[②]的分配范围及分配方式。

---

① 实践中通常简称为抚恤金，本文撰写中对于抚恤金的定义及种类进行了详细介绍，故严谨起见，案例解说部分表述为死亡抚恤金。

② 实践中通常简称为丧葬费，但一般所称丧葬费既包含企业职工死亡时发放的死亡补助费，亦包含因侵权行为死亡时产生的丧葬赔偿费用，故为清晰界定，案例解说部分表述为丧葬补助费。

【法院裁判要旨】

北京市丰台区人民法院经审理认为：共同共有人在共有的基础丧失或有重大理由需要分割时可以随时请求分割。根据现有证据结合各方陈述可知，案涉抚恤金和丧葬费属于刘某丙所在单位对其近亲属的补助，不属遗产，因此应为其近亲属即本案当事人共同享有。考虑到诉争财产具有较强的人身属性，分割时应优先照顾被扶养人的利益，结合与死者关系的亲疏远近、与死者共同生活的紧密程度以及生活来源等因素。刘某丙生前与刘某乙共同生活，亦与王某某、王某形成抚养关系，现有证据不足以认定刘某甲、刘某对刘某丙未尽赡养义务，故诉争财产酌情确定由刘某甲、刘某、王某某、王某每人享有 15%，刘某乙享有 40%，由王某某负责返还。

北京市丰台区人民法院依照《中华人民共和国民法典》第六条、第三百零三条规定，判决如下：

一、刘某丙的丧葬费 13586 元、抚恤金 61137 元，由刘某甲享有 15%、刘某享有 15%、王某某享有 15%、王某享有 15%、刘某乙享有 40%，王某某于本判决生效之日起七日内返还刘某甲 11208. 4 元、刘某 11208. 4 元、王某 11208. 4 元、刘某乙 29889. 2 元；

二、驳回刘某甲的其他诉讼请求。

宣判后，双方当事人均未提起上诉，判决已经生效。

【法官后语】

本案为死亡抚恤金及丧葬补助费分配的典型案例，涉及死亡抚恤金和丧葬补助费的性质、分配范围、分配方式等多重法律问题。

一、死亡抚恤金及丧葬补助费的性质

抚恤金是国家和社会根据法律的相关规定，对因公受伤、致残或者殉职、病故人员的家属给予的精神上的慰藉和经济上的资助①，抚恤金是我国优抚制度的一个重要组成部分，包括伤残抚恤和死亡抚恤两类。死亡抚恤又包括一次

---

① 武怡然：《我国优抚制度立法研究》，内蒙古大学 2020 年硕士学位论文。

性抚恤、特别抚恤和定期抚恤三种，其中，一次性抚恤金是一种带有褒扬和补偿性质的社会津贴，主要承担急救功能；定期抚恤金是指对无劳动能力、无生活来源且由死者生前供养的家属发放的按月支付的抚恤金；特别抚恤是指军队对生前做出卓越贡献的烈士、因公牺牲、病故军人，除按照规定发给其遗属一次性抚恤金外，还根据相关规定发给其遗属一次性特别抚恤金。[①]"丧葬补助费"为企业职工死亡时，单位支付用于处理丧葬事宜的一次性费用。一直以来，丧葬补助费的具体执行标准都由各地规定，各地由于历史背景不同，制定的标准也各异。

目前，司法实践中，对于死亡抚恤金和丧葬补助费的性质已经基本形成一致意见。第一，"死亡抚恤金"和"丧葬补助费"不是遗产。《中华人民共和国民法典》[②]对于遗产有明确规定，被继承人死亡时遗留的财产才称为遗产。死亡抚恤金和丧葬补助费虽基于死者的死亡而产生，但系死者死亡后所产生，并非自然人死亡时遗留的财产，因此不属于遗产，不得以遗嘱方式进行处理。第二，"死亡抚恤金"和"丧葬补助费"不是夫妻共同财产。《中华人民共和国民法典》[③]《最高人民法院关于适用〈中华人民共和国民法典〉婚姻家庭编的解释（一）》[④]对于夫妻共同财产的认定标准有明确规定，夫妻共同财产为夫妻双方在婚姻关系存续期间取得的合法财产。夫妻一方死亡，其与配偶的婚姻关系自然解除，死亡抚恤金和丧葬补助费为死者死亡后产生，应当由死者近亲属

① 李妍、管彦庆：《社会保障理论与实践》，机械工业出版社2019年版，第295页。

② 《中华人民共和国民法典》第一千一百二十二条规定，遗产是自然人死亡时遗留的个人合法财产。依照法律规定或者根据其性质不得继承的遗产，不得继承。

③ 《中华人民共和国民法典》第一千零六十二条第一款规定："夫妻在婚姻关系存续期间所得的下列财产，为夫妻的共同财产，归夫妻共同所有：（一）工资、奖金、劳务报酬；（二）生产、经营、投资的收益；（三）知识产权的收益；（四）继承或者受赠的财产，但是本法第一千零六十三条第三项规定的除外；（五）其他应当归共同所有的财产。"

④ 《最高人民法院关于适用〈中华人民共和国民法典〉婚姻家庭编的解释（一）》第二十五条规定："婚姻关系存续期间，下列财产属于民法典第一千零六十二条规定的'其他应当归共同所有的财产'：（一）一方以个人财产投资取得的收益；（二）男女双方实际取得或者应当取得的住房补贴、住房公积金；（三）男女双方实际取得或者应当取得的基本养老金、破产安置补偿费。"

共同取得，不属于双方婚姻关系存续期间的财产所得，不属于夫妻共同财产，因此在进行分配时无需先行扣除配偶一方的份额。第三，死亡抚恤金和丧葬补助费属于权利主体的共同共有财产。死亡抚恤金为死者单位发放给死者近亲属的生活补助费和精神抚慰金，故为死者近亲属的共有财产。丧葬补助费为国家发放给死者亲属安葬死者所产生的费用，丧葬补助费在妥当安葬死者后仍有剩余的，应为死者近亲属的共有财产。

二、死亡抚恤金和丧葬补助费的分配范围

相关立法关于死亡抚恤金和丧葬补助费的分配范围缺乏明确规定。《军人抚恤优待条例》对死亡抚恤金的享有主体进行了具体规定[①]，但主要针对军人这一特殊群体。《中华人民共和国公务员法》[②]《中华人民共和国社会保险法》[③]未对死亡抚恤金的享有主体予以规定，仅以“亲属”“遗属”对死亡抚恤金的发放对象概括规定。

而相关法律规定中对于“亲属”“近亲属”范围的规定并不统一，对于“遗属”的范围并无规定。《中华人民共和国民法典》第一千零四十五条规定：“亲属包括配偶、血亲和姻亲。配偶、父母、子女、兄弟姐妹、祖父母、外祖父母、孙子女、外孙子女为近亲属。配偶、父母、子女和其他共同生活的近亲属为家庭成员。”《最高人民法院关于适用〈中华人民共和国民事诉讼法〉的解释》第八十五条规定：“根据民事诉讼法第六十一条第二款第二项规定，与当事人有夫妻、直系血亲、三代以内旁系血亲、近姻亲关系以及其他有抚养、赡养关系的亲属，可以当事人近亲属的名义作为诉讼代理人。”《最高人民法院关于适用〈中华人民共和国行政诉讼法〉的解释》第十四条

---

① 《军人抚恤优待条例》第十五条规定，一次性抚恤金发给烈士、因公牺牲军人、病故军人的父母（抚养人）、配偶、子女；没有父母（抚养人）、配偶、子女的，发给未满18周岁的兄弟姐妹和已满18周岁但无生活费来源且由该军人生前供养的兄弟姐妹。

② 《中华人民共和国公务员法》第八十三条规定，公务员依法参加社会保险，按照国家规定享受保险待遇。公务员因公牺牲或者病故的，其亲属享受国家规定的抚恤和优待。

③ 《中华人民共和国社会保险法》第十七条规定，参加基本养老保险的个人，因病或者非因工死亡的，其遗属可以领取丧葬补助金和抚恤金。

第一款规定："行政诉讼法第二十五条第二款规定的'近亲属'，包括配偶、父母、子女、兄弟姐妹、祖父母、外祖父母、孙子女、外孙子女和其他具有扶养、赡养关系的亲属。"《中华人民共和国刑事诉讼法》第一百零八条规定："本法下列用语的含意是……（六）'近亲属'是指夫、妻、父、母、子、女、同胞兄弟姊妹。"

司法实践中，大部分涉死亡抚恤金和丧葬补助费案件主要依据《中华人民共和国民法典》有关继承人范围和顺位的规定确定分配范围，具体条文是第一千一百二十七条①和第一千一百二十九条②。

综上，"亲属"的范围广于"近亲属"的范围，如果以"亲属"概念界定分配范围，那么分配范围涵盖甚广，不仅司法实践中不便操作，还会一定程度上淡化死亡抚恤金和丧葬补助费弥补死者近亲属因死者去世而遭受精神和物质损失的作用。但如果以"近亲属"概念界定分配范围，那么将会限缩分配范围，将部分与死者存在事实扶养关系、因死者死亡而承受精神、物质损失的其他人员排除在外，如丧偶儿媳、女婿等。因此，参照继承人的范围确定分配主体是目前较为科学合理的分配方式。但笔者认为，考虑到死亡抚恤金和丧葬补助费的特殊性质，其分配不可一概参照遗产处理规则，应考虑特殊情况下的人员区分，不能僵化适用。具体来说，有权分配死者死亡抚恤金、丧葬补助费的人员可以界定为依靠死者供养的近亲属，包括死者的配偶、子女、父母等亲属，以死者的配偶、子女、父母为主；至于在死者生前对其尽过赡养义务的其他人、依靠死者扶养的没有劳动能力的其他人、实际料理死者后事的其他人等，都属

---

① 《中华人民共和国民法典》第一千一百二十七条规定："遗产按照下列顺序继承：（一）第一顺序：配偶、子女、父母；（二）第二顺序：兄弟姐妹、祖父母、外祖父母。继承开始后，由第一顺序继承人继承，第二顺序继承人不继承；没有第一顺序继承人继承的，由第二顺序继承人继承。本编所称子女，包括婚生子女、非婚生子女、养子女和有扶养关系的继子女。本编所称父母，包括生父母、养父母和有扶养关系的继父母。本编所称兄弟姐妹，包括同父母的兄弟姐妹、同父异母或者同母异父的兄弟姐妹、养兄弟姐妹、有扶养关系的继兄弟姐妹。"

② 《中华人民共和国民法典》第一千一百二十九条规定，丧偶儿媳对公婆，丧偶女婿对岳父母，尽了主要赡养义务的，作为第一顺序继承人。

于特殊情况，可在具体分配时附带审查并适当考虑。

三、死亡抚恤金和丧葬费的分配方式

对于死亡抚恤金，司法实践中主要存在两种做法：一种是尽管认为死亡抚恤金不属于遗产，而是死者近亲属的共同财产，但是由于目前我国法律规定对于死亡抚恤金并没有明确的法律规定，所以仍然参照继承有关法律规定中遗产分配的原则及规则进行分配；另一种是认为死亡抚恤金属于死者近亲属的共同共有财产，不适用继承相关法律规定，主张对死亡抚恤金分配在平均分配的基础上，综合考虑“与死者生前共同生活的时间”“对死者生前是否尽了主要扶养义务”“对死者生前的经济依赖程度”“是否缺乏劳动能力及生活来源”等因素进行调整。对于丧葬补助费，一般认为应该在扣除办理丧葬事宜实际发生的费用后再合理分配，具体分配时往往与死亡抚恤金一并处理。

笔者认为，死亡抚恤金（含扣除实际支出后剩余的丧葬补助金，下同）的具体分配方式一般是意定分配，即尊重意思自治，由死者亲属就死亡抚恤金和丧葬补助金协商分配方案。死者亲属产生分配争议时，司法裁判首先应当尊重各方已达成的协议。当事人未能达成协议的，法院在具体分配规则的适用上，笔者认为上述第二种分配规则能够体现死亡抚恤金的本意和初衷，更为公平合理。

本案中，当事人双方均为死者法定继承人，且与死者生前存在扶养事实，故均应纳入死亡抚恤金的分配范围。丧葬补助费应首先扣除丧葬事宜实际支出，考虑到双方均未举证证明实际支出情况，故将丧葬补助费与死亡抚恤金一并进行分配。关于分配比例，按照前述第二种分配规则，首先考虑有无应予多分和予以少分的情形。刘某乙作为死者配偶，为死者去世后承受精神损失最大者，且其年迈没有生活来源，故应予以多分。王某某、王某、刘某甲、刘某均与死者构成法律上的父子（女）关系，虽未与死者共同生活，无需死者进行经济供养，但死者的死亡确对其造成一定的精神损失，他们彼此之间不存在应予多分或者少分的情形，对于死亡抚恤金应享有同等份额。因此，法院综合全案情况，对于待分配金额确定由刘某甲、刘某、王某某、王某每人享有15%，刘某乙享有40%，契合死亡抚恤金及丧葬补助费的功能，体现了法理情的统一，对于类案处理，具有一定参考价值。

编写人：北京市丰台区人民法院　吴艳萍

44

死亡赔偿金分配中涉及胎儿利益的应保留遗腹胎儿份额

——周某某等诉罗某丙、潘某某共有案

【案件基本信息】

1. 裁判书字号

江西省鹰潭市余江区人民法院（2021）赣0603民初646号民事判决书

2. 案由：共有纠纷

3. 当事人

原告：周某某、罗某甲、罗某乙

被告：罗某丙、潘某某

【基本案情】

周某某与死者罗某某原系夫妻关系，二人于2010年1月14日生育罗某甲。2014年11月，周某某与罗某某登记离婚，2015年9月24日，双方登记结婚（复婚）。2018年5月，二人生育罗某乙。现周某某怀有胎儿，已到孕晚期。

罗某丙、潘某某为死者罗某某父母，罗某丙生于1958年2月，潘某某生于1961年2月。二人共有三个子女，均已成年。除死者罗某某去世外，罗某丙、潘某某的长子罗某平为二级残疾，二人的女儿身体健康。

2021年1月，罗某某在某别墅装饰装修工程施工过程中意外坠落身亡，同月20日，原、被告共同与某装饰工程有限公司达成赔偿协议，由该公司一次性

赔偿罗某某死亡所造成的医疗费、死亡赔偿金、丧葬费、被扶养人生活费、精神抚慰金等损失共计80万元。协议签订后某装饰工程有限公司将全部赔偿款80万元转入罗某丙的账户，后罗某丙、潘某某支付给周某某、罗某甲、罗某乙30万元。在处理罗某某死亡事宜过程中，周某某支付医疗费37726.49元、律师费15000元，罗某丙、潘某某支付丧葬费5570元。周某某、罗某甲、罗某乙认为全部赔偿款80万元中应当将其中被扶养人生活费、医疗费以及周某某腹中胎儿的预留份额等共计60万元分配给周某某、罗某甲、罗某乙，但罗某丙、潘某某仅支付30万元，故其诉至法院，请求判令罗某丙、潘某某再向其支付赔偿款30万元。

【案件焦点】

1. 死亡赔偿金在权利人之间如何分配；2. 赔偿款是否应预留胎儿份额。

【法院裁判要旨】

江西省鹰潭市余江区人民法院经审理认为：三原告与两被告均系死者罗某某的近亲属，因罗某某死亡获得死亡赔偿款80万元，赔偿协议中并未区分赔偿单项的数额，故该80万元属于死亡赔偿款。由于医疗费、丧葬费、律师费系处理死者罗某某身亡事宜实际开支的费用，而被扶养人生活费具有人身专属性。《中华人民共和国民法典》第一千一百八十一条以及《最高人民法院关于审理人身损害赔偿案件适用法律若干问题的解释》第一条明确规定赔偿权利人是指死亡受害人的近亲属。《中华人民共和国民法典》第一千零四十五条规定配偶、父母、子女、兄弟姐妹、祖父母、外祖父母、孙子女、外孙子女为近亲属。以上近亲属范畴的人员基于其与死者之间法定的家庭身份关系而对死亡赔偿金共同享有权利，在对死亡赔偿金进行分割之前，属于共同共有人。我国法律对于死亡赔偿金分配主体没有规定具体的顺位，宜参照法定继承顺位进行分配。本案中原、被告五人均为罗某某的第一顺位继承人，故其对于死亡赔偿金属于共同共有。但罗某某死亡时，周某某已怀有胎儿，《中华人民共和国民法典》第十六条确定了对胎儿利益进行保护的法律规则。虽然胎儿没有行为能力，不能承担民事义务，但是胎儿在涉及遗产继承、接受赠与等利益保护的时候，《中华人民共和国民法典》确定视为胎儿具有民事权利能力。因此，在扣除前述医疗费、丧葬费、律师费等费用后的死亡赔偿款为三原告（含周某某腹中胎儿）与两被告共有。由于死亡赔偿款并非遗产，虽然可以参照遗产予以处理，但对于剩余死亡赔偿款应当根据与死者关系的亲疏远近、与死者共同生活的紧密程度及生活来源等因素进行分割。由于周某某与死者罗某某系夫妻，罗某甲、罗某乙及周某某腹中的胎儿均系死者的子女。而罗某丙、潘某某为死者罗某某父母，除死者外还有两个子女。因此，周某某、罗某甲、罗某乙、周某某腹中的胎儿对于死者的亲密程度和依赖程度要高于罗某丙、潘某某。因此对于剩余赔偿款的分配，对周某某、罗某甲、罗某乙提出的多分主张予以支持。

根据《最高人民法院关于审理人身损害赔偿案件适用法律若干问题的解释》（2020 修正）第十七条的规定，被扶养人有数人的，年赔偿总额累计不超过上一年度城镇居民人均年生活消费支出额或者农村居民人均年生活消费支出额。因此在计算死者罗某某的被扶养人生活费时，应根据其被扶养人的人数以及上一年度城镇居民人均消费性支出额的总额分段计算，经法院核算，被扶养人生活费合计为 396895.3 元，其中罗某甲为 40581.06 元，罗某乙为 103417.39 元，周某某腹中胎儿为 136618.39 元，罗某丙为 51349.73 元，潘某某为 64928.73 元。

死者罗某某的死亡赔偿款 80 万元，扣除被扶养人生活费 396895.3 元、周某某垫付的医疗费 37726.49 元、周某某支付的律师费 15000 元、罗某丙与潘某某支付的丧葬费 5570 元，剩余赔偿款为 344808.21 元。由于周某某、罗某甲、罗某乙、周某某腹中的胎儿对于死者的亲密程度和依赖程度要高于罗某丙、潘某某，从有利于子女以及保护胎儿合法权益的原则，法院酌定周某某、罗某甲、罗某乙及周某某腹中胎儿应分得 26 万元，每个人分得 65000 元；罗某丙、潘某某应分得 84808.21 元，每人分得 42404.1 元。

综上，周某某应得 117726.49 元（医疗费+律师费+共有财产分配款），罗某甲应得 105581.06 元（被扶养人生活费+共有财产分配款），罗某乙应得 168417.39 元（被扶养人生活费+共有财产分配款），周某某腹中胎儿预留份额为 201618. 39 元（被扶养人生活费+共有财产分配款）。由于周某某为罗某甲、罗某乙、周某某腹中胎儿的法定监护人，因此，罗某甲、罗某乙、周某某腹中胎儿的应得款项由周某某保管，扣除罗某丙、潘某某已支付给周某某、罗某甲、罗某乙的 30 万元，周某某应得的款项以及代为保管的子女应得款项为 293343. 33 元（117726. 49 元+105581. 06 元+168417. 39 元+201618. 39 元-300000 元）。

江西省鹰潭市余江区人民法院依照《中华人民共和国民法典》第十六条、第二十七条、第三百零四条、第一千零六十七条、第一千一百二十七条、第一千一百五十九条，《最高人民法院关于审理人身损害赔偿案件适用法律若干问题的解释》第六条、第十四条、第十七条规定，判决如下：

一、罗某丙、潘某某在本判决生效之日起十五日内支付周某某、罗某甲、罗某乙分割款 293343. 33 元（含周某某应得分割款 117726. 49 元，代管罗某甲应得分割款 105581. 06 元，代管罗某乙应得分割款 168417. 39 元，代管周某某腹中胎儿的预留应得分割款 201618. 39 元，扣除罗某丙、潘某某已支付给周某某、罗某甲、罗某乙的 30 万元）；

二、驳回周某某、罗某甲、罗某乙其他诉讼请求。

一审判决后，当事人未提起上诉，该判决现已生效。

【法官后语】

近年，亲属间因死亡赔偿金分配引发的纠纷案件逐渐增多，而法律对相关分配原则和规则并未作出明确规定。本案的特殊性在于涉及胎儿利益保护，故在明确死亡赔偿金的分配，应根据近亲属与死者关系亲疏远近、共同生活紧密程度以及经济依赖程度等因素进行分割的同时，优先预留死者“遗腹子”份额，充分保护胎儿利益。对类似案件处理具有参考意义。

一、死亡赔偿金分配适用的原则

赔偿金的性质，通说有“扶养丧失说”和“继承丧失说”。扶养丧失说认为，受害者因侵权行为致死，近亲属因丧失扶养利益而有权请求侵权人予以赔偿。继承丧失说认为，生命受到侵害的人如果继续生存，其应得收入可由继承人继承，现生命被剥夺导致继承人丧失继承利益，因而有权请求损害赔偿。

《中华人民共和国民法典》第一千一百七十九条规定，侵害他人造成死亡的，还应当赔偿丧葬费和死亡赔偿金。《最高人民法院关于审理人身损害赔偿案件适用法律若干问题的解释》（2022修正）第十五条规定："死亡赔偿金按照受诉法院所在地上一年度城镇居民人均可支配收入标准，按二十年计算。但六十周岁以上的，年龄每增加一岁减少一年；七十五周岁以上的，按五年计算。"可见我国立法确定死亡赔偿金数额是依据死者的收入情况，立法采取的是"继承丧失说"。侵权人的行为致使受害人死亡，从而丧失了未来可得收入，受害人法定继承人也因此丧失了未来可以继承该收入的机会，因此赔偿义务人应当对受害人近亲属进行赔偿。

根据上述分析，死亡赔偿金不是遗产，但与遗产类似的是，其请求权人范围与法定继承人范围趋同，且属于全体权利人的共同财产，社会生活中，人们一般将之与遗产同时处理、分割。故在司法实践中，法官一般参照关于继承的有关法律规定裁判。法院在审理死亡赔偿金分配纠纷案件时，处理方式大致可分为三种：第一，在当事人之间平均分配；第二，根据当事人之间签订的有效协议进行分配；第三，根据与受害人共同生活的亲密程度分配。而单独采取上述任一处理方式都不够妥当，而应同时遵循以下分配原则：一是遵循意思自治原则，应当以分配主体之间达成的协议优先；二是要体现公平合理原则，认真权衡各方利益，同时注意保障未成年人、老人、胎儿等特殊群体的合法利益；三是要尊重"死者本意"，死亡赔偿金与死者的关系密不可分，根据与死者生前共同生活的紧密程度综合考量；四是遵循维护社会稳定原则，保障受害人近亲属的生活水平不因失去受害者而明显降低，弥补死者近亲属经济损失和精神痛苦，从而实现维护社会稳定的目的。

二、明确死亡赔偿金的分配顺序和比例

死亡赔偿金分配不能简单参照法定继承的均等分配的原则，在分割死亡赔偿金前，应先行扣除已实际支付的医疗费、丧葬费等各项费用，并优先照顾被扶养人的利益，剩余部分的分配应考虑近亲属与死者关系远近、共同生活紧密程度以及经济依赖程度，这是死亡赔偿金分配的精神内核。以上因素中，存在划分死亡赔偿金分配的层次与顺序：首先，依据近亲属与死者关系的远近确定近亲属的分配顺位，此为第一层次。近亲属与死者关系的远近，即为近亲属与死者之间身份关系的亲疏程度，《中华人民共和国民法典》继承编对法定继承的顺位规定就是对近亲属亲疏远近的划分，在分配死亡赔偿金场合具有参照意义。其次，依近亲属与死者的共同生活紧密程度以及经济依赖程度确定近亲属之间的分配比例，此为第二层次。参与分配的主体与死者经济依赖关系越强，分配的顺位应当越靠前，与死者经济依赖关系的强弱一般根据社会生活关系可以得出。综上，在确定分配顺序和比例时，首先应考虑的是亲属关系的远近，其次考虑的是对死者经济依赖关系的大小。

本案中，赔偿义务人与权利人签订的赔偿协议对赔偿项目并未予以明确。法院在扣除死者的医疗费、丧葬费等实际发生的费用后，再将被扶养人生活费从死亡赔偿金中予以准确区分，在保障被扶养人生活费的基础上，基于原告方对于死者的亲密程度和依赖程度要高于被告，对于剩余赔偿款的分配，对原告方应予多分。

三、根据死亡赔偿金的分配规则优先保护胎儿利益

根据死亡赔偿金分配的两个层次考量，应将胎儿纳入第一分配顺位。理由为：一方面，参考最高人民法院发布的公报案例“王某钦诉杨某胜、泸州市汽车二队道路交通事故损害赔偿纠纷案”确定的裁判规则，应当将胎儿囊括进被扶养人的范围，故胎儿与其他被扶养人即第一分配顺位的子女应具有同等顺位。另一方面，“遗腹子”对父亲经济依赖程度更高，因其父亲已去世，其生存权、发展权的保障来源相对减少，其社会地位、经济地位更显弱势，需要得到更为优先的法律保护，故对其分配比例应适当倾斜。

本案充分考量周某某腹中的胎儿对于死者的亲密程度和依赖程度，对胎儿预留赔偿款份额，该分配方式充分保护了胎儿权益，有利于对单亲母亲、儿童等弱势群体权益的生活保障，符合死亡赔偿金制度的意旨。

编写人：江西省鹰潭市中级人民法院　孔梦娜

江西省鹰潭市余江区人民法院　许林丽

45

长期分居未履行扶养义务的夫妻一方无权请求分割配偶的死亡赔偿金

——徐某某诉王某某、张某甲共有物分割案

【案件基本信息】

1. 裁判书字号

山东省德州市中级人民法院（2022）鲁14民终1746号民事判决书

2. 案由：共有物分割纠纷

3. 当事人

原告（上诉人）：徐某某

被告（被上诉人）：王某某、张某甲

【基本案情】

2019年12月4日，案外人张某驾驶案外人王某所有的轻型厢式货车在行驶途中与张某甲的母亲张某乙相撞，致张某乙死亡。事故发生后，王某某（张某乙的母亲）、张某甲（未成年）作为张某乙的近亲属，就交通事故赔偿事宜以张某、王某、某财产保险股份有限公司某中心支公司等为被告向山东省临邑县人民法院提起诉讼。山东省临邑县人民法院作出民事判决，认定医疗费4843.64元、死亡赔偿金846580元、精神损害抚慰金10000元，各项损失共计1112068元，判决某财产保险股份有限公司某中心支公司在交强险范围内赔偿114844元，在商业险范围内赔偿50万元，判决王某赔偿其他损失的70%，即198057元。上述民事判决生效后，某财产保险股份有限公司某中心支公司已将赔偿款支付给王某某，王某已赔偿55000元。

徐某某与张某乙于2005年12月登记结婚，徐某某因涉嫌刑事犯罪于2006年下半年被羁押，后双方未共同生活，张某乙因故返回老家生活；张某乙与案外人杨某某于2013年4月登记结婚，于2014年7月经法院调解离婚。徐某某提交的飞机票和微信聊天记录能够证明，其曾于2019年到过张某乙的居住地，并与张某甲存在微信交流。徐某某以其与张某乙为夫妻关系为由，请求判令王某某、张某甲向其支付张某乙死亡赔偿金15万元。

【案件焦点】

分配死亡赔偿金应否将扶养义务履行情况作为考量因素，长期未尽扶养义务的夫妻一方是否有权分得因侵权行为去世配偶的死亡赔偿金。

【法院裁判要旨】

山东省临邑县人民法院经审理认为：徐某某提供的结婚登记审查处理表、结婚证等，证明其与张某乙曾缔结婚姻，但后张某乙又与案外人杨某某登记结婚并离婚，未提供证据证明其与张某乙的婚姻持续状态，故徐某某所诉不予支持。

山东省临邑县人民法院依照《中华人民共和国民事诉讼法》第六十六条、第六十七条、第六十八条的规定，判决如下：

驳回徐某某的诉讼请求。

徐某某不服一审判决，提起上诉。

山东省德州市中级人民法院经审理认为：徐某某请求判决王某某、张某甲向其支付张某乙死亡赔偿金等，应当举证证明其与张某乙之间存在合法有效的婚姻关系，且已对张某乙尽到扶养义务。

1. 从婚姻登记手续分析。徐某某与张某乙于2005年12月办理结婚登记；张某乙与案外人杨某某于2013年4月办理结婚登记，并于2014年7月经法院调解离婚。以上两次结婚登记手续的合法性和有效性不可能并存，应当依法进行审查和判断。

2. 从本案审理范围分析。本案纠纷在性质上属于财产争议，虽以身份关系是否存在为判断基础，但与身份关系争议不属于同一法律关系，且身份关系确认问题涉及案外人权益，不宜在本案中直接作出认定。

3. 从生效法律文书分析。法院关于张某乙与杨某某离婚一案作出的民事调解书（2014 年），查明事实为张某乙和杨某某已办理结婚登记，并对双方达成的离婚协议予以确认，而民事判决（2020 年）中认定的赔偿权利主体仅有王某某和张某甲，并不包括徐某某。关于以上生效法律文书在认定事实和处理结果方面是否正确的问题，无法在本案中直接作出认定。

4. 从共同生活时间分析。徐某某陈述自 2006 年下半年其因刑事犯罪被羁押后与张某乙失去联系，据此应当认定两人实际共同生活时间不足一年，此后张某乙因在外居无定所被救助站收留后送回老家，与母亲王某某和女儿张某甲共同生活。

5. 从扶养义务履行情况分析。徐某某在一审中提交的飞机票和微信聊天记录仅能证明其曾于 2019 年到过张某乙的居住地，并曾与张某甲存在微信交流，但不能证明其对张某乙尽到了长期稳定的扶养义务，也不能证明其对张某甲尽到了抚养义务。综合以上五个方面的分析应当认定，徐某某请求判决王某某、张某甲向其支付张某乙死亡赔偿金证据不足，一审法院未予支持并无不当。

山东省德州市中级人民法院依照《中华人民共和国民事诉讼法》第一百七十七条第一款第一项规定，判决如下：

驳回上诉，维持原判。

【法官后语】

本案涉及死亡赔偿金在近亲属之间如何分配的问题。

随着死亡赔偿金的赔付计算标准的不断提高，侵权案件中的受害人去世后，其近亲属在巨额赔偿款项分配问题上很容易产生矛盾。由于法律及司法解释并未规定对该类纠纷如何处理，存在不同意见：有观点认为，参照法定继承条款判各赔偿权利人均等享有；有观点认为在此基础上，根据赔偿权利人与死者关系的亲疏远近和共同生活的紧密程度、扶养及生活的依赖程度等因素调整分配比例；也有观点认为，将死亡赔偿金比照夫妻共同财产进行分配处理。死亡赔偿金在受害人的近亲属之间如何分配，在法律无明文规定的情形下需要在审判实践中逐步凝结司法理念，提炼裁判规则，并结合具体案情作出分析认定。本文就本案具体审判思路分析如下：

1. 从性质分析看，死亡赔偿金并非受害人的遗产，而是对受害人家庭所受财产损失的弥补。自然人死亡后，其权利能力消失，损害赔偿请求权也失去存在的基础。根据以上分析以及《最高人民法院关于空难死亡赔偿金能否作为遗产处理的复函》中明确："空难死亡赔偿金是基于死者死亡对死者近亲属所支付的赔偿。获得空难死亡赔偿金的权利人是死者近亲属，而非死者。故空难死亡赔偿金不宜认定为遗产。"根据该批复意见，应当认定请求死亡赔偿金的权利人是受害人的近亲属，其性质是对家庭整体预期收入损失的赔偿，属于财产损害赔偿范畴。死亡赔偿金是基于受害人死亡而由相关义务主体向其近亲属进行的赔付，不属于受害人的遗产，不能根据法律规定的遗产分配原则进行分割。

2. 从功能分析看，人身损害赔偿的原则是全部赔偿，应以侵权行为所造成的实际损失为范围。死亡赔偿金请求权是受害人近亲属的原始权利，死亡赔偿金的取得源于法律的直接规定，而非从受害人处继受。因此，在死亡赔偿金分配问题上，应当以作为权利主体的受害人的亲属为考虑对象，重点审查其因侵权行为有无遭受财产损失和损失大小。具体考量因素应当包括各近亲属与受害人之间的亲属关系远近程度、共同生活紧密程度、对受害人的经济依赖程度以及生活条件和生活能力等。根据以上考量因素进行分配，才能够适度弥补侵权行为所造成的损失，助力生活水平因受害人死亡受到较大影响的近亲属恢复正常的生活状态。

3. 从夫妻义务履行情况看，享有权利应当以履行义务为前提，义务履行的缺失应当产生限制或排除权利的法律后果。当事人以其与死者存在婚姻关系为由请求分割死者死亡赔偿金的，应当举证证明其与死者之间存在合法有效的婚姻关系，且已对死者尽到扶养义务。本案属于财产纠纷，因死者生前婚姻关系存在特殊情况，徐某某与死者是否存在有效的婚姻关系，在本案中难以查明认定。但是能够认定的是，徐某某对死者生前长期未履行夫妻扶养义务。《中华人民共和国民法典》第一千零五十九条第一款规定："夫妻有相互扶养的义务。"男女双方领取结婚证书只是缔结婚姻关系的开始，并不意味着一切权利的当然产生和永久存续。徐某某与张某乙于2005年12月登记结婚，2006年下半年即因徐某某入监服刑而分居，双方共同生活时间不足一年。张某乙因生活困难经政府救助返回父母家中，当时张某甲尚在襁褓之中。此后，徐某某未尽到任何夫妻之间的扶养义务。据此分析，徐某某与张某乙之间长期不存在共同生活的事实，在经济上也早已不存在互相依赖关系，不能认定张某乙的死亡给徐某某造成财产损失。

4. 从弱势群体保护原则看，应当依法保障老年人和未成年人的合法权益，坚持最有利于未成年人的原则。《中华人民共和国老年人权益保障法》和《中华人民共和国未成年人保护法》已经通过专门立法的方式对如何保障老年人和未成年人的合法权益问题作出明确规定，并规定在处理涉及未成年人事项时应当坚持最有利于未成年人的原则。王某某年过七十，已经丧失从事农业生产的劳动能力，也不存在其他生活来源；张某甲尚未成年，属于在校高中学生，在未来的求学过程中经济需求较大。而且，王某某和张某甲长期与张某乙共同生活，彼此之间经济依赖程度高，对于这一因素应当予以考虑。

5. 从社会价值层面看，推动构建和谐稳定的家庭关系，鼓励夫妻同心养老育幼，符合人民群众的朴素价值观。中华民族自古以来就重视家庭，重视亲情，与家庭相关的问题最能引发人民群众的共情。家庭纠纷案件的审理应当对树立良好家风起到导向作用。本案裁判结果保障了王某某老有所养，保障了张某甲幼有所育，是对二人失去长期同甘共苦的至亲的抚慰。徐某某既未尽到夫妻之间的扶养义务，也未对张某甲尽到抚养义务，在张某甲自出生以来就缺失父爱的情况下，以其为被告提起财产分割诉讼，既是对本不深厚的父女感情的伤害，也不符合社会朴素价值观的评判标准。

综上，正确认定死亡赔偿金的性质是处理本案的前提。本案，承办法官对死亡赔偿金的性质和功能、夫妻扶养义务履行情况、互相之间的经济依赖程度进行了综合分析，对老年人和未成年人合法权益保护问题进行了关注，同时以社会公众朴素价值观为标准进行了检验。希望通过本案的审理和裁判，为类案裁判规则的确立和法律法规的完善提供实践素材，为弘扬社会主义核心价值观作出引导。

编写人：山东省德州市中级人民法院 王玉敏 高鑫

46

未取得产权的家庭成员能否基于出资请求分割房屋

——李某某、刘某某诉靳某某共有物分割案

【案件基本信息】

1. 裁判书字号

重庆市渝北区人民法院（2022）渝 0112 民初 10060 号民事判决书

2. 案由：共有物分割纠纷

3. 当事人

原告：李某某、刘某某

被告：靳某某

【基本案情】

靳某某与李某某原系夫妻关系，二人于2009年3月登记结婚，2016年2月协议离婚，2016年8月复婚。2021年12月，二人经法院判决离婚。双方未共同生育子女，刘某某是李某某与他人之女。

李某某与靳某某原有一套房屋被征收，住房安置对象共5人，包括靳某某、李某某、刘某某以及靳某某的父母。该5人领取了属于个人的补偿款。2017年9月，李某某还收到属于其与靳某某、刘某某三人共有的拆迁补偿款70万余元。10月，李某某用该拆迁补偿款作为部分出资从案外人张某处购买涉案房

屋，房屋价格为 76 万元。11 月，李某某与靳某某登记为房屋产权人，产权证信息显示双方为按份共有，各占 50%份额。

李某某、刘某某起诉靳某某，要求三人对涉案房屋均等分割。靳某某认为该房屋系其与李某某的夫妻共同财产，同意依法分割，但认为与刘某某无任何关联，刘某某不具备原告主体资格，无权参与该房屋分割。

三人均同意以 90 万元价格对房屋进行分割，不申请评估。李某某、刘某某表示要房子，靳某某表示要房款。

【案件焦点】

刘某某是否有权请求分割房屋。

【法院裁判要旨】

重庆市渝北区人民法院经审理认为：涉案房屋登记产权人为李某某和靳某某，双方为按份共有，且双方已于 2021 年 12 月离婚，共有关系基础已经丧失，李某某有权请求对房屋进行分割。

关于刘某某是否有权请求分割房屋。本案为共有物分割纠纷，要求分割共有物首先应对该物享有共有权，否则不具备请求分割共有物权利的前提。即使李某某用所领取的属于三人的拆迁补偿款购买案涉房屋，刘某某也只对属于自己的拆迁补偿款享有权利，并不必然意味着对房屋享有物权。案涉房屋登记权利人为李某某与靳某某，在无其他相反证据证明的情况下，案涉房屋产权人应当以登记为准。刘某某并不因其家庭成员的身份以及购房款中有属于其应得的拆迁款部分而主张对房屋享有所有权，从而要求分割房屋。本案也不能认定在购房时刘某某与李某某、靳某某之间约定有共同购房的一致意思。综上，刘某某无权要求分割房屋，对其诉讼请求不予支持。刘某某可基于其他法律关系就拆迁补偿款向李某某、靳某某另案主张权利。

重庆市渝北区人民法院根据《中华人民共和国民法典》第三百零三条、第三百零四条第一款，《中华人民共和国民事诉讼法》第六十七条，《最高人民法院关于适用〈中华人民共和国民事诉讼法〉的解释》第九十条规定，判决如下：

一、涉案房屋归李某某所有，靳某某于本判决生效后十日内协助李某某将上述房屋过户至李某某名下；

二、李某某于本判决生效后十日内支付靳某某房屋折价补偿款45万元；

三、驳回刘某某的诉讼请求。

宣判后，双方当事人均未提起上诉，判决已生效。

【法官后语】

本案提出的问题是，家庭成员以共有资金购买房屋，产权登记在部分家庭成员名下，未登记为产权人的家庭成员对房屋是否享有所有权。本案确立的基本规则包含：（1）物权优先于债权是不可突破的基本规则，共有物分割纠纷中有权请求分割共有物的主体必须是所有权人，不能是仅对购房款享有债权的人，否则将有悖物权与债权的效力规则，混淆物权与债权的权利边界；（2）法律对家庭共同财产并无明确规定，夫妻关系具有其他任何身份关系都无法比拟的特殊性，不能当然将夫妻共同财产的认定规则套用于其他家庭成员之间，否则属于违反法律规定的不当扩大适用或不当类推；（3）未登记为产权人的出资人在不能证明其与登记产权人具有共同购房一致意思的情况下，其对购房的出资性质为债权，有权向登记产权人主张金钱债权，即其权利应当在债的体系框架下予以解决，基于相关司法解释之规定，并不存在财产分割后相关家庭成员权利无法得到保护的问题。

第一，非房屋产权人无权请求分割房屋。请求对共有物进行分割的前提是要对分割物享有所有权，否则不具备请求分割的权利基础。根据《中华人民共和国民法典》第二百零九条、第二百一十七条的规定，对不动产物权的认定原则上应以登记为准，不动产权属证书是权利人享有该不动产物权的证明。案涉房屋的不动产权属证书载明登记权利人为李某某和靳某某，且明确双方为按份共有，刘某某并非产权人。如果刘某某认为不动产登记簿记载的事项错误，可以依据《中华人民共和国民法典》第二百二十条之规定申请更正登记以及通过异议登记后提起诉讼。在尚未通过法定程序认定不动产登记簿记载的事项确实存在错误并完成更正确权之前，刘某某在本案中也未能举证证明其为涉案房屋实际产权人之一，故其并不享有案涉房屋所有权，无权请求分割房屋。

第二，处理家庭财产共有关系时对其他家庭成员不能当然套用夫妻共同财产的认定规则。《中华人民共和国民法典》在第五编第三章家庭关系中分别规定夫妻关系、父母子女关系和其他近亲属关系。夫妻关系一节中分别在第一千零六十二条、第一千零六十三条规定了属于夫妻共同财产、夫妻一方个人财产的情形。父母子女关系和其他近亲属关系一节中未就财产归属认定相关问题作出规定。根据《中华人民共和国民法典》第一千零六十二条可知，对于夫妻而言，婚后所得共同制为法定的夫妻财产制。婚后所得共同制，是指婚姻关系存续期间夫妻一方所得和双方共同所得的财产除特有财产外，均归夫妻双方共同共有。判断夫妻在婚姻关系存续期间所得财产是否属于夫妻共同财产，可以采取逆向思路。即若夫妻之间无特别约定，同时不属于《中华人民共和国民法典》第一千零六十三条以及司法解释规定的应为夫妻个人财产的情形，夫妻婚后所得一般应当认定属于夫妻共同财产。比如，《最高人民法院关于适用〈中华人民共和国民法典〉婚姻家庭编的解释（一）》第二十七条明确规定，由一方婚前承租、婚后用共同财产购买的房屋，登记在一方名下的，应当认定为夫妻共同财产。故夫妻共同财产在认定上具有特殊性，法院在实质审查是否为夫妻共同财产时并非完全以登记为准。但对于夫妻之外的其他亲属关系，法律及相关司法解释并未有上述特别规定，不能当然套用夫妻共同财产认定规则。换言之，具有其他亲属关系的家庭成员并不能因其家庭成员的特殊身份，主张将未登记于其名下的财产认定为家庭共同财产从而请求分割。

第三，夫妻共同财产分割后不影响债权人另行主张权利。首先，夫妻共同财产分割后不影响债权人向该夫妻双方主张权利。《最高人民法院关于适用〈中华人民共和国民法典〉婚姻家庭编的解释（一）》第三十五条规定，当事人的离婚协议或者人民法院生效判决、裁定、调解书已经对夫妻财产分割问题作出处理的，债权人仍有权就夫妻共同债务向男女双方主张权利。一方就夫妻共同债务承担清偿责任后，主张由另一方按照离婚协议或者人民法院的法律文书承担相应债务的，人民法院应予支持。据此，本案中，即使靳某某、李某某已经离婚并且就夫妻共同财产进行了分割，刘某某依然有权就转化为购房款的拆迁补偿款另案向二人主张债权请求权。法律亦不禁止子女对父母主张权利。其次，刘某某对拆迁补偿款的债权不宜在本案中一并处理，可另案主张。因为本案系共有物分割纠纷，属于物权法律关系，被告为靳某某。刘某某对拆迁补偿款主张权利属于债权法律关系，应当以靳某某、李某某为共同被告，与本案法律关系性质不同，被告也不相同，不属于诉的合并情形。同时为更好地保护当事人诉讼权利，准确界定债的性质，查明债的金额等事实，刘某某的诉求应另案主张为宜。

编写人：重庆市渝北区人民法院　楚仑

三、用益物权纠纷

（一）土地承包经营权纠纷

47

父母离婚后未成年人农村集体经济组织成员资格的认定

——汪某甲诉东安县甲镇乙村第七村民小组
承包地征收补偿费用分配案

【案件基本信息】

1. 裁判书字号

湖南省永州市中级人民法院（2021）湘11民终1664号民事判决书

2. 案由：承包地征收补偿费用分配纠纷

3. 当事人

原告（被上诉人）：汪某甲

被告（上诉人）：东安县甲镇乙村第七村民小组（以下简称七组）

【基本案情】

汪某甲之母李甲出生于七组，其外祖父李某某作为户主与李甲及李某丙、李某丁对七组的涉案4.3亩农田享有承包经营权。李甲于2004年12月与湖北省红安县籍的汪某某登记结婚，婚后先后于2006年5月、2009年9月在七组生育长女汪某甲和次女汪某乙，并将汪某甲户口落入七组。2015年7月，李甲与汪某某协议离婚，约定汪某甲由汪某某抚养、监护，后汪某甲不愿跟随其父汪某某一起生活，仍跟随其母李甲在七组生活、居住、就学至今，户口仍在七组。2017年，七组的部分土地被政府征收，2017年7月10日，李甲以其母女三人均系七组集体经济组织成员，应当享有同等的分配权为由向东安县甲镇人民政府提出申请。2018年9月，东安县甲镇人民政府委托本镇司法所就七组的征地补偿款分配问题作出处理，该镇司法所以东安县甲镇人民调解委员会名义下达处理意见，确认：李甲、汪某乙属于七组村民，应享有本组村民同等待遇。没有确认汪某甲属于七组村民。七组于2018年10月21日表示同意该处理意见，李甲未在该处理意见上签字。七组按其作出的分配方案，给享有分配权的村民每人分31301.7元，李甲、汪某乙分得了征地补偿款，但七组以汪某甲经其父母协商由其父汪某某抚养为由未给予分配土地征收补偿款。2021年1月，李甲向省委第五巡视组反映其相关请求后，东安县甲镇人民政府于2021年2月7日作出处理意见，建议李甲通过司法途径解决。2021年3月10日，七组召开村民代表会议，通过讨论认定，汪某甲不能分配七组征地补偿款，不能享有七组的任何经济待遇。汪某甲认为其是七组的村民，户籍也在七组，应与其他村民享有同等的权利和义务。

【案件焦点】

汪某某是否享有分配土地补偿费用的同等权利。

【法院裁判要旨】

湖南省东安县人民法院经审理认为：对农村集体经济组织成员资格的认定，应根据其户口所在地和居住、生活地等来确定。汪某某之母李甲出生在七组，并在七组分得承包地，汪某某出嫁后，户口还在七组，仍系七组的集体经济组织成员，汪某甲出生、入户在七组，并在七组生活、居住至今，因基于出生而具有七组集体经济组织成员资格。根据法律规定，征地补偿安置方案确定时已经具有本集体经济组织成员资格的人，请求支付相应份额的，应予支持。

湖南省东安县人民法院依照《中华人民共和国农村土地承包法》第十七条第四项、《中华人民共和国村民委员会组织法》第二十七条第二款、《最高人民法院关于审理涉及农村土地承包纠纷案件适用法律问题的解释》第二十四条、《最高人民法院关于适用〈中华人民共和国民法典〉时间效力的若干规定》第一条第二款规定，判决如下：

七组于本判决生效之日起三十日内向汪某甲支付征地补偿款 31301.7 元。

七组不服一审判决，提起上诉。

湖南省永州市中级人民法院经审理认为：土地补偿费用是农村集体经济组织内部分配，涉及集体经济组织成员资格的确定问题，这由土地补偿费用的性质所决定，只要具有集体经济组织成员资格，就应当享有分配土地补偿费用的同等权利。审查是否具有集体经济组织成员资格，应当以是否具有依法登记的集体经济组织所在地常住户口，是否形成较为固定的生产、生活方式为基本判断依据，同时还应考虑农村土地承包所具有的基本生活保障功能。虽然汪某甲父母在离婚时约定汪某甲由父亲抚养，但其母亲李甲仍有抚养、教育的义务，且汪某甲事实上一直随母亲居住、生活，户籍登记也在七组，汪某甲在土地征收补偿款分配时已经具有七组的集体经济组织成员资格，父母协议离婚不应成为制约汪某甲系七组合法村民的因素。

湖南省永州市中级人民法院依照《中华人民共和国民事诉讼法》第一百七十条第一款第一项规定，判决如下：

驳回上诉，维持原判。

【法官后语】

本案的主要争议在于，汪某甲父母离婚协议关于汪某甲直接抚养方的约定能否作为确认其有无集体经济组织成员资格的依据？对此，应当从以下方面进行考量认定。

一、父母离婚协议不应成为认定子女集体经济组织成员资格的制约因素

基于未成年人实际生活能力及利益的需要。未成年子女没有完全独立的民事行为能力和经济基础，父母有抚养子女的法定义务，且抚养义务不因离婚协议约定而消除，父母与子女的身份关系亦不因婚姻关系解除而解除。本案中，虽然离婚协议约定汪某甲由其父亲抚养，但实际生活中汪某甲却由其母亲李甲抚养，汪某甲的生活依然依靠其母亲的事实不能被忽视。

基于未成年人权利保护的需要。未成年人依法平等地享有各项权利，集体土地作为集体所有的自然资源，该集体经济组织内部的全体人员应当享受同等的集体经济组织成员待遇，平等享有土地补偿费分配权。本案中，汪某甲与汪某乙均由李甲抚养，均跟随李甲在七组居住、生活，均在七组形成固定的生活方式，虽然离婚协议对二人的实际抚养归属有不同约定，但是对其集体经济组织成员待遇不应差别对待。

村民自治不得违反法律规定。村集体组织依法享有自主决定自治范围内事项的权利，但是，必须符合法律、法规的规定，不得随意剥夺村集体组织成员依法应当享有的基本权利。汪某甲自出生即取得七组集体经济组织成员资格，以离婚协议约定取消汪某甲成员身份缺乏法律依据。

二、认定未成年人是否具有农村集体经济组织成员资格，应遵循统一的衡量标准

（一）农村集体经济组织成员资格认定的司法实践

审查认定农村集体经济组织成员资格，既要防止村集体和已有成员随意剥夺个别成员应有的权利，或对新加入成员不合理的排斥，又要防止出现一人在两地享有基本生活保障，而侵害现有集体和成员的合法权益。司法实践中，对矛盾较为突出的“外嫁女”“入赘婿”等群体的成员资格认定，并未因自然人结婚、离婚、丧偶等身份关系的变化而直接否定其成员资格，而是以是否形成较为固定的生产、生活方式，是否以承包地为基本生活保障为实质要件，以是否有本地户籍为形式要件，综合考量是否在集体组织之外获得基本生活保障等因素进行分析认定。

（二）审理认定未成年人农村集体经济组织成员资格的裁判思路

与“外嫁女”“入赘婿”等群体相比，未成年人成员资格认定的特殊性在于，未成年人集体经济组织成员权的取得系基于出生，未成年子女与父母的身份关系决定了其可在父或母的集体经济组织中获得成员身份。当父母离异，出现约定抚养人与实际抚养人不一致的情形时，对子女集体经济组织成员资格的认定，应当基于集体经济组织成员资格认定的共性标准，以实际抚养人所在地即子女实际生活地作为主要判断依据，这不仅与集体经济组织成员资格认定的共性标准相一致，是集体成员基本生活保障的需要，更是农村集体经济组织发展的基础。同时，为避免未成年人基于其身份关系而获得双重保障，应当综合审查未成年人是否在约定抚养人所在的集体经济组织获得生活保障。

此外，在审理涉未成年人案件时，应站在未成年人的立场，按照最有利于未成年人原则，全面审视未成年子女的情感和利益需要，尊重未成年人真实意愿，维持其生活现状，保障其基本生活来源。

编写人：湖南省东安县人民法院　吴昭明　荣佳亚

48

开荒地被征的青苗补偿费归属及相关分配纠纷是否属人民法院受案范围的认定

——蔡某某诉某居民委员会承包地征收补偿费用分配案

【案件基本信息】

1. 裁判书字号

湖北省襄阳市襄城区人民法院（2022）鄂0602民初1955号民事判决书

2. 案由：承包地征收补偿费用分配纠纷

3. 当事人

原告：蔡某某

被告：某居民委员会

【基本案情】

2014年，湖北省襄阳市某区（以下简称某区）实施“村改居”工程，某村民委员会变更某居民委员会。蔡某某系该居民委员会第四居民小组村民（居民），在该居民委员会第四居民小组所有的开荒地及自家宅基地上种植有果树、蔬菜。某区人民政府为了某职业技术学校的发展，决定征收某居民委员会第四居民小组的部分土地，并于2021年对蔡某某0.366亩宅基地及部分开荒地上的地上附着物、青苗进行评估，确定地上附着物及青苗补偿费的金额为27720元，并发放到某居民委员会账户。2022年3月4日、15日，某居民委员会第四居民小组召开党群代表会议决议，开荒地的地上附着物及青苗的补偿费用按照村民和集体2∶8分配。5月13日，某居民委员会支付给蔡某某10228.8元，剩余17491.8元至今未支付给蔡某某。

【案件焦点】

1. 开荒地被征收后产生的青苗补偿费分配纠纷是否属人民法院受案范围；2. 居民小组党群代表会议决议的青苗补偿费分配方案是否有效，案涉青苗补偿费应如何分配。

【法院裁判要旨】

湖北省襄阳市襄城区人民法院经审理认为：案涉被征收的土地系蔡某某家庭户宅基地、开荒地，该开荒地、宅基地属于某居民委员会第四居民小组集体所有。蔡某某起诉请求某居民委员会返还其从征地单位处所收取的案涉被征收土地上的地上附着物和青苗补助费等，实际上是蔡某某与某居民委员会之间对于涉案被征收土地上的地上附着物和青苗补偿费的归属以及分配产生的争议，属于平等民事主体之间的财产权争议。根据《最高人民法院关于审理涉及农村土地承包纠纷案件适用法律问题的解释》第一条第一款第六项的规定："下列涉及农村土地承包民事纠纷，人民法院应当依法受理……（六）承包地征收补偿费用分配纠纷……"故本案属于民事诉讼的范围。案涉开荒地属于村集体所有，蔡某某未就案涉开荒地与某居民委员会签订土地承包合同，但蔡某某在其开垦的荒地上投入人力、物力和财力种植果木，并辛勤劳作、管理，其家庭户是案涉开荒地的使用人，是地上附着物和青苗的所有权人。根据《中华人民共和国民法典》第二百四十三条的规定，征收集体所有的土地，应当依法及时足额支付土地补偿费、安置补助费以及农村村民住宅、其他地上附着物和青苗等的补偿费用。同时，根据《中华人民共和国土地管理法实施条例》第三十二条第二款"地上附着物和青苗等的补偿费用，归其所有权人所有"之规定，蔡某某作为土地开垦一方，在开垦的地上劳作，是案涉被征收土地上的地上附着物和青苗等的所有权人，其有权在土地被征用时依法获得相应的青苗补偿款。经评估，确定地上附着物及青苗补偿费的金额为27720元，蔡某某有权获得该27720元补偿费。但某居民委员会仅向蔡某某支付10228.8元，故蔡某某请求某居民委员会支付地上附着物和青苗补助费17491.8元，于法有据，予以支持。地上附着物和青苗等的补偿费用归所有权人所有，非基层群众性自治范畴，某居民委员会无权对地上附着物及青苗补助费进行分配，故某居民委员会第四居民小组党群代表所作"开荒地的地上附着物及青苗的补偿费用按照村民和集体2：8分配"的决议对蔡某某不发生法律效力。某居民委员会辩称"按约定比例支付给蔡某某的地上附着物、青苗补助费符合法律规定"，于法无据，不予采信。

湖北省襄阳市襄城区人民法院依照《中华人民共和国民法典》第二百四十三条，《最高人民法院关于审理涉及农村土地承包纠纷案件适用法律问题的解释》第一条第一款第六项，《中华人民共和国土地管理法实施条例》第三十二条第二款及《中华人民共和国民事诉讼法》第四十条、第六十七条规定，判决如下：

某居民委员会于判决生效之日起十五日内向蔡某某返还地上附着物、青苗补偿费 17491.8 元。

宣判后，双方当事人均未上诉，一审判决已经生效。

【法官后语】

关于开荒地被征收后产生的青苗补偿费分配纠纷是否属人民法院受案范围。《最高人民法院关于审理涉及农村土地承包纠纷案件适用法律问题的解释》第一条对人民法院应当依法受理的涉及农村土地承包的民事纠纷作了规定，其中包括承包地征收补偿费用分配纠纷，对依法与村集体签订土地承包合同并办理土地承包经营权证的承包地被征收后产生的征收补偿费用分配纠纷属于民事诉讼的范围，已无异议。

本案的特殊之处在于被征收的土地为开荒地，产生支持蔡某某的主张是否保护了不当利益，是否因纠纷涉及村民自治组织的决议将其排除在法院受案范围之外等疑问，审理中有不同观点。第一种观点认为，参照无证房屋法院不予处理的审判实践，案涉被征收土地系开荒地，蔡某某对该土地并不享有土地承包经营权及其他物权，若支持其请求，则法院有变相保护不当利益之嫌，且蔡某某所在集体组织对案涉青苗补偿费的分配作出了决议，故本案应驳回起诉。第二种观点认为，《中华人民共和国土地管理法实施条例》第三十二条第二款规定“地上附着物和青苗等的补偿费用，归其所有权人所有”，这是涉及青苗补偿费归属的明确、具体的依据，该条款强调的是青苗的所有人身份，并未将开荒地排除在外，本案蔡某某在其居住的房屋附近开荒种地，并辛勤劳作、管理，其作为案涉开荒地的使用人，对开荒地上的附着物及青苗享有所有权，故本案属于人民法院受案范围。同时，最高人民法院（2017）最高法民再 407 号“秦某某、孙某某买卖合同纠纷再审案”① 明确，“因征收主体已对该无证房产作出了征收补偿决定，因此人民法院审理此类案件并不涉及对该被征收的无证房产变相认定为违法建筑的确权问题”，参

① 最高人民法院（2017）最高法民再 407 号民事判决书，载中国裁判文书网，2024 年 4 月 15 日访问。

考该案审理思路，本案中，案涉土地虽然系开荒地，但行政机关已对案涉开荒地进行征收并对地上附着物、青苗经评估确定了补偿标准，补偿费已经全额发放到被告账户，故本案不涉及变相保护非法利益问题，案件应进入实体审理。本案采信了第二种观点。

关于集体经济组织作出的青苗补偿费分配方案是否有效。居民小组党群代表会议决议的分配方案是否有效，案涉青苗补偿费应如何分配。《中华人民共和国村民委员会组织法》第二十七条第二款规定："村民自治章程、村规民约以及村民会议或者村民代表会议的决定不得与宪法、法律、法规和国家的政策相抵触，不得有侵犯村民的人身权利、民主权利和合法财产权利的内容。"因此，村民（居民）委员会的民主决议不得与法律法规相冲突。某居民委员会第四居民小组党群代表议定"开荒地的地上附着物及青苗的补偿费用按照村民和集体2：8分配"的方案，因与《中华人民共和国土地管理法实施条例》第三十二条第二款"地上附着物和青苗等的补偿费用，归其所有权人所有"的规定相冲突而无效，某居民委员会理应将截留的青苗补偿费返还蔡某某。

在未签订承包合同的情况下，村民虽然对荒地不享有物权，但其开荒已有几十年并未被村民委员会制止，作为案涉荒地上青苗的所有权人，在行政机关已对该部分青苗进行评估并拨付补偿费的情况下，补偿费理应全额归青苗所有权人所有。某居民委员会以开荒地为由，根据其居民小组议定的分配方案截留了类似于本案蔡某某的几十户村民的青苗补偿费，侵犯了集体经济组织成员的权益。本案裁判后，某居民委员会未上诉，其他农户亦未提起诉讼，起到了较好的裁判指引作用。

编写人：湖北省襄阳市襄城区人民法院　杨秀伟

49

青苗补偿费的归属与村规民约的效力问题

——龙某某诉甲社区居民委员会、甲社区居民委员会第八居民小组承包地征收补偿费用分配案

【案件基本信息】

1. 裁判书字号

福建省厦门市中级人民法院（2022）闽 02 民终 7016 号民事判决书

2. 案由：承包地征收补偿费用分配纠纷

3. 当事人

原告（被上诉人）：龙某某

被告（被上诉人）：甲社区居民委员会（以下简称甲社区居委会）

被告（上诉人）：甲社区居民委员会第八居民小组（以下简称第八居民小组）

第三人（被上诉人）：林某甲、林某乙

【基本案情】

林某甲、林某乙均是甲社区第八居民小组集体经济组织成员。2019 年 3 月 27 日，龙某某与林某乙签订《租赁合约》一份，约定由龙某某向林某乙承包土地 11 亩，租期三年，租金为每亩每年 1500 元，一年一交。2019 年 4 月 1 日，龙某某与林某甲又签订《租赁合约》一份，约定由龙某某向林某甲承包土地 11 亩，租期三年，租金为每亩每年 1300 元，一年一交。此后，龙某某在上述租赁地块上种植了西红柿。

2019 年 10 月 25 日，因“某工业招拍挂用地”项目需要，厦门市翔安区丙镇人民政府（以下简称丙镇政府）作为征地单位与作为被征地单位的甲社区居

委会签订《征地补偿协议书》，约定征收甲社区土地313.09亩，综合地价补偿费为2254.248万元（其中土地补偿款2.9万元/亩，安置补助费4.3万元/亩），青苗、地上附着物及水利设施摊销费包干为469.635万元（1.5万元/亩），按时交地奖励金313.09万元，合计30369730元。协议同时载明，甲社区居委会应按相关规定将土地补偿费拨付被征地小组，并配合督促被征地小组将土地补偿费及时足额支付给被征地农民。2019年11月1日，丙镇政府向甲社区居委会转账支付上述30369730元。此后，甲社区居委会将第八居民小组集体土地的征地补偿款转给第八居民小组，第八居民小组对征地补偿款进行分配时，未向龙某某支付青苗及地上附着物补偿款。第三人林某乙述称该承包地在转租龙某某时已告知依小组村规民约规定，征收补偿款应归小组所有。

【案件焦点】

青苗补偿费应归谁所有以及村规民约的效力如何认定。

【法院裁判要旨】

福建省厦门市翔安区人民法院经审理认为：龙某某分别与林某甲、林某乙签订的《租地合约》，系双方当事人真实意思表示，内容不违反法律规定，应认定合法有效。《最高人民法院关于审理涉及农村土地承包纠纷案件适用法律问题的解释》第二十条规定："承包地被依法征收，承包方请求发包方给付已经收到的地上附着物和青苗的补偿费的，应予支持。承包方已将土地经营权以出租、入股或者其他方式流转给第三人的，除当事人另有约定外，青苗补偿费归实际投入人所有，地上附着物补偿费归附着物所有人所有。"林某乙主张其在与龙某某签订《租地合约》时口头告知征地补偿款应归属小组所有，龙某某对此不予认可。法院认为，合同当事人对协议内容存在争议的，在无明确证据的情况下，应以合同载明内容为准，而案涉两份《租地合约》均未载明青苗补偿款的归属问题，故认定讼争被征收土地的青苗补偿款应归实际投入人龙某某所有。至于补偿款的计算标准，龙某某自愿扣除每亩300元的水利设施补偿费后，按照每亩14700元的标准主张相应青苗补偿款，法院予以照准，但应以征拆时实际测量的 19.67 亩进行计算，即龙某某可主张的青苗补偿款为 14700 元/亩×19.67 亩=289149 元，对龙某某超过该部分的主张，不予支持。至于上述补偿款是否应由甲社区居委会和第八居民小组共同支付的问题，讼争被征收土地虽由甲社区居委会作为被征地单位签订《征地补偿协议书》，但依规、依约土地补偿费属被征地小组，且甲社区居委会已将收到的补偿款拨付第八居民小组并由第八居民小组自行进行分配，第八居民小组具有独立的经济核算权力和民事诉讼主体资格，故龙某某主张要求甲社区居委会承担责任缺乏法律依据，不予支持。

福建省厦门市翔安区人民法院依照《中华人民共和国农村土地承包法》第十七条，《最高人民法院关于审理涉及农村土地承包纠纷案件适用法律问题的解释》第二十条，《中华人民共和国民事诉讼法》第六十七条第一款，《最高人民法院关于适用〈中华人民共和国民事诉讼法〉的解释》第九十条、第二百四十条规定，判决如下：

一、甲社区第八居民小组应于本判决生效之日起十日内向龙某某支付青苗补偿款 289149 元；

二、驳回龙某某的其余诉讼请求。

第八居民小组不服一审判决，提起上诉，福建省厦门市中级人民法院同意一审法院裁判观点，判决驳回上诉，维持原判。

【法官后语】

土地征收涉及广大农民的切身利益，在土地流转给他人的情况下，更是涉及多方主体的利益保护。本案主要涉及青苗补偿费归属及村规民约效力的认定问题。

一、青苗补偿费的归属认定

青苗补偿费是指被征用的土地上有正在生长的农作物，应给予被征者农作物补偿的费用。青苗补偿费实际上是针对青苗所有人或实际投入者的一项补偿。《最高人民法院关于审理涉及农村土地承包纠纷案件适用法律问题的解释》第二十条对青苗补偿费和地上附着物的归属和分配作了明确规定，使得在司法实践中对青苗补偿费分配纠纷有较为一致的处理。从物的属性分析，青苗属于动产，也是承包土地的一部分，在其与土地分离前归土地承包人所有。因土地承包人对其进行了金钱与精力的投入，故其与土地分离后的所有权依旧由土地承包人享有。根据上述法律规定，在土地承包经营权发生债权性流转后承包地被征收的，双方当事人就青苗补偿费归属在转包合同或出租合同中明确约定的，按照当事人的约定处理；双方当事人就此未进行明确约定的，则应当由实际投入资金和劳力的一方获得补偿。

为了便于土地征收工作，有关部门通常采取将土地补偿安置费、地上附着物及青苗补偿费等费用一并拨付至村委会，之后由村委会发放给具体所有人的方式。《最高人民法院关于审理涉及农村土地承包纠纷案件适用法律问题的解释》第二十二条明确规定，承包地被依法征收，承包方请求发包方给付已经收到的地上附着物和青苗的补偿费的，应予支持。因此，有关部门将征收土地的地上附着物及青苗补偿费拨付至村委会账户，仅是补偿款项支付的途径，并非确定受偿主体，地上附着物及青苗补偿费仍应归地上附着物及青苗的所有者所有。

二、村规民约的效力认定

本案中，涉案土地流转当事人之间对于转让方是否口头告知受让方依村规民约征地补偿款应归属小组所有存在争议。村规民约是指农村村民在其自治的起始阶段，依照国家法律法规和党的方针政策，结合本村实际，以维护本村的社会秩序、村风民俗、公共道德和精神文明等方面为目的而制定的规范约束本村村民行为的一种规章制度。《中华人民共和国村民委员会组织法》第二十七条第一款规定："村民会议可以制定和修改村民自治章程、村规民约，并报乡、民族乡、镇的人民政府备案。"村规民约属于自治章程的一种，对于实现村民自治具有重要意义。但在实际中，村规民约存在一些不合理甚至不合法的问题。《中华人民共和国村民委员会组织法》第二十七条第二款规定："村民自治章程、村规民约以及村民会议或者村民代表会议的决定不得与宪法、法律、法规和国家的政策相抵触，不得有侵犯村民的人身权利、民主权利和合法财产权利的内容。"由此可见，制定村规民约虽是村民自治范畴，但这种自治权并不是绝对的，村集体组织行使自治权不能违反法律、法规的强制性规定，不能侵害公民的合法权利。

本案中，一是龙某某不认可林某乙告知了依村规民约征地补偿款应归属小组所有；二是该村规民约违反了法律关于征地补偿款归属的规定，侵害了公民的合法权利。在这种情况下，对于合同当事人存在争议的协议内容，应当以合同载明内容为准，而案涉两份《租地合约》均未载明青苗补偿款的归属问题，且涉案村规民约因违法对原告不发生法律效力，故涉案青苗补偿费归属应当依法认定，即归实际投入人龙某某所有。

编写人：福建省厦门市翔安区人民法院　蔡礼节

（二）宅基地使用权纠纷

50

登记物权与事实物权冲突时的处理

——波某某诉依某宅基地使用权案

【案件基本信息】

1. 裁判书字号

云南省普洱市中级人民法院（2022）云08民终1275号民事判决书

2. 案由：宅基地使用权纠纷

3. 当事人

原告（上诉人）：波某某

被告（被上诉人）：依某

【基本案情】

波某某是澜沧拉祜族自治县（以下简称澜沧县）上允镇甲村（以下简称甲村）民委员会丁二组村民。1998年8月，波某某长子刀某某户通过划拨取得案涉宅基地，由家庭成员波某某、咩某某（波某某之妻）、刀某某使用，咩某某死亡后该宅基地由波某某、刀某某使用。2003年，波某某与刀某某发生矛盾后搬离案涉宅基地，前往甲村民委员会丁一组与次子波某甲及儿媳安某共同居住、生活，涉案宅基地及房屋由刀某某独自使用，后刀某某与依某未办理婚姻登记同居生活并共同使用涉案宅基地及房屋直至2011年刀某某死亡。因波某某与波某甲长期共同生活，2008年8月，其生产、生活资料并入波某甲户并在波某甲户农村土地承包经营权证中进行共有人登记，2019年4月，波某某从波某甲户共有人登记簿中删除。2012年2月，依某将户籍从澜沧县上允镇乙村民委员会迁入甲村丁二队，成为该集体经济组织成员，案涉宅基地继续由依某使用。刀某某死亡一年后（2012年），按照习俗对死者"建房"祭祀，波某某在咩某甲（波某某之女）及原任丁组组长刀某甲、其他群众等见证下，依某依习俗向波某某磕头并递上蜡烛、现金等物品，波某某予以接收，口头表示将涉案宅基地上房屋赠与依某。2014年至2015年期间，上允镇人民政府、甲村丁二队同意依某对案涉宅基地实施拆除重建安居房建设项目，并以解决住房安全保障方式补助资金40000元，依某对宅基地上房屋拆除重建并居住使用至今，波某某阻拦未果。

波某某与波某甲长期共同生活后未实际管理使用宅基地，其间波某某户籍保留在甲村丁二队，2019年县住房和城乡建设局进行农村住房安全合格认定时，依据波某某的户籍档案及刀某某宅基地初始登记，向波某某颁"甲村丁组A号"门牌，依据依某是甲村丁二队集体经济组织成员及案涉宅基地实际使用人，向依某颁"甲村丁组B号"门牌。

【案件焦点】

1. 宅基地使用争议是否属于法院民事诉讼受案范围；2. 事实物权与登记物

权不一致如何处理，即依某是否取得宅基地使用权。

【法院裁判要旨】

云南省澜沧县人民法院经审理认为：

一、关于案涉宅基地争议是否属于民事诉讼受案范围

宅基地使用权指农村居民因建造自有房屋而对集体所有土地占有、使用的权利。取得宅基地使用权后对地上房屋进行赠与、继承、转让、分户等处分行为发生争议的，是宅基地使用过程中的争议，属于人民法院民事诉讼受案范围。本案宅基地原登记权利人刀某某死亡后，另一名登记共有人波某某与宅基地实际使用人依某发生争议，核心在于认定波某某处分宅基地上房屋的民事行为是否产生宅基地使用权变动，系民事法律行为效力认定，不是权属争议认定。

二、关于事实物权与登记物权不一致如何处理

确定宅基地及地上房屋使用争议时，不动产初始登记仅具有形式上的公示公信力而非绝对效力，如事实物权与登记物权不符的，应根据物权的来源等因素据实加以认定，并综合考虑房屋新建、翻建、改扩建等情况。

1. 波某某的宅基地使用权来源。波某某户于 1998 年 8 月依新增宅基地申请的方式，登记取得案涉宅基地使用权，波某某、咩某某、刀某某共同在宅基地上兴建老房屋后获得地上房屋的所有权，咩某某、刀某某死亡后，剩余家庭成员波某某因先前行为享有宅基地上的登记物权。

2. 依某的宅基地使用权来源。赠与合同是赠与人将自己的财产无偿给予受赠人，受赠人表示接受赠与的合同。以宅基地使用权及地上房屋作为赠与的，应以身份属性为条件，并尊重赠与权利人的意思表示。波某某以口头赠与方式对宅基地上老房屋进行了处分。处分前，依某因与刀某某长期同居生活而产生固定生产、生活资料，并在刀某某死后将户籍迁入甲村丁二队，接受赠与时已具备该集体经济组织成员资格。赠与过程中依某根据习俗给付波某某部分现金，但性质上属于民间习惯中对长辈的尊重、孝敬之意，并无买卖合意，属于无偿赠与。依某基于赠与行为取得宅基地使用权及地上房屋所有权，并经集体经济组织及土地管理方同意后进行新建，地上房屋已形成新的事实物权。

3. 宅基地流转的合同效力与物权变动。(1)《中华人民共和国物权法》第九条规定的“不动产物权的设立、变更、转让和消灭，经依法登记，发生效力；未经登记，不发生效力……”属于一般性的物权变动规定。法律之所以设立不动产物权登记，目的在于试图通过物权登记的方法赋予不动产物权以公示公信效力，以明确物的归属，发挥物的效用，维护交易安全和交易秩序。实践中往往存在如本案原权利人保留登记、新权利人未进行变更登记，导致“登记物权”与“事实物权”矛盾和不一致的情况。物权登记是法律推定，可被事实和其他证据推翻，如《中华人民共和国物权法》第二十九条“因继承或者受遗赠取得物权的，自继承或者受遗赠开始时发生效力”及该法第三十条“因合法建造、拆除房屋等事实行为设立或者消灭物权的，自事实行为成就时发生效力”便是对事实物权取得方式的明确规定。(2)宅基地使用权的权利变动。宅基地及地上房屋的不动产物权取得方式有买卖、赠与、自建、继承、受遗赠等几种，宅基地使用权是一种用益物权。关于发生赠与行为后依某新建房屋但未办理宅基地使用权变更登记的物权效力，根据《中华人民共和国物权法》第十五条规定：“当事人之间订立有关设立、变更、转让和消灭不动产物权的合同，除法律另有规定或者合同另有约定外，自合同成立时生效；未办理物权登记的，不影响合同效力。”第一百五十五条规定：“已经登记的宅基地使用权转让或者消灭的，应当及时办理变更登记或者注销登记。”《中华人民共和国民法典》保留上述两个法条，虽然规定“应当”二字，但并不意味着该条就属于强制性规范，其仍属于登记对抗主义规定，即没有变更登记也会发生物权的变动，只是不能对抗善意第三人。

综上所述，波某某取得案涉宅基地使用权后，采取赠与方式处分地上房屋后已丧失宅基地使用权及地上房屋所有权，依某接受赠与后享有该宅基地使用权及地上房屋所有权，案涉宅基地赠与后未变更登记不影响物权变动效力。依某使用过程中经集体经济组织及人民政府同意后拆除老房屋、建造新房屋，已取得事实物权。

云南省澜沧县人民法院依照《最高人民法院关于适用〈中华人民共和国民

法典〉时间效力的若干规定》第一条第二款，《中华人民共和国物权法》第九条第一款、第十五条、第二十九条、第三十条、第一百五十五条，《中华人民共和国合同法》第一百八十五条，《中华人民共和国民事诉讼法》第十三条第二款规定，《最高人民法院关于民事诉讼证据的若干规定》第六十八条第三款，作出如下判决：

驳回波某某的全部诉讼请求。

波某某不服一审判决，提出上诉。

云南省普洱市中级人民法院经审理认为：波某某口头表示将案涉宅基地上房屋赠与依某，该口头赠与系双方当事人的真实意思表示，有波某某相关亲属、村组组长及部分参加祭祀村民在场见证，赠与事实客观存在，口头赠与成立，合法有效。赠与时，依某属于甲村丁二队集体经济组织成员，依法享有受赠资格。镇政府、甲村丁二队认可并同意依某实施拆除重建安居房建设项目并以解决住房安全保障方式给予依某补助资金 40000 元，依某对宅基地上房屋完成新建并居住使用至今。依某对双方诉争宅基地及房屋享有使用权和所有权，受法律保护，其他任何人不得侵犯。波某某将案涉宅基地上房屋赠与后反悔提出要求返还，违反诚实信用原则。

云南省普洱市中级人民法院依照《中华人民共和国民事诉讼法》第一百七十七条第一款第一项之规定，作出如下判决：

驳回上诉，维持原判。

【法官后语】

宅基地使用权是我国一项特殊的用益物权，其权利行使与集体经济组织成员的资格不可分离，具有福利性质。因宅基地流转发生的纠纷，法律适用的主要问题是正确适用“物权、合同区分原则+物权法定原则”，核心在于如何识别并适用强制性规定对合同效力进行判断，重点在于考量、分析和协调不同类型的利益关系，在考量该强制性规定所保护的法益类型、违法行为的法律后果以及交易安全保护等因素的基础上，判断该强制性规定是否属于效力性强制性规定。强制性规定是认定合同无效的依据，而违反强制性规定的合同效力认定问题，意味着强制性规定所欲保护的法益应当优先于合同自由。具体到本案，需要考量以下问题：

1. 关于对《中华人民共和国民法典》第二百零九条、第六百五十九条的理解。第二百零九条第一款规定，“不动产物权的设立、变更、转让和消灭，经依法登记，发生效力；未经登记，不发生效力，但法律另有规定的除外”，这是一般的不动产物权变动规定，我国对物权采取的是“以登记生效主义为原则，以登记对抗主义为例外”的登记模式。宅基地使用权问题比较特殊，权利取得批准在先、登记在后，具有较强的政策性，故《中华人民共和国民法典》在物权分编下宅基地使用权专章中对宅基地使用权转移的规定在第三百六十五条规定“已经登记的宅基地使用权转让或者消灭的，应当及时办理变更登记或者注销登记”，在合同分编下赠与合同章第六百五十九条规定“赠与的财产依法需要办理登记或者其他手续的，应当办理有关手续”，此两处并未明确宅基地使用权采取登记生效主义，属于管理型规定。立法采此种模式可能基于以下考虑：(1) 我国农村宅基地流转范围一般限于同一集体经济组织成员内部，关于宅基地权属当事人一般比较清楚，也就不会发生善意第三人保护问题；(2) 基于宅基地处分的限制性以及为接下来的宅基地制度改革预留空间，现阶段立法者对宅基地的登记效力问题未进一步明确规定，因此，未变更登记不等同于否认物权效力。

如本案波某某与依某之间的农村房屋所有权及宅基地使用权流转但未办理登记的情况，在广大农村地区普遍存在。随着城镇化进程加快，农村房屋转让及土地流转迅速增多，而在土地资本化和拆迁的利益驱动下，已经处分的农民往往又反悔请求法院确认房屋所有权流转合同无效或者因未变更登记未转移。法官不能仅以房屋所有权和宅基地使用权未办理登记为由，否定农村房屋产权转让的效力。

2. 关于农村宅基地上房屋的所有权问题。《中华人民共和国民法典》第二百三十一条规定，“因合法建造、拆除房屋等事实行为设立或者消灭物权的，自事实行为成就时发生效力”，因事实行为发生的物权变动是一般不动产物权登记效力规定的例外。宅基地上的农村房屋经过审批后建造，自建成之日取得该住房的所有权。本案中，波某某进行了宅基地使用权登记但未进行地上附着房屋所有权登记，应当根据其合法建造行为承认和保护其对于房屋的所有权；依某随后依据赠与行为取得该所有权，并通过获批后的“拆旧建新”事实行为重新获得新所有权。在此过程中虽然未变更权证登记，但不影响物权实现。

3. 关于宅基地使用权物权效力与合同效力区分问题。《中华人民共和国民法典》第二百一十五条规定，“当事人之间订立有关设立、变更、转让和消灭不动产物权的合同，除法律另有规定或者当事人另有约定外，自合同成立时生效；未办理物权登记的，不影响合同效力”。本案波某某目前为宅基地使用权登记人，但实际使用人基于合同行为变更为被告依某，这一冲突不属于物权原始取得过程中的权属争议。不动产权属证书仅具有初步证明物权归属的作用，不动产登记仅具有权利公示推定的证据效力。在登记后，权利人往往根据生活需要进行相应处分，但基于法律意识欠缺未办理转移登记，出现了不相符的现状。审理中，法官应当综合审查相关证据，注重客观事实，确认不动产的事实物权人，保护该事实物权人的真实权利。涉及对第三人善意保护的，适用善意取得制度处理当事人之间的权利义务关系。

总的来说，农村房屋等建（构）筑物所有权应当与其所附着的土地一并登记，只有合规登记才能在宅基地改革完成时及时激活农村宅基地的巨大经济价值。

编写人：云南省澜沧拉祜族自治县人民法院　刘建华

（三）居住权纠纷

51

裁判设立居住权条件的认定

——卢某甲诉卢某乙、马某某所有权确认案

【案件基本信息】

1. 裁判书字号

山东省德州市陵城区人民法院（2023）鲁1403民初729号民事判决书

2. 案由：所有权确认纠纷

3. 当事人

原告：卢某甲

被告：卢某乙、马某某

【基本案情】

卢某乙、马某某于2001年3月22日登记结婚，马某某系再婚。卢某甲系马某某与前夫之子。婚后，卢某甲与卢某乙、马某某共同生活。2018年4月，卢某乙、马某某在离婚诉讼中经法院调解，双方达成调解协议，约定将共同财产中的案涉房屋赠与卢某甲，其他共同财产归卢某乙所有。后卢某甲在办理该房产的确权手续时，与卢某乙发生争议。

卢某甲提出，政府正在为村里房屋办理确权手续，卢某乙不予配合，导致现在案涉房屋无法确权，因此提起民事诉讼。卢某乙表示，其同意配合办理房产确权手续。但卢某乙和其母亲常某某现在没有其他房产和住处，对涉案房屋要求享有居住权。

【案件焦点】

卢某乙请求法院在涉案房屋上为其设立居住权，法院应否以裁判方式支持其主张。

【法院裁判要旨】

山东省德州市陵城区人民法院经审理认为：本案为房屋所有权确认纠纷。卢某乙、马某某在诉讼离婚时所达成的调解协议，其法律效力已被生效的人民法院调解书确认，依法应当得到严格履行。本案中，卢某乙、马某某均同意卢某甲的诉讼请求，双方对于配合卢某甲办理房产确权手续已无实质争议。但基于案涉房屋院落原系卢某乙、马某某的共同财产，且为卢某乙与其母亲常某某目前的唯一住房，卢某甲对卢某乙负有法定赡养义务的事实，卢某乙提出为其与其母亲设立居住权，于法有据，因此，依法应当通过法定方式为卢某乙与其母亲常某某设立居住权。

山东省德州市陵城区人民法院依照《中华人民共和国民法典》第二百二十九条、第六百五十七条、第六百五十九条规定，判决如下：

一、案涉房屋归卢某甲所有；

二、在卢某甲办理房屋产权确权手续时，卢某乙、马某某应当提供必要的配合与协助；

三、卢某乙与其母亲常某某对案涉房屋院落享有居住权。

宣判后，双方当事人均未提出上诉，判决已发生法律效力。

【法官后语】

《中华人民共和国民法典》第二编第十四章首次以成文法的形式规范了居住权制度，运用权能分割的精致法律技术，在满足人民群众多元化住房需求的同时，维护了住宅所有人处分财产的意思自由。但《中华人民共和国民法典》物权编仅确认了意定居住权，而未明确规定法定居住权，那么，法官能否通过体系解释等方法以裁判方式为当事人设立居住权？本案主要涉及法官以裁判方式设立居住权的规则适用问题，即裁判设立居住权条件的认定。

一、裁判设立居住权之正当性

居住权是《中华人民共和国民法典》新增的一类用益物权，有助于满足特定人群的生活需求和灵活的住房安排，是提高产权效能的重要途径和手段，体现了保障民生的原则。就居住权的设立方式而言，《中华人民共和国民法典》第二编第十四章仅以第三百六十六条、第三百七十一条明文规定了“合同”与“遗嘱”两种方式，难以完全实现保障弱势群体居住利益的立法目的。那么，当案件涉及对住宅所有权的分割、归属等争议，当事人之间又无法达成设立居住权的合意时，法官在个案裁判中能否基于实体公正等价值考量，依职权或依申请为一方当事人设立居住权？事实上，从民法解释学出发，承认法官可依裁判设立居住权，并不违背《中华人民共和国民法典》的体系逻辑和具体规范。

《中华人民共和国民法典》物权编主要是在制度层面确立居住权的物权性质和效力内容，虽然仅列举了合同和遗嘱两种居住权设立方式，但并不能据此推定《中华人民共和国民法典》禁止居住权的其他取得方式。在立法机关相关人员所著的释义著述中指出，除法律规定的合同与遗嘱方式外，居住权还可以通过法院判决的形式设立。并且《中华人民共和国民法典》第二百二十九条已从原则上认可人民法院、仲裁机构的法律文书具有导致物权设立、变更、转让或者消灭的效力。居住权制度的意义在于解决三类弱者——老年人、丧偶夫妻、离婚后无房一方的住房问题，在这一规范功能的影响下，部分观点甚至直接将居住权的本源定位于家庭的伦理性，家庭成员之间的赡养义务、扶养义务、抚养义务等，可作为以裁判方式设立居住权的规范基础。因此，依家事法中的居住性权利，以裁判设立居住权并不违反物权法定原则，其实质只是将居住权作为在个案中矫正失衡利益分配关系的一个利益衡量工具或者裁判方法。

在法效果层面，基于私法自治原则，由当事人按其意思表示以法律行为的方式设立居住权，既能够更好地体现所有权人的意志，又能增强居住利益弱势者的自力保障能力，通过磋商和价值交换为自己争取更多利益空间。与此同时，恰因居住权意定设立方式的核心功能在于彰显所有权人的主体意志，从而会存在由于民事主体的“有限理性”而制约居住权内在价值实现的风险，使得本身就处于弱势的居住权人可能根本无能力为自身谋求居住利益空间，从而不能实现居住权制度的立法目的。即意定的方式设立居住权意味着如果物权人不主动为特定的弱势群体设立居住权，该特定人的居住利益可能将得不到保障。所以说，法官依裁判设立居住权也可视为司法权对私人自治和个人自由的干预和限制，是国家以“有形之手”介入私人权利配置的过程，所追求的是缓和自由与公平这两个价值目标之间的冲突。申言之，居住权制度主要是保护弱势群体，强化人文关怀，这为人民法院以裁判方式设立居住权提供了正当性基础。故应当允许法官通过裁判设立居住权。

二、当前裁判设立居住权的裁判原则和审理路径

人民法院通过裁判方式为特定主体设立居住权虽然具有正当性基础，但法官在个案的裁判中，仍应遵循相应的限制。

（一）裁判目的：保障特定群体的基本住房权利

居住权是集合用益物权、基本人权、民生权等多项权利基因的综合性权利。《中华人民共和国民法典》第三百六十六条、第三百六十八条以及第三百六十九条分别规定了居住权“满足生活居住的需要”“无偿性”以及“不可移转性”的典型特征，有鉴于此，《中华人民共和国民法典》居住权制度的基础应是社会性居住权。立法设立居住权，是为了“满足特定人群的居住需要”，即物权编所规定的居住权应当是生活保障型的，其目的在于实现对社会弱势群体，如对妇女、未成年人、老人居住权益的保护。

根据《中华人民共和国民法典》第三百六十六条与第三百七十一条，居住权只能根据“合同约定”和“遗嘱”这两种意定的方式设立，所谓“意定”，在于根据物权人的真实意思表示，为他人设立居住权，这就意味着，如果物权人不主动为特定的弱势群体设立居住权，该特定人的居住利益将得不到保障。人民法院通过审查，为满足特定条件的特殊群体以裁判方式设立居住权，可解

决特定弱势群体的住房问题，实现我国住房政策由“居者有其屋”向“住有所居”转变，从而充分实现立法设立居住权的目的。

（二）裁判制约：恪守请求权人具有取得居住权的“法定原因”

事实上，以裁判方式设立居住权需要法定的基础规范，因为通过人民法院裁判方式设立居住权的基础在于，请求权人具有取得居住权的“原因”——房屋所有权人的同意或者法律的规定。人民法院只能对请求权人是否享有居住权予以确认，而不能“无根据”地赋予其居住权，诚如有学者指出：“依据裁判方式取得居住权的根据在于法律的规定，而不在于当事人的意志，因此它属于法定居住权的物权取得方式。”家庭成员之间的赡养、扶养、抚养义务等法定义务可作为法院裁判方式设立居住权的规范基础。例如，基于子女的法定赡养义务，人民法院对无其他住所的父母是否享有居住权予以确认，从而保障老年人的居住利益。在本案中，卢某乙、马某某在离婚时，自愿将夫妻共同财产中的案涉房屋院落赠与卢某甲，但案涉房屋为被告卢某乙与其母亲常某某目前的唯一住房，基于卢某甲对卢某乙负有法定赡养义务的事实，卢某乙提出为其与其母亲设立居住权，于法有据，因此，依法应当通过裁判方式为卢某乙与其母亲常某某设立居住权。

（三）裁判路径：裁判设立居住权的具体规则适用

1. 适用领域：婚姻家庭、继承等身份关系领域。虽然《中华人民共和国民法典》物权编居住权一章并未对法定居住权予以明确规定，但在婚姻家庭编与继承编中是可以找到法定居住权的法律根据的。如父母对子女的房屋享有居住权的法律根据在于《中华人民共和国民法典》明确规定了子女对父母的赡养义务。可见，法定居住权的根据在于《中华人民共和国民法典》所规定的赡养义务、扶养义务、抚养义务等，这在一定程度上也契合了《中华人民共和国民法典》居住权扶助、友善、帮助的性质。

2. 居住权主体：基于社会性居住权的权利主体只能是“无房的特定群体”。“特定群体”可以归纳为：父母对其负有抚养义务的未成年子女；成年子女对其负有赡养义务的父母；丧偶夫妻一方；离婚后暂未找到居所的无房一方。可见，法定居住权的产生大致可基于两种关系：父母子女关系与夫妻关系，而且享有法定居住权的要件应限定为无房可居的情形。

3. 裁判思维：对裁判设立居住权进行必要性审查。作为裁判者应当充分考虑到物权性的居住权设立后将与所有权、担保物权等其他物权之间的权利冲突问题，同时随意设立居住权将可能侵害房屋所有权人的利益，所以在相关纠纷中，若法官以裁判方式为一方当事人设立居住权，应对特殊主体获得法定居住权的情形予以一定的限制和明确。

首先，应当遵循“有诉必理”原则，但是在涉及房屋所有权确权的案件中，如果特定群体对另一方享有所有权的涉案房屋有现实居住需求，又未主张居住权的诉讼请求，法官依据案件事实认为当事人可能享有居住权的，可以根据当事人的文化水平、诉讼能力、是否委托律师等具体情况进行释明，指导当事人明确诉讼请求，明确其是否对涉案房屋主张居住权。若其明确不主张，那么法院不必进行审查；若其明确主张，那么法院应当将其是否享有居住权作为焦点问题进行审理。

其次，以比例原则指导，对应否以裁判方式设立居住权进行必要性审查。一是审查居住权需求方是否具有劳动力以及生活困难的程度等因素。以离婚帮助制度为例，若无房居住一方具有劳动能力或生活困难仅是暂时的，可不赋予其居住权，而以房屋租赁费等形式予以替代；以赡养老人为例，若父母因年老、疾病或失去劳动能力而无生活来源的，则子女应在居住和生活方面，给予适当的安排。二是审查房屋所有权人一方的经济状况与居住状况等因素。若房屋所有权人经济状况良好，原则上判令其向生活困难一方支付租房费用等，更能尊重各方当事人的私人生活；若房屋所有权人经济状况一般，可能更愿意接受设立居住权的方式。若房屋所有权人仅有一套住房，且其家庭成员较多时，原则上应通过其他替代形式对弱势群体的居住利益予以保障，可能更利于保障各方的居住利益；若房屋所有权人有多套房屋，则应以居住权的形式保障弱势群体居住利益。总体而言，对于弱势群体居住利益保障方式的确定，应以各方当事人利益最大化为基本原则，以裁判方式设立居住权通常只能作为兜底适用，从而既保障了弱势群体的生存利益，尊重各方当事人的私人生活与财产安排，也更利于裁判得到有效执行，实现居住权制度的立法目的。

最后，应当对居住权的客体、存续期限予以必要的限制，如此既能保障居住权人的居住利益，又能最大限度地减损所有权人的权利，以维护所有权人与居住权人利益的平衡。对于居住权的客体，《中华人民共和国民法典》第三百六十七条表述为“住宅的位置”，住宅的一部分也可成为居住权的客体。基于各方当事人利益最大化的基本原则，人民法院可根据实际情况，判决居住权人对相关住宅的一部分享有居住权，这也是裁判方式设立居住权兜底性路径的体现。同时，人民法院在设立居住权的判决书中，应尽可能明确居住权的期限。例如，未成年人对其父母的房屋享有的居住权，通常应在判决中明确为至其成年为止。当然，也存在无法明确居住权期限的情况。例如，缺乏劳动能力、生活困难又无房可住的父母对其成年子女的房屋享有的居住权，原则上应至居住权人死亡为止。

编写人：山东省德州市陵城区人民法院　黄培富　刘静静

52

居住权标的房屋进入执行阶段后居住权利益保护的路径选择

——崔某某诉金某甲居住权案

【案件基本信息】

1. 裁判书字号

北京市第二中级人民法院（2022）京02民终13186号民事裁定书

2. 案由：居住权纠纷

3. 当事人

原告（上诉人）：崔某某

被告（被上诉人）：金某甲

【基本案情】

崔某某与金某乙（已去世）系夫妻关系，金某甲系二人之女。涉案房屋原系崔某某与金某乙的夫妻共同财产。2011年11月22日，崔某某与金某乙将该房屋赠与金某甲，但是约定崔某某与金某乙拥有该房屋的居住权。北京市昌平区人民法院民事判决书记载：2011年11月22日，金某乙、崔某某（甲方）与金某甲（乙方）签订《协议书》，协议书约定：甲方将自己所有的涉案房屋赠与金某甲，金某甲接受上述赠与；甲方对上述房屋拥有居住权；甲方应当配合乙方办理房屋的过户手续。崔某某诉至法院，请求人民法院依法确认其对涉案房屋享有居住权，金某甲配合崔某某办理涉案房屋居住权的登记手续。

涉案房屋目前由崔某某及金某甲共同居住，房屋存在抵押及查封情况。

【案件焦点】

居住权标的房屋进入执行阶段的，居住权人如何诉请确认居住权。

【法院裁判要旨】

北京市西城区人民法院经审理认为：《最高人民法院关于依法制裁规避执行行为的若干意见》规定，严格执行关于案外人异议之诉的管辖规定。在执行阶段，案外人对人民法院已经查封、扣押、冻结的财产提起异议之诉的，应当依照《中华人民共和国民事诉讼法》和《最高人民法院关于适用〈中华人民共和国民事诉讼法〉执行程序若干问题的解释》的规定，由执行法院受理。案外人违反上述管辖规定，向执行法院之外的其他法院起诉，其他法院已经受理尚未作出裁判的，应当中止审理或者撤销案件，并告知案外人向作出查封、扣押、冻结裁定的执行法院起诉。崔某某诉请确认对案涉房屋享有居住权，居住权为实体权利，且一定程度上阻碍执行标的的转让及交付，而案涉房屋现作为执行标的被其他法院多个案件查封。与此同时，崔某某表示已向其他法院提起案外人异议之诉。故崔某某向法院起诉确认居住权，不符合法律规定，应裁定驳回起诉。

北京市西城区人民法院依照《中华人民共和国民事诉讼法》第一百二十二条、第一百五十七条第一款第三项规定，裁定如下：

驳回崔某某的起诉。

崔某某不服一审裁定，提起上诉。

北京市第二中级人民法院经审理认为：崔某某提起本案诉讼之前，已经另案提起案外人执行异议之诉，要求确认其对案涉房屋享有居住权，故崔某某应在案外人执行异议之诉的裁判结果确定后，根据裁判结果再行主张本案相关权利。一审法院裁定驳回崔某某的起诉，并无不当。崔某某的上诉请求不成立，应予驳回；一审裁定正确，应予维持。

北京市第二中级人民法院依照《中华人民共和国民事诉讼法》第一百七十七条第一款第一项规定，裁定如下：

驳回上诉，维持原裁定。

【法官后语】

居住权是指居住权人以满足生活居住的需要为目的，以书面合同方式、遗嘱方式或生效的法律文书方式设立、确认的，对他人的住宅享有占有、使用的权利。自《中华人民共和国民法典》确立居住权制度以来，涉居住权案件日益增多。本案的典型性在于，涉案房屋上设有居住权，同时设有抵押权且房屋已被法院查封，崔某某作为居住权人在提起本案诉讼之前，已经另案提起案外人执行异议之诉，故本案的焦点问题是居住权人是否有权提起本案居住权纠纷之诉。

居住权标的房屋进入执行程序的，表现出居住权利益与房产强制执行利益的冲突。此时，居住权人主张居住权利益的，可通过执行异议程序寻求救济。主要理由如下：

《最高人民法院关于适用〈中华人民共和国民事诉讼法〉执行程序若干问

题的解释》第十四条规定，案外人对执行标的主张所有权或者有其他足以阻止执行标的转让、交付的实体权利的，可以依照民事诉讼法的规定，向执行法院提出异议。该规定给予案外人对执行标的享有特定实体权利时以对抗执行的救济途径，确保不因执行错误而侵害案外人的合法权益，并且明确执行异议期间不得对执行标的进行处分。对于当事人而言，这样能最直接快速地保护当事人合法权益。

但是，鉴于执行异议具有阻却执行的效力，为了防止部分当事人就同一标的到多个法院诉讼甚至是滥诉以阻却执行，《最高人民法院关于依法制裁规避执行行为的若干意见》关于“严格执行关于案外人异议之诉的管辖规定”明确，在执行阶段，案外人对人民法院已经查封、扣押、冻结的财产提起异议之诉的，应当依照《中华人民共和国民事诉讼法》和《最高人民法院关于适用〈中华人民共和国民事诉讼法〉执行程序若干问题的解释》的规定，由执行法院受理。案外人违反上述管辖规定，向执行法院之外的其他法院起诉，其他法院已经受理尚未作出裁判的，应当中止审理或者撤销案件，并告知案外人向作出查封、扣押、冻结裁定的执行法院起诉。该意见具体明确了执行异议之诉的管辖法院，实践中应当按照此规则确定管辖法院，其他法院对于相应诉讼不应再受理或者审理。根据《最高人民法院关于适用〈中华人民共和国民事诉讼法〉的解释》第三百一十条第二款规定，案外人同时提出确认其权利的诉讼请求的，人民法院可以在判决中一并作出裁判。故居住权标的房屋进入执行阶段后，权利人主张居住权利益的，完全可以在执行异议之诉中一并主张。

本案中，崔某某提起本案诉讼之前，已经另案提起案外人执行异议之诉要求确认其对案涉房屋享有居住权，依据上述法律规定，就其执行异议请求和居住权确认请求，人民法院可以在执行异议之诉中一并作出裁判。现崔某某又另行提起本案确认之诉，不符合上述法律关于案件管辖的规定，应当驳回其起诉。

编写人：北京市西城区人民法院　袁佳　王权

53

房屋居住权与使用权的区分与法律适用

——韩某甲、冷某某诉韩某乙等居住权案

【案件基本信息】

1. 裁判书字号

北京市第二中级人民法院（2022）京 02 民终 6620 号民事判决书

2. 案由：居住权纠纷

3. 当事人

原告（被上诉人）：韩某甲、冷某某

被告（上诉人）：韩某乙

被告：韩某丙、韩某丁

【基本案情】

韩某甲、韩某乙、韩某丙、韩某丁系韩某某与前妻所生子女。冷某某系韩某甲之子。韩某某前妻去世后，韩某某与李某某结婚，婚后未生育子女。韩某某于 2005 年 8 月去世，李某某于 2019 年 12 月去世。

1995 年 12 月 27 日，北京市王府井某公司（甲方）与韩某某（乙方）签订《北京市城市住宅房屋拆迁安置补助协议书》，约定：乙方住址东城区某胡同 5 号，在拆迁范围内，有正式户口四人，应安置四人。直接安置涉案房屋。《建设用地住户登记表》中显示户主韩某某、妻李某某、女韩某甲，附记中载外孙女（应为外孙）冷某某。

2000 年，韩某某购买涉案房屋。2001 年，涉案房屋登记在韩某某名下。

冷某某曾以分家析产为由将韩某甲、韩某乙、韩某丙、韩某丁诉至法院，

要求确认冷某某对涉案房屋享有四分之一的产权份额。案经一、二审法院审理认为，涉案房屋属于韩某某与李某某夫妻共同财产。冷某某仅以其作为被拆迁房屋被安置人之一为由，主张涉案房屋所有权的四分之一，依据不足，故判决驳回冷某某的诉讼请求。

韩某乙、韩某（韩某乙之女）曾以遗嘱继承纠纷为由将韩某甲、韩某丙、韩某丁诉至法院，要求依法对涉案房屋进行继承分割，房屋归韩某所有，韩某按照市场价格给付其他继承人10%的房屋折价款。案经一、二审法院审理认为，该案应按法定继承处理，故判决涉案房屋一套由韩某甲、韩某乙、韩某丙、韩某丁继承，各继承上述房屋四分之一份额。

【案件焦点】

韩某甲、冷某某对涉案房屋是否享有居住权。

【法院裁判要旨】

北京市东城区人民法院经审理认为：涉案房屋系韩某某因拆迁取得的安置住房，韩某某与拆迁人订立的《北京市城市住宅房屋拆迁安置补助协议书》及《建设用地住户登记表》均载明应安置人口情况，即韩某某负有安置被安置人口的义务，韩某甲、冷某某作为涉案房屋的被安置人对涉案房屋享有安置利益，有权在涉案房屋居住使用。韩某甲、冷某某作为被安置人对涉案房屋享有的居住权，并不因韩某甲以优惠价格购买该直管公房而有所影响，因此，韩某甲、冷某某的诉讼请求，理由正当，予以支持。虽然2021年1月1日实施的《中华人民共和国民法典》首次以法定权利形式确立了居住权这一权利概念，并明确了居住权的设立方式，但在该法实施以前，被安置人对拆迁安置房屋享有的居住使用权利亦受法律保护。现涉案房屋虽已由韩某甲、韩某乙、韩某丙、韩某丁继承分割，但并不因此影响韩某甲、冷某某基于房屋被安置人身份享有的居住权。

北京市东城区人民法院依照《中华人民共和国民法典》第三百六十六条规定，判决如下：

确认韩某甲、冷某某对涉案房屋享有居住权。

韩某乙不服一审判决，提起上诉。

北京市第二中级人民法院经审理认为：韩某甲、冷某某作为被安置人，享有对涉案房屋的安置利益，有权在涉案房屋内居住。故对于韩某甲、冷某某要求居住使用涉案房屋的主张，应予支持。一审中，韩某甲、冷某某基于被安置人的身份，主张对涉案房屋享有居住权，系被安置人对他人所有的不动产依法使用的权利，属于用益物权中的居住使用权，该居住使用权利的来源与《中华人民共和国民法典》第三百六十六条规定的居住权不同。故一审法院认定事实清楚，但适用法律不当，法院予以纠正。至于韩某甲的居住问题，根据生效判决认定，韩某甲因继承遗产取得涉案房屋四分之一的产权，其作为所有权人之一，本身即对房屋享有使用权。现韩某甲考虑到自己并非占有全部产权，基于被安置人的身份，对涉及他人所有权的房屋向其他所有权人主张有权居住使用，与其原有权利不存在冲突，一审法院对其主张予以支持并无不当，法院予以维持。

综上所述，韩某乙的上诉请求不能成立，应予驳回；一审判决认定事实清楚，判决结果并无不当，但由于适用法律不当，相应判项表述有误，依法予以改判。

北京市第二中级人民法院依照《中华人民共和国民法典》第三百二十三条、《中华人民共和国民事诉讼法》第一百七十七条第一款第二项规定，判决如下：

一、撤销一审民事判决；

二、确认韩某甲、冷某某对涉案房屋有权居住使用。

【法官后语】

《中华人民共和国民法典》增加居住权这一用益物权后，实践中，关于房屋居住权与使用权的区分产生一定混淆，如本案的主要争议就是原告对于涉案房屋是享有居住权还是使用权。本文主要对房屋居住权与使用权的区别、被安置人享有的权利类型及来源、房屋居住权与使用权的法律适用等问题进行分析。

一、房屋居住权与使用权的区别

房屋居住权来源于《中华人民共和国民法典》第三百六十八条之规定，系

《中华人民共和国民法典》新增的权利，遵循物权法定原则，其具有物权的天然属性，是一种对世权、绝对权。居住权有严格的设立条件。设立居住权的，应当向登记机构申请居住权登记，居住权自登记时设立。房屋使用权系因以房屋为标的物的债权获取的一种权益，如签订房屋租赁合同后，在租赁过程中产生的“居住关系”属于债权，系一种契约关系，承租人基于房屋租赁合同取得对他人房屋使用、收益的权利；再如被安置人基于拆迁安置补偿协议有权居住使用安置房屋，该权利非法定物权，旨在保障权利人对房屋的居住使用，与居住权不同，该权利不以登记为设立前提，而是基于债权获得的权益。两者主要有以下区别：

第一，性质不同。居住权系《中华人民共和国民法典》规定的权利，系法定物权。使用权系因债权获得的合法权益。

第二，设立条件不同。居住权的设立仅针对住宅，且需要满足法定的程序，包括签订合同及登记，以遗嘱、司法裁判方式设立。使用权不需要特定条件，享有相关债权时即可享有。

第三，是否有偿不同。居住权以无偿设立为原则，有偿设立为例外。使用权可有偿可无偿。

二、被安置人享有的权利性质及来源

实践中，对被安置人享有的权利性质有不同观点。有观点认为，被拆迁人获得安置房屋后对被安置人负有安置的义务，而被安置人基于此对安置房屋享有使用权，该权利并非物权；亦有观点认为，被安置人享有被安置房屋的产权份额。

笔者认为，上述观点均不够全面，被安置人获取的权益应以享有使用权为原则、享有房屋产权份额为例外。通常情况下，被拆迁房屋属于被拆迁人所有，被安置人因与被拆迁人的家庭关系或其他原因享有一定的安置利益，因此，透过现象看本质，被安置人获取利益系基于与被拆迁人的身份关系或其他关系的一种获益行为，但该获益行为应以对安置房的使用为内容，不应成为被拆迁人的权利负担。若拆迁时的拆迁政策系按照被安置人人口分配房屋面积或者在安置房屋时考虑了被安置人的权益，被安置人亦向被拆迁人明确表达了购房的意向并实际支付对应购房款，此时被安置人应享有相应的房屋所有权份额，具体份额应根据具体情况进行认定。

本案中，拆迁人将原房屋拆迁后直接安置涉案房屋给韩某某使用，同时确认韩某甲、冷某某为被安置人，后韩某某与公房管理单位签订买卖协议，取得房屋所有权。分配时并未考虑被安置人相关因素，因此，韩某甲、冷某某能够享有的是房屋使用权而非产权份额。

三、房屋居住权与使用权的法律适用

在司法实践中，涉居住权纠纷的审理依据是《中华人民共和国民法典》物权编相关规定，需要审查是否签订居住权合同抑或是否有遗嘱，是否进行了登记，以判断居住权是否设立。涉房屋使用权纠纷的审理要严格审查其权利来源，如其权利来源于拆迁安置合同，则应依据拆迁政策，审查在安置房屋时是否考虑了被安置人的相关利益，如是否明确每个被安置人安置的面积数额，由此来分析被安置人享有的系使用权还是产权份额。如其权利来源于租赁合同等，应当根据合同条款等进行审查。本案争议的实质是居住权抑或使用权的区分，作为被安置人，韩某甲、冷某某享有的权益系使用权，不是《中华人民共和国民法典》规定的居住权。

编写人：北京市第二中级人民法院　曹华　高磊

54

合同型居住权的成立标准及权利冲突处理

——贾某某诉王某甲居住权案

【案件基本信息】

1. 裁判书字号

山东省青岛市中级人民法院（2022）鲁02民终9266号民事判决书

2. 案由：居住权纠纷

3. 当事人

原告（上诉人）：贾某某

被告（被上诉人）：王某甲

【基本案情】

贾某某与王某某系夫妻关系，二人育有王某甲、王某乙兄弟二人。1985 年 12 月，贾某某与王某某以 6300 元价格购买诉争房屋（以下简称新房）六间。王某某于 1992 年 2 月去世。

1986 年 3 月 2 日，贾某某、王某某、王某甲、王某乙签订分家协议，主要内容如下："立分书人王某某请亲眷族长见证将家产在王某某与王某乙间分配，王某某应分新购房西四间；王某乙分得父母原有住房四间（旧房）。关于贾某某与王某某现居新房东二间房屋，贾某某与王某某去世后，王某甲与王某乙每人各一间，购买房屋债务 2700 元由王某甲负担……立字人：王某丙，在场人：王某丁、贾某甲，于 1986 年 3 月 2 日生效。"

王某丙、王某丁系王某某的兄弟，贾某甲系贾某某的弟弟，均已去世。

1989 年 3 月 28 日，王某甲取得新房六间的所有权权属证明，显示间数为 6，建筑面积 70.42 平方米。1997 年 10 月 10 日，王某甲为该房屋办理集体土地建设用地使用证。后，贾某某与王某甲关系不睦，贾某某诉至法院要求确认新房东二间房屋所有权和居住权。

【案件焦点】

居住权案件中，居住权成立标准的正确认定。

【法院裁判要旨】

山东省莱西市人民法院经审理认为：关于贾某某是否享有案涉东二间房屋居住权。本案中，分家单实质是家庭成员之间达成的将大家庭分成小家庭以及将家庭共有财产予以分割的协议，内容包括立约人的姓名、家庭共有资产分配、债务承担、老人赡养等事项，该分家单不违背公序良俗，是当事人家庭成员真实意思表示，无违反国家强制性法律规定之处，应为合法有效。

案涉分家单约定的内容应视为新房居住权由贾某某夫妇享有，也就是说属于所有权与居住权分离的情形。根据该约定，贾某某生前有权居住使用该房屋，任何人不得妨害其行使该权利，贾某某对该房屋居住使用的权利可以对抗包括所有权人在内的一切人，他人不得阻碍贾某某满足生活居住使用的需要。贾某某自1986年起亦实际居住在该房屋内，无论是分家协议中的书面约定，还是合同因履行而治愈，均可以认定贾某某对涉案房屋东二间享有居住利益，故对贾某某要求居住使用的诉讼请求，予以支持。

山东省莱西市人民法院依据《中华人民共和国民法典》第三百六十六条、第三百六十七条，《最高人民法院关于适用〈中华人民共和国民事诉讼法〉的解释》第九十条，《最高人民法院关于适用〈中华人民共和国民法典〉时间效力的若干规定》第一条第三款、第三条规定，判决如下：

一、依法确认案涉房屋东二间由贾某某终身居住使用；

二、驳回贾某某的其他诉讼请求。

贾某某不服一审判决，提起上诉。

山东省青岛市中级人民法院经审理认为：案涉分家单载明贾某对诉争两间房屋享有居住权。因此，一审判决确认贾某某对该二间房屋享有居住使用权，保障了贾某某的居住利益，是正确的。因贾某某并不享有涉案争议房屋的所有权，现贾某某以其生前对东二间房屋享有居住权为由主张其享有所有权，无事实与法律依据。

山东省青岛市中级人民法院依照《中华人民共和国民事诉讼法》第一百七十七条第一款第一项规定，判决如下：

驳回上诉，维持原判。

【法官后语】

《中华人民共和国民法典》第三百六十七条规定了合同型居住权的概念。本案系以分家单形式确立居住权，虽未登记，但案涉房屋已实际交付且履行，这种情形下，针对房屋所有权与居住权的冲突，应视为双方自实际履行设立居住权的分家协议时成立。如何在实践中把握合同型居住权的成立标准以及房屋所有权和居住权冲突的处理，是本案值得探讨的重点问题。

一、居住权概念和内涵

居住权是指以居住为目的，对他人的住房及其附属设施所享有的占有、使用的权利。

关于居住权的主体问题。基于历史与文义解释原则，居住权主体应当限定于自然人。从历史的发展来看，居住权制度起源于罗马法的人役权制度，是在家长制和概括继承制的基础上为解决生活困难、无独立财产的弱势群体的居住问题而创设的权利。从文义来看，“居住”是一个富含伦理的概念，它意味着在某一处所长久地生活，体现了强烈的人身性。法人和其他组织对住宅只能是使用、利用，而不能是居住。因此，居住权的主体只能是自然人。

关于居住权的客体问题。根据标的物所有权的归属，物权分为自物权和他物权，居住权属于设立于他人所有的住宅之上的他物权。居住权的客体为住宅，该住宅概念有别于“商品房”“房屋”等表述的内涵，住宅只能是用于居住的房屋，对于非用于居住的商铺、厂房、办公楼等，原则上不能设定居住权。

关于“住宅”概念的理解。依照《中华人民共和国民法典》第三百六十六条的规定，居住权的权利范围限于“满足生活居住的需要”的占有和使用，明确排除居住权人享有收益的权利，体现立法对居住权保障弱势群体的功能定位，即居住权人无权将住宅用于居住之外的其他用途，如商业经营等。依物权类型固定理论，此为居住权权利内容的强制性规定，当事人不得约定排除。

二、合同型居住权成立的认定标准

《中华人民共和国民法典》第三百六十六条规定，居住权人有权按照合同约定，对他人的住宅享有占有、使用的用益物权，以满足生活居住的需要，合同是设立居住权的主要方式。依照《中华人民共和国民法典》第三百六十七条规定，设立居住权，当事人应当采用书面形式订立居住权合同。基于该规定，居住权合同的有关内容以及合同形式，不仅要符合有关物权编的规定，还要符合合同编的规定。

实践中，存在民事主体签订的居住权合同对居住权位置、条件、要求、期限等内容缺少明确约定的情况。审理该类案件时，应结合以下因素综合认定：一是当事人自认。当事人在诉讼过程中对合同成立标准及其成立条件的自认能够成为合同形式或内容瑕疵的补救措施。二是履行治愈。《中华人民共和国民法典》第三百六十七条规定，设立居住权，当事人应当采用书面形式订立居住权合同。第四百九十条规定，法律、行政法规规定或者当事人约定合同应当采用书面形式订立，当事人未采用书面形式但是一方已经履行主要义务，对方接受时，该合同成立。居住权合同能够因履行而治愈的基础在于，相较于要式目的的追求，合同履行后当事人的信赖保护更应得到保护。

三、房屋所有权和居住权冲突的处理

依照《中华人民共和国民法典》第二百一十四条和第三百六十八条的规定，居住权的设立、变更和消灭，自记载于不动产登记簿时发生效力，合同型居住权自登记时设立。登记是认定涉案房屋上设有居住权的基本依据，但实践中，当事人设立居住权后多未办理登记手续，特别是无偿设立的居住权，一般发生在具有特定身份关系的当事人之间，普遍没有办理登记，存在发生纠纷后如何处理房屋所有权和居住权冲突的问题。

实践中主要存在以下两种情形的纠纷：（1）当事人之间签订了居住权合同，但没有办理登记，一方反悔，要求确认居住权合同无效。（2）当事人办理了居住权登记，随后将房屋出售，买受人要求居住权人协助办理房屋过户手续。对于第一种情形，要审查居住权合同是否符合《中华人民共和国民法典》合同编关于合同效力的有关规定，合同不存在法定无效情形的，应当认定居住权合同合法有效，据此驳回原告的诉讼请求，如果被告要求办理居住权登记的，可基于居住权合同的约定，判令原告继续履行登记义务。对于第二种情形，由于居住权已经办理登记，自登记时居住权设立。房屋所有权发生转让的，性质上属于买受人购买了设有居住权的房屋，并不妨碍基于房屋买卖合同办理所有权过户手续，但是不得据此否认居住权，在未与居住权人协商一致的情况下，所有权人须容许居住权人继续使用该房屋。

综上所述，案涉分家单包括立约人的姓名、家庭共有资产分配、居住权益期限等事项，虽然未办理登记手续，但该分家单各方已经实际履行，应认定为居住权成立。为充分发挥居住权制度的功能，通过确认居住权实现对老无所居的贾某的保护，有利于矛盾纠纷实质化解，符合社会主义核心价值观，对实现“人民住有所居”的目标具有现实意义。

编写人：山东省莱西市人民法院　单松源

55

父母对成年子女的房屋享有居住权

——舒某甲诉舒某乙等物权保护案

【案件基本信息】

1. 裁判书字号

广东省广州市中级人民法院（2022）粤01民终21190号民事判决书

2. 案由：物权保护纠纷

3. 当事人

原告（反诉被告、被上诉人）：舒某甲

被告（反诉原告、上诉人）：舒某乙、姜某某

被告：陈某

【基本案情】

舒某甲是位于广州市天河区涉案房屋的所有权人。舒某乙与姜某某是再婚夫妻，舒某甲系舒某乙与前妻雷某某的女儿，陈某是姜某某的儿子。舒某甲以按揭贷款方式购买涉案房屋。各方确认购买涉案房屋的部分首付款来源于出售

舒某乙、舒某甲和雷某某名下的其他房产，且舒某乙、姜某某向按揭贷款银行支付过部分按揭贷款。舒某甲现居住在国外。2021年8月30日，舒某甲要求舒某乙及其同住人员搬离涉案房屋，舒某乙未予同意。为此，舒某甲提起诉讼，诉请舒某乙与姜某某、陈某腾空并交还涉案房屋，按每月租金4000元支付占用费，赔偿律师费、公证费等费用共计28204元。

【案件焦点】

1. 舒某乙对涉案房屋有无产权份额；2. 舒某乙、姜某某是否有权占有、使用涉案房屋。

【法院裁判要旨】

广东自由贸易区南沙片区人民法院经审理认为：舒某甲系美国公民，本案系涉外物权保护纠纷。双方未约定处理本案纠纷适用的准据法。因双方在本案中对中华人民共和国广东省广州市天河区房产发生物权保护纠纷，根据《中华人民共和国涉外民事关系法律适用法》第三十六条规定："不动产物权，适用不动产所在地法律。"本案应当适用中华人民共和国内地法律作为准据法。

不动产权证书是权利人享有不动产物权的证明，舒某甲作为涉案房产的登记权利人，依法对涉案房产享有物权。舒某乙、姜某某以实际部分出资和使用为由主张其享有案涉房产的产权份额，但是提供资金支持和占有并非取得物权的充分条件，舒某乙、姜某某未提供证据证明其与舒某甲就案涉房屋的产权份额共有或共同购买案涉房屋达成过合意，故舒某乙、姜某某要求确认案涉房屋的份额和要求舒某甲协助办理份额变更手续的诉请，理据不足，不予支持。关于舒某乙、姜某某向舒某甲提供的资金，属另一法律关系，应由舒某乙、姜某某另循法律途径解决。舒某乙、姜某某并未与舒某甲就居住权达成协议，故舒某乙、姜某某要求确认其对案涉房屋享有居住权至百年终老的诉请，没有依据，不予支持。综上，舒某乙、姜某某的反诉请求不能得到支持，舒某乙、姜某某要求舒某甲支付维权律师费20000元的诉请，缺乏依据，不予支持。

舒某甲作为案涉房屋的所有权人，对案涉房屋享有占有、使用、收益和处分的权利。案涉房屋现由舒某乙、姜某某占有，舒某甲诉请舒某乙、姜某某腾空并交还涉案房屋，于法有据，予以支持。关于占用使用费的问题，2021 年 10 月 14 日舒某乙、姜某某收到的律师函中明确载明舒某甲要求舒某乙、姜某某腾空交还案涉房屋，并支付占用费的主张。基于舒某甲、舒某乙和姜某某的亲属关系，同时在舒某乙和姜某某使用期间双方并未约定占用费标准，故舒某甲主张 2021 年 8 月 30 日至 2021 年 10 月 14 日期间的占用费，不予支持。舒某甲经律师函通知舒某乙、姜某某搬离后，舒某乙、姜某某继续占有案涉房屋则构成无权占有，舒某乙、姜某某至今拒不搬离案涉房屋对舒某甲造成损失，舒某甲主张舒某乙、姜某某支付 2021 年 10 月 15 日至腾空交还之日止的占用费，于法有据，予以支持。关于房屋占有使用费的标准，根据市住房和城乡建设局发布的 2021 年广州市房屋租金参考价同地段月租金参考价和案涉房屋的面积，法院酌情确定月占用费标准为 2879. 94 元（68. 57 平方米×42 元/平方米），对舒某甲超过上述标准和期间的占用费部分的请求，不予支持。

关于舒某甲要求舒某乙、姜某某支付其维权产生的律师费、授权律师公证费、翻译费、报纸声明费、交通费、文书快递费的诉请，该项费用并非必然发生的费用，且部分证据无法证明系本案产生的费用，不予支持。舒某甲未提供证据证明陈某自 2021 年 8 月 30 日至今占有使用案涉房屋，应承担举证不能的法律后果，故舒某甲要求陈某承担责任的诉请，理据不足，不予支持。

广东自由贸易区南沙片区人民法院依照《中华人民共和国民法典》第二百一十七条、第二百三十五条、第二百三十八条、第二百四十条，《中华人民共和国民事诉讼法》第六十七条规定，判决如下：

一、舒某乙、姜某某腾空并交还涉案房屋给舒某甲；

二、舒某乙、姜某某向舒某甲支付 2021 年 10 月 15 日至房屋腾空交还之日止的房屋占有使用费（按每月 2879. 94 元标准计算）；

三、驳回舒某甲的其他诉讼请求；

四、驳回舒某乙、姜某某的全部反诉请求。

舒某乙、姜某某不服一审判决，提起上诉。

广东省广州市中级人民法院经审理认为：不动产权属证书是权利人享有该不动产物权的证明。涉案房屋登记在舒某甲名下，根据不动产权证载明的内容，可以认定舒某甲是涉案房屋的所有权人，舒某乙支付了涉案房屋的部分购房贷款。然而，为他人支付款项的原因有多种，可能是基于借贷、赠与等法律行为，也可能是借名投资购买房屋。舒某乙未提供书面协议证明其与舒某甲共同购买涉案房屋，在案证据难以证明舒某乙基于购买涉案房屋的产权而支付房屋贷款，舒某甲亦否认与舒某乙之间存在共有涉案房屋产权的合意。故此，仅通过银行流水、偿还贷款的证据，不足以证明舒某乙、姜某某是涉案房屋的共有产权人。

《中华人民共和国民法典》第二百三十五条规定，无权占有不动产或者动产的，权利人可以请求返还原物。舒某甲主张舒某乙、姜某某搬离涉案房屋的诉讼请求得以成立，前提是认定舒某乙、姜某某无权占有该房屋。舒某乙系舒某甲的父亲，舒某甲有赡养舒某乙的法定义务。舒某乙名下无房产，在舒某甲未安排其他房屋供舒某乙居住，解决舒某乙后顾之忧的情况下，舒某乙有权继续占有、使用涉案房屋。姜某某为舒某乙的配偶，基于夫妻间相互扶养的关系，姜某某亦可继续占有、使用涉案房屋。舒某甲诉请舒某乙、姜某某搬离涉案房屋，于法无据，于理不合。

广东省广州市中级人民法院依照《中华人民共和国民法典》第二百三十五条、《中华人民共和国民事诉讼法》第一百七十七条第一款第二项规定，判决如下：

一、维持一审判决第四项；

二、撤销一审判决第一项、第二项、第三项；

三、驳回舒某甲的诉讼请求。

【法官后语】

居住权是指权利人享有的对他人所有的住宅之全部或部分进行使用并具有排除所有权效力的用益物权。设定居住权的目的是满足特定权利人生活居住需要，使居住权人能够长期稳定地、排他地占有、使用涉案房屋。《中华人民共和国民法典》第三百六十七条、第三百六十八条规定，设立居住权应当订立书面合同，自登记时成立。由此可见，对他人房屋合法占有、使用并不当然享有居住权，居住权的设立需满足法律规定的条件。实践中，对于某一家庭成员基于婚姻家庭关系居住其他家庭成员的房屋，当家庭成员之间出现纠纷时，该家庭成员有无居住权的问题存在较大争议：一种观点认为，家庭成员之间未订立书面居住权合同，也没有向登记机构申请登记的，应当依法认定未设立居住权；另一种观点认为，合同只是设立居住权的一种方式，家庭成员之间基于亲属关系当然享有居住权，不需要订立书面居住权合同，也无需向登记机构申请登记。本文同意第二种观点，理由如下：

一、居住权可以非基于法律行为而设立

不动产物权变动采取登记主义，未经登记，不发生效力，但法律亦作例外规定。对于因法律文书或征收决定导致的物权变动、因继承取得的物权，以及因事实行为而发生的物权变动，不需要向登记机构申请登记。居住权属于不动产用益物权，遵循不动产物权的变动规则，权利的取得以登记为原则，不登记为例外。居住权属于绝对权、支配权，双方当事人基于意思表示而设立的居住权，若要产生对抗第三人的效力，使得当事人意思表示具有排除他人主张权利的物权效力，则应当申请登记，让第三人从公示信息中知晓居住权的范围，不至于产生权属争议，出现侵权行为。

对于因生效法律文书、身份关系而设立的居住权，当事人之间无需另外订立居住权合同，亦无需申请居住权登记。其一，生效法律文书由国家机关作出，对当事人有无居住权进行了事实认定和法律判断，法律文书生效之时即产生居住权变动效力。其二，当事人基于身份关系而占有房屋，属于有权占有，系原始取得居住权，无需申请居住权登记。占有为一种事实状态，具有排除第三人主张房屋权利的效力。在居住权未解除的情况下，第三人不能以存在房屋买卖合同关系、赠与关系等要求居住权人返还占有的房屋。

二、因身份关系设立居住权的条件

首先，当事人之间系父母、子女、配偶关系，一方基于赡养、抚养、扶养关系有为另一方提供房屋居住的法定义务。倘若不存在产生该等法定义务的身份关系，如叔侄、兄妹、姐弟关系，则设立此种居住权的前提就不存在，当事人应当以约定方式设定居住权，即通过订立合同设立居住权，并办理登记。其次，当事人持续占有、使用房屋的，形成占有的事实状态。居住权人基于有权占有产生对抗第三人的效力，有权请求包括所有权人在内的他人排除妨害、消除危险，以保护其居住权。占有、使用是居住权的权能，如果当事人没有对房屋形成占有状态，未形成受法律保护的利益，就没有为当事人设定居住权的必要。故占有是产生居住权益的重要条件。最后，居住权人无其他场所居住。当事人基于身份关系对其他家庭成员的房屋享有居住权，毫无疑问，居住权对房屋所有权人的权利造成了限制。同时，此类居住权通常是无偿居住。因此，只有在居住权人无其他住所，所有权人亦不能提供其他住所履行法定扶养义务的情况下，才能为当事人设定居住权。否则，就属于对所有权人的权利予以不必要限制，构成对房屋所有权人行使正当权利的妨碍。

本案中，舒某甲有赡养舒某乙的法定义务，舒某乙名下无房产，故舒某甲有义务为舒某乙提供住房。舒某乙作为被赡养人，对涉案房屋享有居住权，有权占有、使用涉案房屋，并排除舒某甲提出的权利主张。姜某某是舒某乙的再婚配偶，基于夫妻之间相互扶养的法定义务，其对舒某乙占有、使用的房屋也享有居住权。

三、处理家庭成员之间的居住权纠纷应当弘扬社会主义核心价值观

“百善孝为先，孝为德之本。”赡养父母是子女的法定义务，也是孝道的具体内容。父母对成年子女的房屋是否享有居住权，既要以法律规定作为基本依据，更要考虑社会伦理和人之常情。本案判决根据不动产物权变动原理，对《中华人民共和国民法典》规定的居住权进行了创新性阐释，认为司法裁判基于当事人的特定身份关系可以创设居住权。在年迈的父母名下无房产时，成年子女有义务保障父母的基本居住条件，特别是要充分考虑到，现实中父母往往为子女购买房屋支付全部或者部分款项，子女保障父母居有定所属于情理之中。本案中，作为子女的舒某甲居住在国外，对于舒某乙未能尽到赡养义务，而舒某乙对其购房有过资助，在舒某乙无房可住的情况下，舒某甲应当以其房屋解决父母的后顾之忧，如此裁判，既合情、合法、合理，也弘扬了法治、和谐、

友善的社会主义核心价值观，彰显了尊老敬老的中华民族优秀传统，对维护家庭和睦与社会稳定具有积极作用。

编写人：广东省广州市中级人民法院　欧阳福生

56

成年子女能否以无生活来源等为由要求父母为其设立居住权

——谢某甲诉谢某乙用益物权案

【案件基本信息】

1. 裁判书字号

北京市第一中级人民法院（2022）京 01 民终 7516 号民事判决书

2. 案由：用益物权纠纷

3. 当事人

原告（上诉人）：谢某甲

被告（被上诉人）：谢某乙

【基本案情】

谢某甲系谢某乙与前妻王某某的独子，目前在大学就读，已成年，除父母供养外无其他经济来源。2017 年，谢某乙与王某某办理离婚登记，随后取得涉案房屋单独所有权。谢某甲于 2004 年 6 月出生后即在涉案房屋内居住生活至今。谢某甲在得知谢某乙拟出售涉案房屋后，以自己目前无生活来源，一直在涉案房屋内居住生活、对房子及周围环境有感情、与谢某乙事实上共同居住、自身精神状况差等为由，请求法院为其在涉案房屋之上设立居住权。

【案件焦点】

成年子女能否以无生活来源等原因请求法院在其父母房屋之上裁判设立居住权。

【法院裁判要旨】

北京市海淀区人民法院经审理认为：居住权通常基于所有权人的意愿，以订立遗嘱或与居住权人签订合同的形式设立，且应当依据国家法律规定办理登记。涉案房屋原属谢某乙与前妻王某某夫妻共同财产，二人办理离婚登记时虽曾约定王某某所占有的房屋产权部分归谢某甲所有，但该房屋业经法院裁判归属于谢某乙所有，谢某乙有权决定是否为他人设定居住权。

谢某乙与王某某办理离婚登记时，约定谢某甲由谢某乙抚养并随谢某乙共同生活，现谢某甲已年满十八周岁，但尚处于就学期间，谢某乙对谢某甲仍有抚育义务，谢某甲亦可基于与谢某乙间的抚育关系在谢某乙所属房屋内居住。现谢某甲主张其与谢某乙形成事实的共同居住关系并进而要求对谢某乙名下涉案房屋享有居住权没有法律依据，对其诉讼请求不能给予支持。

北京市海淀区人民法院依照《中华人民共和国民事诉讼法》第六十七条规定，判决如下：

驳回谢某甲的诉讼请求。

谢某甲不服一审判决，提起上诉。

北京市第一中级人民法院经审理认为：根据《中华人民共和国民法典》的规定，居住权设立的基础法律关系既可以是居住权合同关系，也可以是基于遗嘱、遗赠而产生的遗产分配关系。本案中，谢某甲要求享有对涉案房屋的居住权，显然不符合基于遗嘱、遗赠之情形。从合同设立居住权的角度而言，《中华人民共和国民法典》第三百六十六条规定，设立居住权，当事人应当采用书面形式订立居住权合同。本案中，谢某甲与谢某乙之间从未以涉案房屋为谢甲设定居住权达成书面或口头协议，谢某甲要求确认其对涉案房屋享有居住权缺乏事实依据。谢某甲关于其身体状况、上学状况、生活来源、房屋偿还贷款情况等问题的上诉主张均与居住权设立无关。原审法院认定谢某甲对案涉房屋不享有居住权，并无不当，予以维持。

北京市第一中级人民法院依照《中华人民共和国民事诉讼法》第一百七十七条第一款第一项规定，判决如下：

驳回上诉，维持原判。

【法官后语】

居住权是权利人为了满足自身生活居住需要而依约定占有和使用他人住宅的一项用益物权，由《中华人民共和国民法典》增设并在物权编第十四章集中专门规定，具体明确了以合同及遗嘱两种民事法律行为作为居住权的设立方式。除此之外，从司法实践看，存在以法院裁判设立居住权的第三种方式。《中华人民共和国民法典》第一千零八十七条第一款规定，“离婚时，夫妻的共同财产由双方协议处理；协议不成的，由人民法院根据财产的具体情况，按照照顾子女、女方和无过错方权益的原则判决”。第一千零九十条规定，“离婚时，如果一方生活困难，有负担能力的另一方应当给予适当帮助。具体办法由双方协议；协议不成的，由人民法院判决”。从体系解释的角度出发，上述两个条文为法院以裁判方式设立居住权提供了法律依据，即在离婚诉讼中，对处于弱势地位并有实际居住需要的一方予以倾斜性保护。以裁判方式为弱势一方设立居住权，符合公平原则要求并为司法实践普遍接受。

那么，在离婚诉讼之外，是否存在以裁判方式设立居住权的法律适用空间？笔者认为，居住权制度主要是解决特定对象的居住困难问题，目的是帮助弱势群体实现“住有所居”，是公平原则的具体化。根据《中华人民共和国民法典》第二百二十九条之规定，“因人民法院、仲裁机构的法律文书或者人民政府的征收决定等，导致物权设立、变更、转让或者消灭的，自法律文书或者征收决定等生效时发生效力”。这是关于因公法行为导致物权变动的规定，其在诉讼类型上属于形成之诉；根据案件需要，法院得依据该条为特定弱势一方当事人裁判设立居住权，以实现个案公正。目前，包括上海、重庆等多地法院已有多起以裁判方式为当事人创设居住权的案例。

以裁判方式设立居住权本质上是公权力对私权利和意思自治的限制。为避免不当干涉，在居住权纠纷中，仍应以尊重私权及当事人意思自治为前提，坚持司法的被动性及居住权设立方式的法定性原则；未经当事人诉请，法院不得主动适用，亦不能随意扩大适用范围。只有在例外情形下，才可依职权裁判设立居住权。即除非不得已，否则不宜依职权为一方当事人创设居住权。笔者认为，除离婚诉讼外，当事人一方申请以裁判方式设立居住权的，法院应当进行严格的必要性审查，重点从以下五个方面把握：

一是须有一方当事人向法院提出明确的裁判设立居住权申请。

二是案件当事人之间一般存在特定的身份关系。该身份关系主要发生于婚姻家事领域，除此之外亦可因特定生活事实而使当事人之间产生某种特定联系，如因对邻居老人在生活与精神上给予多年悉心照料而在相互之间发生特定联系。

三是当事人之间具有法律或道义上的帮扶义务。如赡养、扶养等义务或基于公序良俗而产生道义上的帮扶义务。

四是申请人处于物质上的弱势地位，面临“无房居住”的窘境，以裁判方式设立居住权是保障其居住利益的不得已手段。

五是裁判设立居住权不违反公平原则，不得与已经存在的其他权利相冲突，如“居住权不破租赁”、不得在同一住宅之上设定两个相互冲突的居住权等。

本案中，谢某甲以自己在涉案房屋内实际居住生活多年、与房屋产权人谢某乙存在特定身份关系等为由请求法院为其设立居住权。法院经审查认为，虽然谢某甲还在上学读书，无其他生活来源，个人精神状态和身体状况欠佳，谢某乙对其仍然具有一定的照顾义务，但谢某甲本人已是成年人，在法律上是完全民事行为能力人，谢某乙对其照顾并非必须通过为其设立居住权才能实现。在谢某乙不同意为谢某甲设立居住权的情况下，谢某甲请求以法院裁判方式为其设立居住权缺乏依据，因此，法院判决驳回其诉讼请求。

编写人：北京市第一中级人民法院　杜占石

四、担保物权纠纷

57

抵押权人未在主债权诉讼时效期间内行使抵押权的，抵押权效力如何认定

——孙某某诉焦某、北京某信息咨询有限公司抵押权案

【案件基本信息】

1. 裁判书字号

北京市第一中级人民法院（2022）京01民终4621号民事判决书

2. 案由：抵押权纠纷

3. 当事人

原告（上诉人）：孙某某

被告（被上诉人）：焦某、北京某信息咨询有限公司（以下简称某公司）

【基本案情】

2009年8月21日，焦某、柳某某（系夫妻）与孙某某签订《房屋买卖协议》，约定焦某、柳某某将涉案房屋以806490元的价格出卖给孙某某。后双方在履行合同中发生争议，诉至法院，法院于2015年12月31日作出民事判决书，判决“焦某继续履行其与孙某某签订的《房屋买卖协议》，于本判决生效十日内协助孙某某将涉案房屋产权登记变更到孙某某名下”。2016年4月26

日，孙某某依据该民事判决书向法院申请执行，执行过程中，因查明涉案房产已被设置抵押登记，无法办理过户手续，法院裁定终结本次执行程序。

柳某某于2015年8月3日向甲银行股份有限公司北京分行（以下简称甲银行）贷款400万元，焦某出具《共同还款责任承诺函》，同意与柳某某对上述借款承担共同还款责任。同日，某公司与甲银行签订《个人经营类借款保证合同》，约定某公司为柳某某向甲银行的借款400万元提供连带责任保证。保证期间为自主合同确定的借款到期之次日起两年。后柳某某未按时足额偿还欠款，构成违约。甲银行将柳某某、焦某、某公司等诉至法院，法院于2017年12月7日作出民事判决：（1）本判决生效后十日内，柳某某和焦某共同偿还甲银行借款本金400万元、利息129580元、罚息375651.14元、复利15480.21元，以及自2017年11月17日起到实际清偿之日止的罚息、复利（按照《个人经营借款合同》的约定计算）；（2）某公司对本判决主文第一项确定的柳某某的付款义务承担连带保证责任（某公司承担连带清偿责任后，有权向柳某某追偿）……因柳某某、焦某、某公司未履行生效判决确定的义务，甲银行向法院申请强制执行，法院经过财产调查未发现可供执行的财产，于2018年11月5日作出执行裁定书，裁定终结本次执行程序。

焦某（抵押人）与某公司（抵押权人）签订《主债权及房屋抵押合同》，约定主债权400万元，债务履行期限为2015年6月23日起至2016年6月23日止，以涉案房屋抵押，为某公司提供反担保。

【案件焦点】

1. 焦某为某公司设置的抵押担保即某公司的抵押权是否已经消灭；2. 孙某某作为利害关系人是否有权请求确认抵押权消灭、涂销抵押权登记。

【法院裁判要旨】

北京市昌平区人民法院经审理认为：

首先，抵押权作为一种物的担保形式具有从属性，不得与其担保的主债权分离，抵押权的行使受主债权影响。本案中，柳某某向甲银行借款400万元，某公司为柳某某的该笔债务提供了连带责任保证，焦某以自己名下的房屋对某公司的保证责任提供了抵押担保即反担保，现生效判决已经确定了焦某、柳某某承担向甲银行的还款义务，且某公司对该还款义务承担连带保证责任，甲银行亦向法院申请了强制执行，法院亦对被执行人某公司采取了相应的执行措施，但因为暂时没有可供执行的财产，而终结该次执行程序。虽然某公司没有向甲银行履行连带保证责任，但甲银行对柳某某享有的主债权仍然存在，且被生效判决确定，甲银行作为申请执行人一直积极主张自己的债权。此时，某公司作被执行人，有义务偿还柳某某向甲银行的借款，如某公司履行了自己的连带保证责任，其可以向柳某某追偿，也可以向焦某主张实现抵押权。现某公司未到庭，其将来能否履行自己的保证义务尚不确定，焦某对某公司设置的反担保是某公司承担保证责任后其实现自身权益的保障，亦即保护的是某公司的权益。《中华人民共和国民法典》第三百九十三条规定："有下列情形之一的，担保物权消灭：（一）主债权消灭；（二）担保物权实现；（三）债权人放弃担保物权；（四）法律规定担保物权消灭的其他情形。"现某公司能否履行保证义务尚不明确，焦某提供的反担保不存在上述情形，故孙某某主张某公司对涉案房屋的抵押权消灭缺乏法律依据，不予支持。

其次，《中华人民共和国民法典》第四百一十九条规定，"抵押权人应当在主债权诉讼时效期间行使抵押权；未行使的，人民法院不予保护"。《最高人民法院关于适用〈中华人民共和国民法典〉有关担保制度的解释》第四十四条规定："主债权诉讼时效期间届满后，抵押权人主张行使抵押权的，人民法院不予支持；抵押人以主债权诉讼时效期间届满为由，主张不承担担保责任的，人民法院应予支持……"《全国法院民商事审判工作会议纪要》第五十九条规定，"抵押权人应当在主债权的诉讼时效期间内行使抵押权。抵押权人在主债权诉讼时效届满前未行使抵押权，抵押人在主债权诉讼时效届满后请求涂销抵押权登记的，人民法院依法予以支持"。上述法律规定对抵押权消灭的原因以及抵押权的存续期间作了明确规定。而本案中，孙某某并非抵押权人，且其与甲银行、柳某某、焦某、某公司之间的债权债务关系、保证合同关系、抵押合同关系均无任何交集及关联，在各方发生法律关系时，孙某某与焦某只存在债权请求权，即履行双方之间的房屋买卖合同，即便在民事判决书生效后，孙某某作为只与焦某之间存在债权债务关系的债权人无权申请涂销对某公司在判决确定焦某履行相应债务前设定的物权即对于涉案房屋的抵押权。综上，孙某某要求确认某公司抵押权消灭并要求二被告涂销抵押登记的诉讼请求无法律依据，不予支持。

北京市昌平区人民法院依照《中华人民共和国民法典》第三百九十三条、第四百一十九条，《最高人民法院关于适用〈中华人民共和国民法典〉有关担保制度的解释》第四十四条规定，《最高人民法院关于适用〈中华人民共和国民法典〉时间效力的若干规定》第一条，《中华人民共和国民事诉讼法》第六十四条、第一百四十四条规定，判决如下：

驳回孙某某的全部诉讼请求。

孙某某不服一审判决，提出上诉。

北京市第一中级人民法院经审理认为：孙某某应当对其主张的案涉抵押权已经消灭，其有权请求涂销抵押权登记承担举证责任。

关于抵押权是否消灭的问题。孙某某主张某公司缺席诉讼、法院终结执行、在抵押期限内怠于行使抵押权、并不实际经营等方面可以证明债权人某公司通过其客观行为表明其主观上放弃实现抵押权，法院认为，权利人放弃担保物权必须以明示的方式进行，可以通过书面形式明确表示放弃，也可以通过办理担保物权注销登记等行为明示放弃，现并无证据显示某公司通过明示的方式放弃了抵押权，孙某某关于某公司通过行为表明放弃抵押权的主张不能成立。本案中并无《中华人民共和国民法典》第三百九十三条规定的担保物权消灭的法定情形，孙某某关于某公司、焦某对涉案房屋设置的抵押权消灭的上诉请求，缺乏依据，不予支持。

关于孙某某是否有权请求涂销抵押权登记的问题。抵押权人在主债权诉讼时效届满前未行使抵押权，抵押人在主债权诉讼时效届满后请求涂销抵押权登记的，人民法院依法予以支持。本案中，抵押合同双方当事人为焦某与某公司，抵押人为焦某，孙某某并非其主张注销抵押登记的合同当事人。孙某某虽与焦某、柳某某就涉案房屋签订《房屋买卖协议》，享有对焦某、柳某某的债权请求权，但涉案房屋所有权尚未发生变动，孙某某尚未取得该房屋所有权。孙某某享有的债权请求权无法对抗某公司享有的抵押权，孙某某无权申请涂销焦某与某公司之间的抵押登记。故对孙某某关于涂销抵押权登记的请求，不予支持。

北京市第一中级人民法院依照《中华人民共和国民事诉讼法》第一百七十七条第一款第一项规定，作出如下判决：

驳回上诉，维持原判。

【法官后语】

一、抵押权人在主债权诉讼时效期间内未行使抵押权的，抵押权是否消灭

首先，对于《中华人民共和国民法典》第四百一十九条的解释，应当从文义出发，该条本就不是对抵押权效力的评价。其中所表述的“人民法院不予保护”，是对抵押权权利人怠于行使抵押权的惩罚，即超过规定时间不行使权利，就丧失胜诉权。但仅意味着抵押权人无法胜诉，抵押权并不当然消灭，仍然存在。其次，该条中“人民法院不予保护”是指人民法院不再支持抵押权人的胜诉权，即抵押权人在主债权罹于时效后不能通过司法途径实现其抵押权。但此时可以通过与抵押人协商的方式实现抵押权。因此，在抵押权具备实现可能性的情况下，不应认定抵押权消灭。抵押权仅随着主债权而变化成为自然权利，即形成抵押权人与抵押人之间的自然之债。该债务丧失国家强制力保护，但并不意味其归于消灭。在法律对该问题规定缺位的情况下，不宜直接认定抵押权消灭。所以，发生该条描述的情形时不得除去抵押物之上的权利负担，这是遵循以法律为准绳原则的要求，也是遵守公平原则的体现。最后，《中华人民共和国民法典》物权编对担保物权消灭的情形作出了相关规定，其第三百九十三条规定：“有下列情形之一的，担保物权消灭：（一）主债权消灭；（二）担保物权实现；（三）债权人放弃担保物权；（四）法律规定担保物权消灭的其他情形。”权利人放弃担保物权必须以明示的方式进行，可以通过书面形式明确表示放弃，也可以通过办理担保物权注销登记等行为明示放弃，以主债权诉讼时

效届满债权人未行使抵押权为由，推定债权人放弃担保物权并认定担保物权消灭，不属于法律规定的担保物权消灭的情形。如果直接理解为抵押权消灭，与法律规定不符。

二、关于债权人能否行使债权标的上的抵押涤除权

《中华人民共和国民法典》第四百一十九条规定，“抵押权人应当在主债权诉讼时效期间行使抵押权；未行使的，人民法院不予保护”。《最高人民法院关于适用〈中华人民共和国民法典〉有关担保制度的解释》第四十四条规定：“主债权诉讼时效期间届满后，抵押权人主张行使抵押权的，人民法院不予支持；抵押人以主债权诉讼时效期间届满为由，主张不承担担保责任的，人民法院应予支持……”《全国法院民商事审判工作会议纪要》第五十九条规定，“抵押权人应当在主债权的诉讼时效期间内行使抵押权。抵押权人在主债权诉讼时效届满前未行使抵押权，抵押人在主债权诉讼时效届满后请求涂销抵押权登记的，人民法院依法予以支持”。通过上述法律及司法解释等规定可以看出，享有涂销抵押权的人限定于抵押人，法律并未赋予利害关系人享有抵押涤除权。利害关系人享有的债权无法对抗抵押权人享有的抵押权。本案中，孙某某与焦某、柳某某就涉案房屋签订《房屋买卖协议》，享有对焦某、柳某某的债权，债权请求权无法对抗某公司享有的抵押权，因此孙某某无权申请涂销焦某与某公司之间的抵押登记。

三、本案的裁判思路分析

本案的实际情况比上述规定的情形更为复杂，即出现了与抵押权无关的利害关系人孙某某，孙某某并非抵押权人，且其与抵押关系当事人即甲银行、柳某某、焦某、某公司之间的债权债务关系、保证合同关系、抵押合同关系均无任何交集及关联，在各方的法律关系中，孙某某与焦某只存在债权请求权，即履行双方之间的房屋买卖合同，孙某某作为只与焦某之间存在债权债务关系的债权人无权申请涂销对某公司在判决确定焦某履行相应债务前设定的物权即对于涉案房屋的抵押权。

本案中，生效判决已经确定了焦某、柳某某承担向甲银行的还款义务，且

某公司对该还款义务承担连带保证责任，甲银行亦向法院申请了强制执行，但因为暂时没有可供执行的财产，而终结该次执行程序。虽然某公司没有向甲银行履行连带保证责任，但甲银行对柳某某享有的主债权仍然存在，且被生效判决确定，甲银行作为申请执行人一直积极主张自己的债权。此时，某公司作为被执行人，有义务偿还柳某某向甲银行的借款，如某公司履行了自己的连带保证责任，其可以向柳某某追偿，也可以向焦某主张实现抵押权。现某公司能否履行保证义务尚不明确，焦某提供的反担保不存在《中华人民共和国民法典》第三百九十三条规定的担保物权消灭的情形，故本案采用抵押权存续说更为合理。

编写人：北京市昌平区人民法院　田倩

58

因质押条款取得汇票但背书转让时未记载“质押”字样，能否行使票据付款请求权

——某保理公司诉某置业公司、某地产公司票据付款请求权案

【案件基本信息】

1. 裁判书字号

四川省成都市锦江区人民法院（2022）川 0104 民初 20766 号民事判决书

2. 案由：票据付款请求权纠纷

3. 当事人

原告：某保理公司

被告：某置业公司、某地产公司

【基本案情】

2020年7月13日，案外人某工程公司向某保理公司申请保理融资，将对某置业公司的应收账款1887759.14元转让给某保理公司，申请保理融资1573132.62元，并将其持有的电子商业承兑汇票1张，背书转让给某保理公司作为担保，但未背书记载“质押”字样。双方签订了《保理业务协议》，约定某工程公司办理的是有追索权的保理，某保理公司有权要求某工程公司回购其转让的应收账款。并约定如某保理公司未能及时足额实现本协议项下全部债权，则有权行使汇票权利并将汇票项下收款用于偿还某工程公司在本协议项下对某保理公司所负债务。2020年7月，某地产公司出具《承诺函》，承诺对集团下属子公司某置业公司签发的案涉商业承兑汇票，如某置业公司在票据到期日不能按时足额兑付，则由某地产公司按时足额兑付。该电子商业承兑汇票出票人和承兑人均为某置业公司；票据金额为1760969.35元；出票日期2020年5月28日，到期日2021年5月27日。某工程公司于2020年7月14日背书至某保理公司，某保理公司在提示付款期内提示付款被拒付。

某保理公司与某工程公司因《保理业务协议》发生的保理合同纠纷一案，法院于2022年5月23日作出民事判决，判决某工程公司向某保理公司支付回购款1760969.35元并支付利息，该案已生效。为实现担保权利，某保理公司以其为案涉汇票持票人为由诉至法院，要求承兑人某置业公司与保证人某地产公司连带清偿汇票金额1760969.35元及利息。

【案件焦点】

某保理公司因保理合同质押条款取得汇票，但前手背书转让时未记载“质押”字样，某保理公司能否向出票人和承兑人主张票据付款请求权。

【法院裁判要旨】

四川省成都市锦江区人民法院经审理认为：

关于争议焦点一，某保理公司通过背书取得案涉票据，并提供了其与前手存在保理合同关系的证据，其合法取得票据权利。某工程公司将票据质押给某保理公司，完成了质押物交付但未做质押登记，根据《中华人民共和国民法典》第四百四十一条的规定，质权自权利凭证交付质权人时设立，没有权利凭证的，质权自办理出质登记时设立。法律另有规定的，依照其规定。《中华人民共和国票据法》第三十五条第二款对汇票质押作出特别规定，汇票质押时应当以背书记载“质押”字样。根据票据的文义性，票据权利的内容以及票据有关的一切事项都以票据上记载的文字为准，因此，某保理公司的汇票质权未设立。但根据《保理业务协议》约定，某工程公司将案涉汇票背书转让给某保理公司作为担保，其将案涉汇票权利用于担保《保理业务协议》项下主债务的意思表示是明确的，故双方通过订立合同并交付汇票，成立汇票权利担保关系。基于票据的无因性，某保理公司为案涉汇票记载的持票人，有权行使票据权利，某保理公司提示付款被拒付，其主张出票人及承兑人某置业公司支付汇票金额 1760969. 35 元，予以支持。但某保理公司就本案票据所获的清偿，实质系某工程公司承担《保理业务协议》约定的担保责任，某保理公司就本案票据所获清偿的部分，某工程公司在前述判决项下所负的同等债务消灭。

关于争议焦点二，某地产公司的《承诺函》约定在票据到期日后某置业公司不能按时足额兑付，某地产公司负责按期足额兑付，某置业公司确在到期日后未足额兑付，某地产公司的兑付责任条件已经成就，其应当承担兑付责任。

四川省成都市锦江区人民法院依照《中华人民共和国票据法》第十条、第三十五条第二款、第五十条、第五十三条、第六十一条第一款、第六十八条、第七十条第一款，《中华人民共和国民法典》第四百四十一条、第六百八十七条，《最高人民法院关于适用〈中华人民共和国民法典〉有关担保制度的解释》第八条第一款、第五十八条规定，作出如下判决：

一、某置业公司、某地产公司应于本判决生效之日起十日内连带向某保理公司支付汇票金额 1760969. 35 元及利息，利息计算方式：以实际欠付票据金额为基数，从 2021 年 5 月 27 日起至付清之日止，按照全国银行间同业拆借中心公布的一年期贷款市场报价利率计算；

二、某保理公司就本案票据所受清偿的款项，某工程公司在2022年5月23日作出的民事判决项下所负的同等债务消灭；

三、驳回某保理公司其他诉讼请求。

宣判后，双方均未提出上诉，一审判决已经生效。

【法官后语】

债权人因主合同中的质押条款取得汇票，汇票背书未记载“质押”字样，主债权已经人民法院另案判决支持，债权人能否再向汇票出票人和承兑人主张票据权利，这是汇票“不完全质押背书”的一种典型场景。汇票质押权的设立和行使具有要式性，同时汇票质押权作为担保权利具有从属性，单独行使质押权可能涉及重复受偿问题。

关于背书记载“质押”是不是汇票质押权的成立要件，司法实践中存在两种观点。第一种观点认为，汇票质权的设立以“质押”字样内容为成立要件；第二种观点则认为，“质押”字样属于汇票质权设立的对抗要件，而非成立要件，“不完全质押”的汇票通过诉讼实现票据权利不影响善意第三人权利，则应当支持。

为了促进票据的顺畅流通，同时保障交易主体的合法权益、维护市场经济秩序，《中华人民共和国票据法》对票据活动进行了相应规范，票据行为应当严格遵守无因性、文义性、要式性、流通性原则。票据作为一种文义证券，票据权利的内容以及票据有关的一切事项都以票据上记载的文字为准，不受票据上文字以外事项的影响。只有这样，才能确保票据的信用，增强其流通性。如果以票据上文字以外的事项如质押合同而导致票据权利主体的变更，必然使得票据丧失信用，减损其流通性。相反，如果要求票据质押时进行质押背书，由于质押背书具有极强的权利证明效力，被背书人得以背书的连续和持有票据证明自己为合法的质权人，不需要另行提出实质上的证据，票据的付款人只要对票据进行形式审查认为合格就可对票据的持有人付款，从而发生免责的效力，因此，可以极大地促进票据的流通性。《中华人民共和国票据法》第三十五条也明确，汇票质押时应当以背书记载“质押”字样，因此，背书记载“质押”

字样应当为汇票质押权的成立要件。从《中华人民共和国民法典》第四百四十一条对权利质权设立要件的但书内容看，汇票质押权的设立应当适用《中华人民共和国票据法》的规定。未背书记载“质押”字样，汇票质押权就未设立，亦符合票据行为的文义性原则。

汇票质押权属于担保物权，根据《中华人民共和国民法典》担保制度的设计，担保并不局限于担保物权，包括保证、非典型担保等情形。在汇票质押权未设立的情况下，双方通过订立权利质押合同并交付汇票的方式仍建立了汇票权利担保关系，债权人仍然享有双方约定的担保权利，担保方式为将票据权利背书转让给债权人，在主债务到期未履行时，债权人可以行使票据权利。这种区别于票据质押权的非典型担保，类似于让与担保，双方完成了权利转让的公示，约定在债务人不履行到期债务时，债权人有权对财产折价或者以拍卖、变卖该财产所得价款偿还债务。这也符合《中华人民共和国民法典》第四百二十九条、第四百四十一条关于质权生效时间为交付时间的一般性规定，应当予以认可。

担保权利具有从属性，在主债权通过另案诉讼解决的情况下，为了避免债权人在实现主债权与票据付款请求权时双重受偿，应当在判决主文中明确债权人在票据权利得到实现的金额范围内，债务人的主债务在同等范围内消灭。

编写人：四川省成都市锦江区人民法院　寇枭立

59

不动产让与担保债权人是否有权要求让与担保债务人腾退让与担保不动产

——韩某某诉张某某等返还原物案

【案件基本信息】

1. 裁判书字号

辽宁省大连市中级人民法院（2022）辽02民终9417号民事判决书

2. 案由：返还原物纠纷

3. 当事人

原告（上诉人）：韩某某

被告（被上诉人）：张某某、单某甲、单某乙、单某丙

【基本案情】

2014年5月9日，S房地产开发（大连）有限公司（以下简称S公司）与单某丙订立《商品房买卖合同》，约定将涉案房屋出售给单某丙并且已收取购房款共计475万元。

2017年4月12日，韩某某、韩某甲、韩某乙（甲方）与张某某、单某甲、单某乙、单某丙（乙方）签订《抵押借款协议》，双方约定：（1）乙方与S公司签订《房屋买卖协议》，约定乙方购买该公司开发的涉案房屋（建设面积2220平方米），该合同已实际履行且乙方已实际占有该房屋，但乙方尚未办理房屋所有权证书。（2）乙方拟以上述房屋作为抵押向甲方借款700万元。（3）具体支付方式为：甲乙双方到S公司，将上述房屋的发票名头由乙方变更至甲方名下，甲方向乙方支付本协议项下的借款700万元至指定账户。（2016

年1月22日至2017年4月12日18次借款共计700万元)。(4) 借款利息为中国人民银行公布的同期同类月息0.7分，每月支付利息49000元。(5) 抵押时间为十年，自2017年4月12日至2027年4月12日。(6) 本协议各方一致确认：尽管上述房屋的发票名头由乙方变更登记在甲方名下，但该房屋仅仅是乙方向甲方借款的抵押担保，甲方并不享有该房屋的所有权，同时该房屋由乙方实际占有、使用、收益，甲方不予干涉。如乙方违约3个月以上未支付利息，甲方有权收回房屋所有权和使用权。(7) 乙方将本协议项下的借款本息偿还甲方后3日内，双方至S公司，将上述房屋的发票名头由甲方变更至乙方名下。韩某某、韩成乙及张某某、单某甲、单某乙、单某丙在此协议上签字。

2017年4月12日，S公司（甲方)、单某丙（乙方)、韩某某（丙方）签订“补充协议”一份，约定：乙方已购买涉案房屋，建筑面积2220平方米，该房屋使用性质为幼儿园。待乙方能够办理网签商品房买卖合同及房屋产权证时，乙方要求甲方将该房屋原买受人单某丙变更为丙方韩某某。

2017年4月13日，S公司出具“说明”一份，内容为：涉案房屋的《商品房买卖合同》买受人名称虽有变更，但我公司认可已收取单某丙款项共计475万元，不再向韩某某处收取以上款项。

后，韩某某补交购房尾款25万元，缴纳专项维修基金86405.20元，缴纳住宅专项维修基金118807.15元，缴纳房屋印花税、契税共计190476.19元，缴纳物业管理费38882.20元。2021年9月22日，韩某某取得案涉房屋不动产权证书，载明：权利人韩某某；共有情况：单独所有。9月24日，韩某某缴纳不动产登记费550元。此房屋产权证现在韩某某处。

2020年9月18日，辽宁省瓦房店市人民法院一审判决张某某、单某甲、单某乙、单某丙偿还韩某某借款本金5046200元、借款利息2602538元及违约金315113元。韩某某不服，提起上诉。2020年12月21日，辽宁省大连市中级人民法院作出终审判决，判决驳回上诉，维持原判。

【案件焦点】

韩某某是否有权要求张某某等四人腾退案涉房屋。

【法院裁判要旨】

辽宁省大连长兴岛经济技术开发区人民法院经审理认为：2017 年 4 月 12 日，原、被告签订了《抵押借款协议》，同日所签订的“补充协议”是对《抵押借款协议》内容的补充，S 公司出具的“说明”是对韩某某与张某某、单某甲、单某乙、单某丙履行上述协议涉及其公司部分的确认。根据《最高人民法院关于适用〈中华人民共和国民法典〉有关担保制度的解释》第六十八条之规定，《抵押借款协议》第四条约定实质是非典型担保中的让与担保，系债务人或者第三人与债权人订立合同，约定将财产形式上转让至债权人名下，债务人到期清偿债务，债权人将该财产返还给债务人或第三人，债务人到期没有清偿债务，债权人可以对财产拍卖、变卖、折价偿还债权。债务人或者第三人与债权人约定将财产形式上转移至债权人名下，债务人不履行到期债务，财产归债权人所有的，人民法院应当认定该约定无效，但是不影响当事人有关提供担保的意思表示的效力。当事人已经完成财产权利变动的公示，债务人不履行到期债务，债权人请求对该财产享有所有权的，人民法院不予支持。根据上述规定，第四条约定前一部分“尽管上述房屋的发票名头由乙方变更登记在甲方名下，但该房屋仅仅是乙方向甲方借款的抵押担保，甲方并不享有该房屋的所有权，同时该房屋由乙方实际占有、使用、收益，甲方不予干涉”是双方的真实意思表示，合法有效。这一约定的后一部分“如乙方违约 3 个月以上未支付利息，甲方有权收回房屋所有权和使用权”系无效约定，不产生相应的法律效力。韩某某认为被告以购房款 475 万元偿还韩某某部分债权的观点，无事实依据，且与已生效的终审民事判决所判决的内容相矛盾，法院不予采纳。故韩某某虽然按照“补充协议”约定，已经完成案涉房屋的所有权登记手续，该房屋所有权登记在韩某某名下，但韩某某以该房屋所有权人的身份要求张某某、单某甲、单某乙、单某丙腾退案涉房屋并交还韩某某的诉讼请求，无事实及法律依据，不予支持。张某某、单某甲、单某乙、单某丙对其他生效法律文书的异议，应通过法定程序解决，不属于本案处理范围。

辽宁省大连长兴岛经济技术开发区人民法院依照《中华人民共和国民法

典》第三百八十七条第一款、第三百八十八条第一款，《最高人民法院关于适用〈中华人民共和国民法典〉有关担保制度的解释》第六十八条第一款、第二款规定，作出如下判决：

驳回韩某某的诉讼请求。

韩某某不服一审判决，提起上诉。

辽宁省大连市中级人民法院经审理认为：本案二审争议焦点为：案涉房屋登记在韩某某名下，究竟是基于房屋买卖合同法律关系还是基于担保法律关系；韩某某是否有权请求张某某、单某甲、单某乙、单某丙腾退并返还案涉房屋。案涉房屋于2014年5月9日由单某丙与S公司签订《商品房买卖合同》，单某丙支付了475万元，达到购房款总额的95%（房款总额为500万元），其购买案涉房屋后实际占有使用。案涉房屋的《商品房买卖合同》由单某丙变更为韩某某，并不是基于韩某某从S公司购买了房屋，也不是基于单某丙与韩某某之间达成了关于买卖案涉房屋的协议，而是源于2017年4月12日韩某某等与张某某等签订了《抵押借款协议》。《抵押借款协议》明确“尽管上述房屋的发票名头由乙方变更登记在甲方名下，但该房屋仅仅是乙方向甲方借款的抵押担保，甲方并不享有该房屋的所有权……”该约定内容能够佐证双方之间的基础法律关系是民间借贷，案涉房屋变更登记至韩某某名下的真实意思是为借款提供担保，并非房屋买卖。故本案不能以韩某某向S公司缴纳了案涉房屋的尾款25万元，并缴纳各项税费为由，认定韩某某基于房屋买卖法律关系取得案涉房屋的物权。根据《最高人民法院关于适用〈中华人民共和国民法典〉有关担保制度的解释》第六十八条第二款规定，案涉《抵押借款协议》关于“如乙方违约3个月以上未支付利息，甲方有权收回房屋所有权和使用权”的约定内容无效。《抵押借款协议》是否解除并不影响对该协议内容效力的判断。虽然案涉房屋的《商品房买卖合同》及相关购房手续由单某丙变更为韩某某，韩某某在缴完尾款和各项税费后于2021年9月将房屋产权变更登记至其名下，但如前分析，不是因为韩某某的相关变更登记手续虚假，而是因为《抵押借款协议》中关于乙方违约，甲方有权收回房屋所有权的约定内容无效，韩某某并非案涉房屋的真正所有权人。故韩某某以其系案涉房屋登记的所有权人为由，诉请张某某、单某甲、单某乙、单某丙腾退并返还案涉房屋，原审未予支持，具有事实和法律依据，并无不当。关于韩某某主张本案一审判决与另案生效判决存在矛盾的上诉意见，法院认为，在韩某某诉张某某等民间借贷纠纷案中，法院于2020年12月21日作出终审民事判决时，《最高人民法院关于适用〈中华人民共和国民法典〉有关担保制度的解释》尚未施行，案涉房屋亦未办理变更登记至韩某某名下。而本案一审期间，《最高人民法院关于适用〈中华人民共和国民法典〉有关担保制度的解释》已经施行，且案涉房屋于2021年9月已变更登记至韩某某名下，如前所述，基础事实发生了变化，故原审依照该司法解释认定案涉房屋虽转移至债权人韩某某名下，但实质是非典型担保中的让与担保，并无不当，不应认定与另案生效判决存在矛盾。综上所述，韩某某的上诉请求不能成立，应予驳回；一审判决认定事实清楚，适用法律正确，应予维持。

辽宁省大连市中级人民法院依照《中华人民共和国民事诉讼法》第一百七十七条第一款第一项规定，作出如下判决：

驳回上诉，维持原判。

【法官后语】

本案涉及非典型担保中的让与担保债权人的权利范围问题。传统的担保物权形式有三种，即抵押权（不动产）、质权（动产及权利）和留置权（债权人合法占有的债务人的动产），让与担保与上述三种担保物权形式均不同，即“债务人或者第三人与债权人约定将财产形式上转移至债权人名下”，让与担保财产通常为不动产或股权，财产形式转移方式为变更产权人或登记股权人。因让与担保当事人通常会约定流押条款，即“债务人不履行到期债务，财产归债权人所有”，这一约定会严重损害让与担保债务人的利益，且与物权的公示和公信两大基本原则相矛盾，故在司法实践中，一般认定让与担保系无效法律行为，不产生相应的法律效果。虽然不为法律所认可，但让与担保仍有其合理的制度价值，刚性的法律规定已渐渐不能适应社会对让与担保的合理需求。在此背景下，法律也适时调整了对让与担保一律认定无效的僵硬做法。

《中华人民共和国民法典》第三百八十八条首次赋予让与担保的生存空间，该条第一款规定，设立担保物权，应当依照本法和其他法律的规定订立担保合同。担保合同包括抵押合同、质押合同和其他具有担保功能的合同。其中其他具有担保功能的合同即可以涵盖让与担保等非典型担保合同。《最高人民法院关于适用〈中华人民共和国民法典〉有关担保制度的解释》第六十八条对让与担保约定内容的效力作了详细规定，并针对不同情况分别明确了处理规则，即不违反法律规定的约定有效，违反法律规定的约定无效。该条第一款规定，债务人或者第三人与债权人约定将财产形式上转移至债权人名下，债务人不履行到期债务，债权人有权对财产折价或者以拍卖、变卖该财产所得价款偿还债务的，人民法院应当认定该约定有效。当事人已经完成财产权利变动的公示，债务人不履行到期债务，债权人请求参照民法典关于担保物权的有关规定就该财产优先受偿的，人民法院应予支持。第二款明确规定流押无效和债权人的权利范围：债务人或者第三人与债权人约定将财产形式上转移至债权人名下，债务人不履行到期债务，财产归债权人所有的，人民法院应当认定该约定无效，但是不影响当事人有关提供担保的意思表示的效力。当事人已经完成财产权利变动的公示，债务人不履行到期债务，债权人请求对该财产享有所有权的，人民法院不予支持；债权人请求参照民法典关于担保物权的规定对财产折价或者以拍卖、变卖该财产所得的价款优先受偿的，人民法院应予支持；债务人履行债务后请求返还财产，或者请求对财产折价或者以拍卖、变卖所得的价款清偿债务的，人民法院应予支持。根据上述第二款规定，因让与担保债权人的权利只限于担保权利，即对担保物的优先受偿权或者请求对担保物折价或者以拍卖、变卖所得的价款清偿债务的权利，即只限于就担保物的交换价值行使权利。除此之外，如果担保物为不动产，对该不动产的占有、使用、收益及处分的权利均非让与担保债权人依法享有的权利，而是让与担保债务人作为担保物的实际所有人而享有的权利。

具体到本案，2017 年 4 月 12 日韩某某与张某某、单某甲、单某乙、单某丙签订的《抵押借款协议》与“补充协议”是典型的不动产让与担保协议，其中既有关于让与担保的有效约定，也有涉及流押的无效约定，韩某某以其为案涉房产登记所有人为由诉请张某某、单某甲、单某乙、单某丙腾退房产，是对其作为让与担保债权人的错误认识。其只是案涉房产的名义所有人，只能行使担保的相关权利，而不能行使房产所有人的权利，故其请求未能获得法院支持。

编写人：辽宁省大连长兴岛经济技术开发区人民法院　侯德强

60

抵押房产转让时，生效调解书一方主张涉案房屋所有权的认定

——刘某某诉张某某、丁某申请执行人执行异议之诉案

【案件基本信息】

1. 裁判书字号

山东省德州市中级人民法院（2021）鲁14民终3366号民事判决书

2. 案由：申请执行人执行异议之诉

3. 当事人

原告（上诉人、申请执行人）：刘某某

被告（被上诉人、执行案外人）：张某某

被告（被上诉人、被执行人）：丁某

【基本案情】

刘某某与丁某民间借贷纠纷中，丁某欠付刘某某本金602500元及利息，案件审理中刘某某申请财产保全，法院依法查封丁某名下涉案房产。2020年4月21日，法院作出民事调解书，约定丁某以其名下涉案房屋抵顶上述借款，协助办理过户手续等，该调解书已发生法律效力。在执行过程中，案外人张某某向

法院提出书面异议申请，称其通过中介公司购买涉案房产，并于2019年5月26日至8月2日支付购房款合计58万元。法院于2020年8月31日作出民事裁定书，裁定中止对涉案房产的保全措施。刘某某不服该裁定提起诉讼。

2011年，丁某与某银行以及德州某置业集团有限公司订立《个人一手住房贷款合同》，向某银行贷款18.5万元，于2019年10月12日进行了不动产抵押权首次登记，截至2021年11月11日，贷款余额为154445.17元。

【案件焦点】

抵押房产被出卖后，生效调解书的权利方刘某某对该房产主张权利时是否应予支持。

【法院裁判要旨】

山东省德州经济技术开发区人民法院经审理认为：本案系申请执行人执行异议之诉，案外人应当就其对执行标的享有足以排除强制执行的民事权益承担举证证明责任。本案中，张某某已举证证明2019年5月16日德州某二手房经纪服务中心受丁某委托在网上发布售房信息，张某某看到信息后通过德州某二手房经纪服务中心购买该房屋。从案涉房屋所处位置、楼龄及周边环境来看，最后成交价并未偏离德州市同期、同类型二手房交易价格的合理区间，并支付了相应中介费和大部分房款。2019年7月至今，张某某按月支付案涉房屋水电费，已实际占有使用该房屋，买卖关系成立。符合《最高人民法院关于人民法院办理执行异议和复议案件若干问题的规定》第二十八条的规定。

山东省德州经济技术开发区人民法院依照《最高人民法院关于人民法院办理执行异议和复议案件若干问题的规定》第二十八条第二款，《最高人民法院关于民事诉讼证据的若干规定》第二条、第七十六条，《中华人民共和国民事诉讼法》第一百四十四条规定，判决如下：

驳回刘某某的诉讼请求。

刘某某不服一审判决，提起上诉。

山东省德州市中级人民法院经审理认为：

第一，《最高人民法院关于适用〈中华人民共和国物权法〉若干问题的解释（一）》第七条规定的法律文书仅限于形成性法律文书，而以房抵债调解书实际上确立了一个以债的履行为实际内容的合同，并没有直接改变物权关系，故此种调解书，并不属于《最高人民法院关于适用〈中华人民共和国物权法〉若干问题的解释（一）》第七条所规定的能导致物权设立、变更、转让或者消灭的法律文书。本案中，虽然法院作出民事调解书，第二项系以房抵债的内容，该调解书并不引起物权的变动。

第二，依字面含义，《中华人民共和国物权法》第一百九十一条规定“未经抵押权人同意，不得转让抵押财产”，是为了保护抵押权人的利益不因抵押物的转让而受影响，对抵押人的处分权进行了严格的限制，但是并非对抵押人处分权的限制，也未否定未经抵押权人同意的物权转让行为的效力。从《中华人民共和国物权法》第十五条关于区分物权变动及其原因行为的规定及精神看，《中华人民共和国物权法》第一百九十一条第二款规定的“不得转让抵押财产”应当解释为未经抵押权人同意不发生所有权转移的效力，至于转让抵押物的合同的效力，则适用合同法的有关规定。故，虽然在案涉房屋设立有抵押权的情况下，原房屋产权所有权人将房屋卖与他人或以房抵债，均不因存在抵押权而导致转让行为无效。

第三，案涉房产设定抵押权在先，现抵押权尚未涤除，对银行仍有抵押贷款未偿还完毕。故本案的法律适用应当考虑既有转让又以房抵债情况下权利保护顺位的问题。转让和以房抵债均是以让渡房屋所有权为前提，转让是以房屋买卖合同的履行实现物权的变动，以房抵债是以原债的消灭实现物权的变动，这两个法律行为中，均以金钱为对价和等价物，转让和以房抵债在本质上均是实现了房屋所有权及金钱的价值交换，故当原房屋所有权人将房屋出卖他人，又与他人订立以房抵债协议，与一房二卖无异。根据《第八次全国法院民事商事审判工作会议（民事部分）纪要》第十五条规定，审理一房数卖纠纷案件时，如果数份合同均有效且买受人均要求履行合同的，一般应按照已经办理房屋所有权变更登记、合法占有房屋以及合同履行情况、买卖合同成立先后等顺序确定权利保护顺位。本案中，丁某分别将房屋出售给张某某、以房抵债给刘某某，张某某、刘某某均未办理房屋所有权变更登记，但张某某与丁某之间的房屋买卖合同订立在前，张某某履行义务在先且已经履行大部分合同义务，并合法占有房屋，参照《第八次全国法院民事商事审判工作会议（民事部分）纪要》第十五条的精神，应对张某某的权利保护在前。

需要说明的是，法院虽然驳回了刘某某的诉讼请求，但是基于申请执行人执行异议之诉的诉讼请求，张某某若要取得房屋权属仍需要履行完毕房屋买卖合同并涤除房屋之上的抵押权。

山东省德州市中级人民法院依照《中华人民共和国物权法》第十五条、第一百九十一条，《最高人民法院关于适用〈中华人民共和国物权法〉若干问题的解释（一）》第七条，《中华人民共和国民事诉讼法》第一百七十条第一款第一项规定，判决如下：

驳回上诉，维持原判。

【法官后语】

本案中，涉案房屋上存在银行抵押登记、以房抵债、买卖合同多种法律关系，以房抵债债权人根据法院生效调解书的约定，申请对案涉房屋执行，由此产生三种法律关系履行利益的矛盾，为平衡保护各方当事人合法权益，应当明确两个方面，即该民事调解书是否能直接产生涉案房屋所有权变动的效力，若不能，权利保护顺位如何确定。

一、民事调解书能否直接产生房屋所有权变动的效力

根据《中华人民共和国民法典》第二百二十九条规定（原《中华人民共和国物权法》第二十八条），“因人民法院、仲裁机构的法律文书或者人民政府的征收决定等，导致物权设立、变更、转让或者消灭的，自法律文书或者征收决定等生效时发生效力”。但是，该条中的法律文书是否包含调解书，司法实务界对此仍存在争议，对此，原《最高人民法院关于适用〈中华人民共和国物权法〉若干问题的解释（一）》第七条规定，人民法院、仲裁委员会在分割共有不动产或者动产等案件中作出并依法生效的改变原有物权关系的判决书、裁决

书、调解书，以及人民法院在执行程序中作出的拍卖成交裁定书、以物抵债裁定书，应当认定为《中华人民共和国物权法》第二十八条所称导致物权设立、变更、转让或者消灭的人民法院、仲裁委员会的法律文书。而该处引起物权变动的“法律文书”是在共有物分割纠纷中司法裁判权的体现，具有裁判的形成力，该形成力主要通过当事人请求法院变更或者消灭现有民事法律关系的形成之诉来实现，具有对世性或绝对性、公权性，判决生效时当然发生物权变动的效力。当然，调解书分为形成性调解书、确认性调解书和给付性调解书，所以并不是所有民事调解书都具有物权变动的形成性效力，其中确认和给付性民事调解书本质上属于一种鉴证文书，其是在法院的主持下双方当事人根据意思自治原则，在不违反法律法规、不侵害第三方权益的情况下达成的契约合意，人民法院只是对其进行合法性审查，对协议的内容不具有决定权。而以物抵债调解书是典型的给付性调解书，在其发生效力后产生的是基于抵债协议约定的抵债物交付或登记请求权，并没有使既存的债权债务法律关系发生改变或消灭，也不具备物权登记或者交付的公示作用，而只是经由法院调解实现当事人既存的法律关系，因此其只具有执行力而不具有变更权利义务关系的形成力。本案中，刘某某和丁某之间的民事调解书只是对原民间借贷法律关系中债权债务关系的确认，通过以物抵债的形式实现对原债务的履行，并不会直接导致房屋所有权的变动，不会改变债权人的地位，其只是物权期待权或者特殊金钱债权的体现。因此，刘某某主张以房抵债产生物权变动请求不能成立。

二、关于抵押期间处分抵押财产的合同效力认定

原《中华人民共和国物权法》第一百九十一条规定抵押期间转让抵押物须经抵押权人同意，现行《中华人民共和国民法典》第四百零六条规定抵押人转让抵押财产的，应当及时通知抵押权人。但违反上述条款是否会触发原《中华人民共和国合同法》或者《中华人民共和国民法典》中关于合同的无效情形呢？首先，上述两条款是管理性的强制性规范，而非效力性的强制性规范，其目的在于保护抵押权人的利益，在抵押权是以登记为生效要件的情况下，则抵

押财产转让合同成立后，因标的物上存在抵押权以致无法办理抵押财产转移登记时，抵押人有义务通过清偿债务消灭抵押权而完成登记，或者通过受让人代为履行债务涤除抵押权的方式实现财产的转移登记，该条款旨在保障各方当事人利益平衡的基础上，促进交易和债权的实现，因此，直接认定转让行为无效与立法目的相悖。其次，从抵押权之效力角度分析，抵押物所有人虽然以其财产设定了抵押权，但并不因此丧失对抵押财产的所有权，对于抵押财产抵押人仍有法律上的处分权包括让与的权利，但是在未通知抵押权人的情况下转让抵押物，会增加抵押权人主张权利的成本，触发抵押权人向抵押人请求损害赔偿的权利，假如认定抵押人和受让人之间的转让行为无效，与抵押权的本质相悖，也可能形成与善意取得的冲突。最后，根据《中华人民共和国民法典》第二百一十五条确定的不动产物权变动原因与结果区分的规定，抵押人转让抵押物的合同是负担行为，而抵押物所有权的变动是处分行为，抵押人未通知抵押权人而转让抵押财产的，可能因抵押权登记等原因导致物权转让不能成就，但作为物权转让的负担行为即抵押财产买卖合同并不当然无效。本案中，丁某与张某某房屋买卖合同及刘某某与丁某之间的以房抵债调解书作为诉争房产所有权转移的原因行为是债权的形成行为，并非涉案房产所有权转移的物权变动行为，在双方当事人意思表示真实且不违反法律和行政法规禁止性效力性规定的情况下，应当认定为合法有效。

三、抵押物上存在数个债权行为情形下权利保护顺位的确定

司法实践中，对于以房屋为标的的权利顺位保护主要集中在房屋抵押权、购房者的物权期待权、一房多卖情况下的多个物权期待权的顺位问题。其中，关于物权期待权与抵押权的保护顺位问题。《最高人民法院关于人民法院办理执行异议和复议案件若干问题的规定》第二十八条和第二十九条中，对于无过错不动产买受人和房屋消费者的物权期待权的保护予以明确；结合原《最高人民法院关于建设工程价款优先受偿权问题的批复》① 第一条和第二条的规定，即建筑工程承包人的优先受偿权优于抵押权和其他债权，在消费者交付购买商

① 该文件已失效。

品房的全部或者大部分款项后，承包人就该商品房享有的工程价款优先受偿权不得对抗买受人。由此可知，消费者交付购买商品房的全部或者大部分款项后，在合同合法有效的情况下即享有物权期待权，该项权利在一定程度上优先于抵押权。关于一房数卖合同中存在多个物权期待权顺位的问题。在数份房屋转让约定中，各受让人均主张转让人向其转让房屋所有权的，应当根据《第八次全国法院民事商事审判工作会议（民事部分）纪要》第十五条规定，按照已经办理房屋所有权变更登记、合法占有房屋以及合同履行情况、买卖合同成立先后等顺序确定权利保护顺位。即应优先保护办理物权变更登记人的合法权益，其次是合法占有人的权益，最后再考虑合同的成立先后及履行情况。本案中，虽然涉案房屋存在抵押权，但是不影响丁某与张某某之间的房屋买卖合同及丁某与刘某某之间以房抵债调解书的效力。在确认数份协议均有效的前提下，应当根据《第八次全国法院民事商事审判工作会议（民事部分）纪要》关于房屋权利顺位保护的意见确定涉案房屋买受人和以房抵债债权人的权利先后顺序。在张某某和刘某某对于涉案房屋均未办理房屋登记的情况下，因张某某与丁某的房屋买卖合同成立在先且其已经支付大部分购房价款，并合法占有涉案房屋，其权利应当保护在先。

编写人：山东省德州中级人民法院　张小雪　苑占伟

五、其　他

61

开发商与业主订立的人防车位长期无偿“租赁”合同性质及效力认定

——樊某诉某房地产公司占有保护案

【案件基本信息】

1. 裁判书字号

广东省广州市中级人民法院（2022）粤01民终11016号民事判决书

2. 案由：占有保护纠纷

3. 当事人

原告（被上诉人）：樊某

被告（上诉人）：某房地产公司

第三人：某物业公司

【基本案情】

2008年4月8日，某房地产公司（出租人）与邓某某（承租人）签订《人防工程停车位租赁合同》，约定：出租人向承租人出租涉案人民防空工程中的停车位，停车位编号174，租赁期限从2008年11月22日起至2038年11月21日止共30年，租金处空白；如承租人擅自将人防工程停车位转租的，出租人有权解除合同等。

2009年11月6日，国土资源和房屋管理局核发房地产权属证明书，载明某房地产公司为涉案地段权属人，该地下室城市规划用途为人防车位。

2013年8月16日，樊某（买方）与邓某某（卖方）签订《房地产买卖合同》，约定邓某某将市番禺区桥南街福德路×号×座×房屋转让给樊某。同日，双方签订《车位使用权转让合同》，约定邓某某将市番禺区×号×座地下174号停车位余下使用权转让给樊某，备注该车位是购房时开发商免费配送车位。后，樊某向某物业公司提交了上述《车位使用权转让合同》，并填写了业户资料登记表、消防安全责任书；樊某缴纳涉案车位管理费至2021年6月30日。

2021年5月24日，某房地产公司向樊某发出《收回车位通知书》，以樊某未经其同意擅自使用该公司所有的174号车位为由，通知樊某于2021年7月1日前移走车辆并将车位移交公司。2021年5月27日，某房地产公司向邓某某发出解除《人防工程停车位租赁合同》通知书，以邓某某未经公司同意擅自将其所有的174号车位使用权转租给第三人为由，通知邓某某于2021年6月30日正式解除双方签订的《人防工程停车位租赁合同》，并要求邓某某在合同解除之日前移走车辆将车位交回。

【案件焦点】

在双方真意为使用权转让的情况下，订立长期无偿的人防工程停车位“租赁”合同性质及效力问题。

【法院裁判要旨】

广东省广州市番禺区人民法院经审理认为：涉案车位为平战两用的人防车位，某房地产公司作为涉案小区地下人防车位的投资人和所有人，已经取得地下室车位的权属证明书，对涉案车位享有法律规定范围内的占有、使用、收益、处分之权。某房地产公司与邓某某所签合同虽名为租赁，但对合同的定性应结合合同内容及双方当事人的真实意思表示综合考量。该合同约定邓某某在无需缴纳费用的情况下可使用车位30年，某房地产公司在明知租赁关系法定最长期限为20年的情况下，仍与邓某某签订30年的租赁协议，实则该司将30年使用权转让给邓某某。

如上所述，某房地产公司已将涉案车位30年的使用权让与邓某某，在此期间，邓某某将余下使用权年限转由樊某行使，并未增加某房地产公司的负担；且双方的转让行为系住房与车位的一并转让，符合方便、合理的原则，也符合当时邓某某向某房地产公司购房之初衷。再则，邓某某与樊某已到涉案车位的管理单位某物业公司提交转让合同并办理相关手续，该司为楼盘前期物业服务合同的主体，且与某房地产公司为同一集团控股企业，属于关系紧密的关联公司。在邓某某转让车位长达8年后，某房地产公司称对车位转让情况不知情，与常理不符。

需要指出的是，某房地产公司以“合同约定需征得其同意为由”反对邓某某合并转让涉案车位，限制了邓某某对房屋的后续处分。法院认为，只要某房地产公司不能举证证明车位的转让行为有损其实质性利益，则无权反对转让。因此，邓某某与樊某约定将涉案车位剩余使用年限转由樊某使用并无不当，樊某可依约使用至2038年11月21日止。某房地产公司单方发出的解除合同通知有违诚信原则，缺乏事实和法律依据，不发生解除合同的效力，某房地产公司应与樊某继续履行《人防工程停车位租赁合同》项下的合同义务。某房地产公司不得再通过上锁等方式阻止樊某使用涉案车位，并应向樊某支付自2021年7月15日至排除妨碍之日止的费用。樊某主张按照每月500元的标准计算，符合涉案小区停车位的租赁市场价格，予以支持。

广东省广州市番禺区人民法院依照《中华人民共和国民法典》第七条、第一百三十六条、第三百二十三条、第四百六十二条、第四百六十五条、第五百零九条、第五百四十五条、第五百七十七条、第五百八十三条以及《中华人民共和国民事诉讼法》第六十七条之规定，判决如下：

一、某房地产公司与樊某继续履行市番禺区×号×座地下174号停车位的《人防工程停车位租赁合同》；

二、某房地产公司立即停止对市番禺区×号×座地下174号停车位上锁等妨碍樊某使用的行为；

三、某房地产公司应于本判决发生法律效力之日起五日内向樊某支付阻止樊某使用车位期间的停车费用（按 500 元/月的标准，自 2021 年 7 月 15 日起计算至排除妨碍之日止）；

四、驳回樊某的其余诉讼请求。

某房地产公司不服一审判决，提出上诉。

广东省广州市中级人民法院经审理认为：

其一，关于《人防工程停车位租赁合同》的性质及效力问题。涉案物业规划用途平时为车位，战时为人防工程，首次登记（大确权）权利人为某房地产公司。从协议背景来看，某房地产公司作为开发商，之所以与邓某某签订《人防工程停车位租赁合同》，与二者之间存在商品房买卖关系密不可分。上述合同名为租赁合同，但约定在无需缴纳费用的情况下可使用车位 30 年，显然与租赁合同"租赁期限不得超过二十年"的法律规定不符。一审法院认为，某房地产公司既然承诺买房人可使用车位 30 年，就应当受自己意思表示的约束。一审结合合同内容及双方当事人的真实意思表示综合考量，未认定涉案合同为租赁合同性质，亦未否认该合同效力，予以认可。从合同内容来看，某房地产公司并未包含有将涉案车位物权性权利进行让渡的意思，因此，涉案合同应为附赠使用性质，未违反法律、行政法规的强制性规定，合法有效，该司应恪守附赠使用期限约定。

其二，关于樊某使用涉案车位的合法性问题。虽然《人防工程停车位租赁合同》有"承租人原则上不得将出租停车位转租给第三人使用，确有需要，经出租人同意，在办理有关手续后，可将所租人防工程停车位转租给第三人使用"的约定，但鉴于本案某物业公司与某房地产公司为同一集团控股企业，系关系紧密的关联公司，而邓某某转让车位已久，且某物业公司已收取涉案车位管理费的情况下，某房地产公司称其对车位转让不知情，不符合常理。一审法院关于涉案车位使用权转让的论述理由阐述充分，合情合理合法，予以认同。邓某某的行为不宜认定构成违约，某房地产公司应当继续负担《人防工程停车位租赁合同》项下的合同义务。在樊某基于合法占有涉案车位的情况下，有权排除妨碍并要求某房地产公司赔偿相应损失。

广东省广州市中级人民法院依照《中华人民共和国民事诉讼法》第一百七十七条第一款第一项规定，判决如下：

驳回上诉，维持原判。

【法官后语】

在社会主义市场经济蓬勃发展的时代，开发商促销房屋常常使用买房配车位的方式。如今人防车位逐步开放不动产权登记，出现业主与开发商关于地下人防车位的各类纠纷。《中华人民共和国民法典》针对不动产的用益物权设定居住权制度，属于对除土地以外的不动产价值利用的有益探索。本案立足《中华人民共和国民法典》基本原则，在充分理解和尊重当事人缔结合同时真实意思表示情况下对长期无偿的人防车位合同性质及效力进行认定，明确人防车位使用权转让的可行性，既有利于所有权实现形式的多样化，体现物尽其用的使用效益，也推动了社会资源的合理、高效流动，对于司法实践具有积极意义。

一、人防车位权属界定的司法背景

人民防空工程包括为保障战时人员与物资掩蔽、人民防空指挥、医疗救护等任务而单独修建的地下防护建筑，以及结合地面建筑修建的战时可用于防空的地下室。而人防车位，指在不妨碍防空功能和满足业主需要的前提下，战时应为人防工程的地下室，平时可做车库供业主使用的车位。按照《中华人民共和国人民防空法》第五条第二款规定："国家鼓励、支持企业事业组织、社会团体和个人，通过多种途径，投资进行人民防空工程建设；人民防空工程平时由投资者使用管理，收益归投资者所有。"对人防车位的权属，目前司法界裁判观点不一，一是认为人防车位属于国家所有，开发商只享有使用收益的权利；二是认为人防车位归开发商所有；三是回避人防车位权属问题，只认定开发商享有使用收益的权利。实践中采用第三种观点作出裁判的居多。

就本案而言，人防车位位于人防工程范围内，按照国家规定，平时使用不得影响人民防空工程的防空效能、战时或紧急状态下由政府统一调配使用；结合立法的本意理解，在开发商已办理所有权权属登记的情况下，应肯定开发商作为建设单位享有使用收益的权利，即认定开发商投入的资金作为其建设成本享有对人防车位的使用、收益、管理权的对价，并认可租赁、有偿使用、使用权转让等处分方式。

二、订立长期无偿的人防车位“租赁”合同性质

关于能否定性为租赁合同的问题。涉案《人防工程停车位租赁合同》的名称中并无“使用权转让”字眼，合同当事人约定使用期限自2008年11月22日起至2038年11月21日止，明显超过法律规定的20年最长租期，双方约定“承租人”在使用期限内无需支付对价。司法实践中，租赁合同的内容包括租赁物的用途、租赁期限、租金及其支付期限和方式、租赁物的维修等。据此，可推知邓某某与某房地产公司签订的《人防工程停车位租赁合同》真实意思并不在于租赁，将涉案合同定性为租赁合同并不妥当。

关于能否定性为买卖合同的问题。邓某某与某房地产公司在缔约时清楚知悉合同约定出让和受让的是人防车位使用权而非所有权，邓某某作为受让一方仅在一定的较长使用期限内无偿使用本车位，且只能用于停车用途。根据物权法定原则，物权的变动方式必须由法律规定，转移所有权应当进行变更登记，但本案双方在签订《人防工程停车位租赁合同》时并不办理权属变更登记，故不具备买卖合同的本质要件，不宜定性为买卖合同。

关于可否按照合同纠纷处理的问题。订立长期无偿的人防车位使用权转让合同既非租赁合同，也非买卖合同，其有自身的特殊性，不宜按一般有名合同进行归类、判定，故而在相关法律、法规没有明确规定时，邓某某与某房地产公司签订的《人防工程停车位租赁合同》应定性为合同纠纷为宜。

三、人防车位使用权转让合同的效力认定问题

第一，以违反物权法定原则为由主张合同无效并无依据。就本案而言，在人防车位使用权转让中双方所约定出让的是使用权，不论是邓某某或樊某在使用该车位期间，均须接受某房地产公司的统一管理，不得擅自改变用途，不得擅自改变与该车位有关的共用部位和设施使用性质，即该合同内容未明显体现

受让人受让使用权后即可直接支配车位、可对抗任何人的意思表示。而物权与债权最重要的区分标准是：物权是支配权，债权是请求权，即物权权利人能独立自主地行使支配标的物的权利；债权人则不可。由于涉案车位所在位置为地下人防工程，应按政府及人防相关规定使用，邓某某或樊某作为受让人所获得的只是通过合同约定由出让人所设立并赋予的部分使用权利，并非可独立自主支配标的物的绝对性权利，因此，应倾向于认定通过合同设立的人防车位使用权属于债权。

第二，邓某某与某房地产公司签订的人防车位使用权转让合同不存在法律规定的各项无效情形，应肯定其合同效力。涉案人防车位使用权转让合同系当事人自愿签订，双方在订立合同时对于车位的性质、用途、所转移的是使用权等权利义务均清楚知晓；双方在订立合同时客观上未确实损害国家、集团或第三人利益，主观上不存在破坏战时防空功能的目的；从实际履行情况看，双方意在转移人防车位的使用权而非所有权，所签订的合同内容也是有关使用权的转移，故不应以人防车位使用权合同超出使用期限为由认定合同无效。

综上，邓某某与某房地产公司签订的长期无偿《人防工程停车位租赁合同》合法有效，某房地产公司应秉持诚实守信的原则履行缔约时双方关于使用期限约定。邓某某在出售房产时一并转让涉案车位的剩余使用权年限给樊某使用，符合方便、合理的原则，物尽其用、促进流通是社会主义市场经济的题中之义，邓某某的行为不应认定构成违约。某房地产公司单方发出的解除合同通知有违诚信原则，不发生解除合同的效力，某房地产公司应与樊某继续履行《人防工程停车位租赁合同》项下的合同义务。

编写人：广东省广州市番禺区人民法院　冯婉　卢莹

62

善意取得特殊动产质权的认定标准

——北京某甲新能源汽车销售有限公司诉张某生等第三人撤销之诉案

【案件基本信息】

1. 裁判书字号

北京市第一中级人民法院（2022）京 01 民终 3985 号民事判决书

2. 案由：第三人撤销之诉

3. 当事人

原告（上诉人）：北京某甲新能源汽车销售有限公司（以下简称某甲公司）

被告（被上诉人）：张某生、王某、北京某乙汽车销售服务有限公司（以下简称某乙公司）

【基本案情】

2018 年 11 月 22 日，张某生因与某乙公司、王某民间借贷纠纷向北京市昌平区人民法院（以下简称昌平法院）申请诉前财产保全，昌平法院作出民事裁定书，裁定冻结被申请人王某、某乙公司银行存款或查封、扣押同等金额的其他财物。后张某生起诉至昌平法院。

2019 年 6 月 12 日，某甲公司向昌平法院提出书面异议，请求解除对涉案 5 辆汽车采取的财产保全措施。6 月 24 日，昌平法院作出执行裁定书，裁定驳回案外人某甲公司的异议请求。

2019 年 8 月 25 日，昌平法院作出一审民事判决，判决张某生对王某、某乙公司质押在张某生处的车辆享有质押权，并享有对上述车辆折价、拍卖或变卖的价款优先受偿的权利。该判决书现已生效。后某甲公司不服，提起本案诉讼。

该判决书中认定事实如下：王某与张某生签订借款合同一份，约定：王某自愿以涉案新能源车（实际数量为12辆）作为质押担保；某乙公司以其名下的涉案新能源车作为质押担保。王某已将12辆质押车辆交付给张某生。

某甲公司因与某乙公司、王某合同纠纷起诉至北京市海淀区人民法院，该院于2020年5月8日作出一审民事判决，判决某乙公司向某甲公司退还汽车5辆，王某承担连带责任。该判决书现已生效。在本案审理过程中，某甲公司称该5辆车某乙公司至今没有退还。

庭审中，张某生称没有对涉案5辆车的来源进行询问及审查，因为某乙公司系4S店，本身拥有大量车辆，其对车辆所有权从未怀疑。张某生表示曾向王某索要车辆合格证，但王某一直未向其出示。

【案件焦点】

张某生对涉案车辆质权的取得是否为善意。

【法院裁判要旨】

北京市昌平区人民法院经审理认为：当事人提起第三人撤销之诉的，应当同时满足以下起诉条件，即行使主体是原审中的第三人，且因不能归责于本人的事由未参加诉讼。诉争5辆车所有权人为某甲公司，张某生与王某、某乙公司民间借贷案件中对质押权的处理结果会对某甲公司对涉案车辆的所有权产生影响，故某甲公司对涉案5辆车享有独立请求权，其应以起诉的方式成为张某生与王某、某乙公司民间借贷纠纷一案中的有独立请求权的第三人。虽然2019年6月12日，某甲公司即提出执行异议对涉案5辆车的所有权提出质疑，但当时张某生并未在诉讼请求中要求实现对该5辆车的质权，直到2019年6月24日才变更诉讼请求，要求对涉案5辆车在内的车辆作为质押权标的物实现其质押权。上述事实能够证明，某甲公司并未怠于行使权利，其因不能归责于本人的事由未参加诉讼，故某甲公司符合提起第三人撤销之诉的条件。

王某、某乙公司已将涉案5辆车交付给张某生，均未登记。上述动产的所有权及质权均非法律规定必须登记的物权，其登记产生的是对抗效力。王某、某乙公司将未经登记的涉案机动车交付给张某生，应当认定符合《中华人民共和国物权法》第一百零六条第一款第三项规定的善意取得的条件，即转让的不动产或者动产依照法律规定应当登记的已经登记，不需要登记的已经交付给受让人。某甲公司称张某生未审查车辆来源，未审查车辆合格证的行为并非质权成立的必要条件。张某生获得上述5辆车占有之日起，质权亦即成立，并符合善意取得条件，某甲公司无权要求张某生返还上述车辆。

北京市昌平区人民法院依据《中华人民共和国物权法》第二十三条、第二十四条、第一百零六条、第二百一十二条，《最高人民法院关于适用〈中华人民共和国物权法〉若干问题的解释（一）》第二十条，《中华人民共和国民事诉讼法》第五十六条规定，判决如下：

驳回某甲公司的全部诉讼请求。

某甲公司不服一审判决，提出上诉。

北京市第一中级人民法院经审理认为：依据《中华人民共和国物权法》第一百零六条规定，善意取得动产质权应当符合以下条件：（1）质权人善意；（2）合理的价格；（3）设立质权的动产已经交付。

首先，关于质权人善意。张某生作为质权人，已实际占有涉案5辆汽车。且车辆并未办理注册登记，并无法通过有效渠道进行查询。某乙公司作为汽车销售服务公司，使用汽车作为质押物亦符合常理，并不违背同类交易人的一般判断。综上，可以认定张某生取得质权具有善意。

其次，关于合理的价格。质权作为担保物权依附于主债权债务，合理价格可以质押物价格和主债权数额的对应性来判断。张某生与王某存在民间借贷法律关系，某乙公司作为担保人并以其名下的涉案新能源车作为质押担保。质押物价格与主债权数额亦大体相当，故应认定为合理的价格。

最后，关于设立质权的动产已经交付。《最高人民法院关于适用〈中华人民共和国物权法〉若干问题的解释（一）》第二十条规定，转让人将物权法第二十四条规定的船舶、航空器和机动车等交付给受让人的，应当认定符合物权法第一百零六条第一款第三项规定的善意取得的条件。本案中，涉案 5 辆汽车已经交付给张某生，应当认定符合善意取得的交付条件。

综上，可以认定张某生符合善意取得的条件，某甲公司关于张某生未审查车辆来源、未审查车辆合格证的行为不构成善意的主张，缺乏事实和法律依据，不予支持。某甲公司的上诉请求不能成立，应予驳回。一审判决认定事实清楚，适用法律正确，应予维持。

北京市第一中级人民法院依照《中华人民共和国民事诉讼法》第一百七十七条第一款第一项规定，作出如下判决：

驳回上诉，维持原判。

【法官后语】

关于特殊动产质押权善意取得的构成，应当参照适用《中华人民共和国民法典》第三百一十一条第一款的规定，同时满足质权人善意、合理价格以及完成交付三个要件方才构成善意取得。

首先，质权人善意。亦即质权人对出质人具有质押特殊动产之处分权的信赖，而出质人的处分权主要源自所有权等物权或者基于权利人之授权。在如何判断质权人是否善意时，司法实践一般将这种信赖归结于质权人对出质人的真实情况不知情且无重大过失。质权人对出质人的真实情况不知情是构成善意的基础条件，在知情的情况下无论何种情形均难以认定为善意，而无重大过失则赋予质权人更多的注意义务。通常而言，质权人可通过主客观双重路径判断出质人是否具有处分权，主观方面即出质人的意思表示，而客观方面主要包括出质人占有的背景、对象、场合、形式、时机等方面。而相较于一般动产的占有外观即具有较强的可信赖性，特殊动产中占有对权利的公示效力并不是很强，因法律规定有登记对抗制度，且实践中特殊动产的登记制度较为规范且具有可操作性，质权人应当尽到合理的审查义务，若仅以出质人占有质押特殊动产即接受质押就有悖同类交易人的一般判断，也显然未对登记对抗的法律规定保持足够的警惕。基于特殊动产物权变动登记对抗的特殊性，质权人关于善意的主张可能因此不被采纳。但是需要注意的是，上述判断并非绝对，法律规定登记对抗的目的在于通过公权力机关建立的登记制度以达到公示效力，进而保护交易安全，但若实践中并未建立起可资信赖的登记制度、登记制度并不完备或者登记制度需要具有前提条件，则会使质权人陷入无法避免的权利风险。因此，更倾向于只有在法律已经建立登记制度且该特殊动产的相关权利变动具备办理登记可能性时，登记对抗制度才能妥善适用于质权。以本案为例，实践中机动车的质押登记制度尚付阙如，且即使已经建立起相关制度，因涉案车辆尚未办理注册登记，故其不具备办理质权登记的前提条件及可能性。综上，涉案5辆汽车并未办理注册登记，无法通过有效渠道进行查询。出质人作为汽车销售服务公司，使用汽车作为质押物亦符合常理，并不违背同类交易人的一般判断。综上，可以认定质权人取得质权具有善意。

其次，合理的价格。将支付合理的价格作为一个条件进行明确，主要是尽量避免善意取得制度被恶意利用。相较于所有权善意取得中合理价格认定可以根据转让标的物的性质、数量以及付款方式等具体情况，参考转让时交易地市场价格以及交易习惯等因素综合认定，在质权善意取得中的合理价格界定问题，既因质押合同的无偿性而引发争议，亦因质押物价值与主债权数额的关系问题而难以判断。有观点认为，质权作为担保物权依附于主债权债务，系主债权之从权利，主债权不存在或消灭，担保债权亦从之。只要主债权存在，即构成合理价格。亦有观点认为，合理价格可以质押物价格和主债权数额的对应性来判断。本案中，质押物价格与主债权数额亦大体相当，上述争议并未在本案关于合理价格认定中产生实质性的影响。但综合判断质权善意取得合理价格，无需要求债权数额与质押物价值完全匹配，只要求主债权债务真实存在即可，即使其担保的债权数额畸低。

最后，完成交付。因特殊动产的物权登记仅具有对抗效力，转让人将船舶、航空器和机动车等交付给受让人的，应当认定完成交付。即特殊动产质权善意取得的实现只需交付，无需登记。本案中，质权人已实际占有涉案车辆，应当认定已经完成交付，符合构成善意取得的条件。

编写人：北京市第一中级人民法院　祝飞宇

图书在版编目（CIP）数据

中国法院2024年度案例．物权纠纷／国家法官学院，最高人民法院司法案例研究院编．—北京：中国法制出版社，2024.5

ISBN 978-7-5216-4346-6

Ⅰ.①中… Ⅱ.①国…②最… Ⅲ.①物权-经济纠纷-案例-汇编-中国 Ⅳ.①D920.5

中国国家版本馆CIP数据核字（2024）第054087号

策划编辑：李小草　韩璐玮（hanluwei666@163.com）
责任编辑：韩璐玮　　封面设计：李宁

中国法院2024年度案例．物权纠纷

ZHONGGUO FAYUAN 2024 NIANDU ANLI. WUQUAN JIUFEN

编者/国家法官学院，最高人民法院司法案例研究院
经销/新华书店
印刷/三河市紫恒印装有限公司
开本/730毫米×1030毫米　16开　　印张/22.5　字数/277千
版次/2024年5月第1版　　2024年5月第1次印刷

中国法制出版社出版
书号ISBN 978-7-5216-4346-6　　定价：79.00元

北京市西城区西便门西里甲16号西便门办公区
邮政编码100053　　传真：010-63141600
网址：http：//www.zgfzs.com　　编辑部电话：010-63141784
市场营销部电话：010-63141612　　印务部电话：010-63141606

（如有印装质量问题，请与本社印务部联系。）